AF261736

AUTOUR

DE

NAPOLÉON

PAR

Edmond BIRÉ

LIBRAIRIE CATHOLIQUE EMMANUEL VITTE

LYON
3, place Bellecour, 3

PARIS
14, rue de l'Abbaye, 14

1914

AUTOUR

DE

NAPOLÉON

DU MÊME AUTEUR

AUTOUR

DE

NAPOLÉON

PAR

Edmond BIRÉ

LIBRAIRIE CATHOLIQUE EMMANUEL VITTE

LYON
3, place Bellecour, 3

PARIS
14, rue de l'Abbaye, 14

1914

AUTOUR DE NAPOLÉON

I

NAPOLÉON ET SES DÉTRACTEURS [1]

I

Un de mes amis, voyageant en Italie il y a quelque vingt ans, fit un assez long séjour à Florence ; il passait presque toutes ses soirées chez M. Vieusseux, le libraire, dont les salons réunissaient des lettrés et des voyageurs de tous les pays. Les Français y étaient particulièrement bien accueillis. Les princes Bonaparte avaient été longtemps les habitués les plus assidus des salons et de la bibliothèque de M. Vieusseux. Cette bibliothèque était particulièrement riche en ouvrages sur la Révolution et le Premier Empire. A côté des écrits publiés en France, on y trouvait tous ceux qui avaient paru en Italie, en Allemagne, en Angleterre, en Russie, en Espagne. « Je ne crois pas, dit un jour M. Vieusseux à mon ami, qu'il ait paru sur la période de 1789 à 1815 un seul volume qui ne soit ici. Voici mon catalogue ; parcourez-le, je

---

(1) *Napoléon et ses détracteurs*, par le prince NAPOLÉON. — Un vol. in-18. Calmann-Lévy, éditeur, rue Auber, 3, Paris, 1887.

suis sûr que cela vous intéressera. Mon plus vif désir serait de combler les lacunes qui peuvent s'y rencontrer :
il est si difficile d'être complet ! Si vous pouvez m'en signaler quelques-unes, vous me rendrez un vrai service. »
Et, après quelques instants de silence, pendant que mon
ami feuilletait le catalogue, M. Vieusseux reprit : « Sa-
vez-vous qu'un de mes anciens habitués, un Français, a
lu tous les volumes que vous voyez là, les allemands,
comme les français, les anglais comme les italiens, tous
sauf les russes ! Et, comme il est doué d'une rare intelligence, d'une vaste mémoire et d'une grande facilité
de parole, je ne connais personne qui soit plus intéressant à entendre sur les hommes et les choses de la Révolution et de l'Empire, — de l'Empire surtout ; car là,
il est vraiment chez lui, sur son terrain et comme en son
domaine. Ce Français est le prince Jérôme Napoléon, le
fils du roi de Westphalie, le neveu de l'empereur. »

Ces paroles de M. Vieusseux me sont revenues en mémoire au moment où je recevais le volume du prince
Jérôme. Je l'ai ouvert, et dès les premières pages, j'y ai
rencontré ces lignes : « Neveu de Napoléon, j'ai grandi
au milieu des siens, j'ai publié sa *Correspondance*, j'ai
entretenu les témoins de son existence, j'ai interrogé
ceux qui s'étaient associés à ses gloires ou qui avaient
partagé ses malheurs. » Et plus loin : « Depuis que je
pense, j'étudie Napoléon. La vie, les pensées et les actes
de cet homme extraordinaire n'ont pas cessé d'être l'objet de mes méditations. »

Comment douter après cela que le prince Jérôme
n'eût écrit sur son oncle un livre neuf, original, d'un
haut intérêt? Que nous sommes loin de compte ! Il ne
se peut rien imaginer de plus creux, de plus vide que son

Etude sur Napoléon, son chapitre intitulé : l'*Homme et son œuvre*. Cela ne vaut même pas feu de M. Norvins, encore bien moins Emile Marco Saint-Hilaire. Au moins, dans ce brave Marco Saint-Hilaire, vous trouviez des anecdotes ; elles étaient apocryphes sans doute, mais elles ne laissaient pas d'être assez amusantes.

Afin qu'on ne m'accuse pas d'être injuste pour le travail du prince Jérôme — pour cette *Etude*, fruit des lectures et des méditations de toute sa vie, — je vais la résumer ici très fidèlement. Dans tout ce qui va suivre, pas une ligne, pas un mot qui ne soit emprunté au texte même de son livre :

« Napoléon est né en Corse... La Révolution éclate, il la salue et l'acclame... Entre la France et la Royauté, il a choisi la France. En vendémiaire, dans Paris soulevé, il a affirmé à coups de canon la république contre la royauté. En quelques minutes, la réaction fut domptée. Bonaparte avait ainsi sauvé la Révolution.

« ...En fructidor, il voit le péril qui menace la République et la France. A la tête de la glorieuse armée d'Italie, et avec elle, il proteste contre les projets du royalisme. Après Campo-Formio, le continent est pacifié. Seule l'oligarchie britannique travaille à des coalitions nouvelles ; voilà l'ennemi, celui qui subventionne les rois contre la France. Pour descendre en Angleterre les moyens manquent ; mais on peut vaincre l'Angleterre ailleurs que chez elle : l'Inde conquise, elle est domptée ; c'est là qu'il faut frapper...

« L'Egypte est conquise. A présent il faut sauver la France envahie. Bonaparte part ; le voici à Fréjus, à Paris. Il y trouve des pactes déjà conclus avec la royauté, la réaction menaçante en face du jacobinisme réveillé.

Le 18 brumaire il délivre la France de la conspiration royaliste et de la Terreur jacobine... Il prend le pouvoir, il donne la paix à la France et à l'Europe entière... Parce qu'il a refusé de trahir la Révolution et de livrer la France à Louis XVIII, l'Angleterre prépare une coalition nouvelle... A Paris, les coupe-jarrets royalistes aiguisent leurs poignards. Bonaparte veut frapper un grand coup. Le duc d'Enghien en est la victime. Que ce prince fût coupable, cela n'est pas douteux... Les événements n'admettent point que Bonaparte s'arrête. Pour le salut de la France, pour la lutte avec l'Angleterre, avec l'Europe, sans cesse soulevée contre la Révolution, il faut qu'il marche, il faut qu'il combatte partout à la fois... Que n'a-t-il pas fait cependant pour rendre durable la paix qu'il accorde? Mais Napoléon c'est la Révolution. L'ancien régime méditera toujours ses revanches, il se servira du bras des peuples pour enchaîner leur libératrice... Napoléon jusqu'en 1808 est l'empereur des Français. A partir de ce moment, les événements exigent toujours qu'il marche en avant... L'hostilité de l'Angleterre lui crée sans cesse de nouvelles occasions de victoire... Il subit la loi dictée par cette incessante et inexorable lutte de l'Angleterre contre la France. L'omnipotence maritime de l'Angleterre motive le système continental. Le système continental engendre l'extension de l'Empire.

« Les affaires d'Espagne, n'est-il pas forcé de s'en occuper?... Et puis n'était-ce rien que d'apporter à ce peuple les lois, l'esprit, la constitution des peuples modernes, d'implanter la Révolution sur la terre de l'Inquisition?... Son mariage avec une fille de l'empereur d'Autriche est la meilleure preuve qu'il pût donner de son désir sincère

d'établir la paix en Europe. Qui donc a voulu la guerre
en 1812? Napoléon ou Alexandre? C'est Alexandre...
Pourquoi à Moscou l'empereur s'est-il attardé? Parce
qu'il espérait signer la paix.

« Voilà donc cette gigantesque ambition, cette soif
de la domination, cette passion sanguinaire? La paix,
il l'offre, il la demande... La paix en 1805, la paix en
1807, la paix en 1809, la paix en 1812, la paix en 1813,
qui donc la désire selon lui?

« A l'île d'Elbe, il eût accepté le sacrifice de son trône ;
il aurait vécu là, si on l'y eût laissé vivre et si le cri de la
France n'était pas venu retentir sur ce rocher. A cet
appel passionné, il répond avec sa décision ordinaire. Il
ne poursuit plus, d'ailleurs, le rétablissement de l'ancien
empire. Il sent qu'il faut à la nation des libertés. Sa bonne
foi est entière. Qui appelle-t-il dans ses conseils? Benjamin Constant, à qui il confie la rédaction de l'Acte ad-
ditionnel ; Carnot, dont il fait son ministre de l'intérieur.

« A Sainte-Hélène, il prévoit la république devenant
la forme gouvernementale de la démocratie.

« Quant à l'homme privé, il était bon, sensible. Pendant la grossesse de Marie-Louise, sa sollicitude est de
tous les instants. Après la naissance du roi de Rome, il
l'entoure des soins les plus attentifs. Au sortir de la so-
lennité des audiences publiques, il se retrempe dans la
vie de famille dont il a goûté la simplicité dans son enfance... Ses domestiques même sont l'objet de ses mé-
nagemer s, de son indulgence (1) ».

Et c'est tout, il n'y a rien de plus dans l'étude du

(1) *Napoléon et ses détracteurs*, chapitre VIII, *passim*.

prince Jérôme, et vraiment si son portrait était ressemblant, si Napoléon était l'homme qu'il nous a dit, il n'y aurait plus qu'à l'extraire des Invalides et à l'enterrer au Père-Lachaise, avec cette épitaphe : *Cy gît Napoléon Bonaparte, né à Ajaccio, le 15 août 1769, mort à Sainte-Hélène, le 5 mai 1821, dans sa 52e année. Il fut bon fils, bon époux, bon père et bon maître.*

Je voudrais être sérieux. Mais le puis-je? Est-ce sérieusement, en effet, que le prince Jérôme nous représente Napoléon comme le moins ambitieux et le plus pacifique des hommes, n'ayant dans le cœur qu'une pensée, sur les lèvres qu'un mot : *la Paix ! encore la paix ! toujours la paix !* — faisant tuer quatre ou cinq millions d'hommes le plus innocemment du monde, sans le vouloir ; entraîné à conquérir l'Europe par des circonstances indépendantes de sa volonté, à peu près comme ce bourgeois de Paris qui part pour visiter le Hâvre et qui est amené, sans s'en douter, à faire le tour du monde? Avouons-le, le prince Jérôme est mal venu à se montrer si sévère pour M. Taine. M. Taine est injuste pour Napoléon ; il a tracé de lui un portrait à la manière noire et qu'il convient de tenir pour médiocrement ressemblant. Du moins n'a-t-il pas fait du héros un grotesque, du vainqueur d'Austerlitz et d'Iéna un bourgeois de comédie, une doublure de Monsieur Jourdain et de Joseph Prudhomme !

II

Je me hâte d'ajouter qu'à côté de ce chapitre, absolument manqué, sur l'*Homme et son Œuvre*, il y en a d'autres, dans le livre du prince Jérôme, qui ont plus de valeur. On sait qu'il s'est proposé surtout de répondre aux deux articles sur *Napoléon Bonaparte* publiés par M. Taine dans la *Revue des Deux Mondes* du 15 février et du 1er mars 1887. M. Taine s'appuie principalement sur des faits, des anecdotes, empruntés à Bourrienne, au prince de Metternich, à Mme de Rémusat, à l'abbé de Pradt et à Miot de Mélito. Le prince Jérôme a consacré un chapitre spécial à chacun des cinq répondants de son adversaire, et il n'a pas eu de peine à établir que tous, — ou presque tous, — étaient animés à l'endroit de l'empereur de sentiments peu sympathiques. C'est une raison sans doute pour que l'historien se tienne en défiance, examine avec soin leurs récits et les confronte avec les dépositions contraires. Mais est-ce à dire qu'ils ne devront pas être entendus et qu'il les faudra mettre hors de cour? Vous les récusez parce qu'ils sont hostiles ; mais ne voyez-vous pas que vous me donnez le droit d'écarter vos propres témoins, les Bignon, les Maret, les Savary, les Bertrand, les Méneval, les Fain, les Montholon, les Las-Cases, les Lavallette. Je les récuse à mon tour, parce qu'ils sont favorables. Vous voyez d'ici où conduit l'application de ce beau système : le ministère public récuse une partie des témoins ; l'avocat récuse l'autre partie. Il ne reste plus personne.

Et le combat finit faute de combattants.

Je pardonnerais au prince Napoléon l'étrangeté de son système si, dans les notices sur Bourrienne et Miot de Mélito, sur l'abbé de Pradt et le prince de Metternich, il avait apporté quelques pièces ou quelques anecdotes inédites. Mais il n'y a rien dans ces notices qui ne se trouve déjà dans la *Biographie universelle* de Michaud

ou dans la *Biographie des contemporains*. A quoi donc lui
a servi de lire autrefois jusqu'au dernier tous les volumes de la bibliothèque de M. Vieusseux?

Quoi qu'il en soit, je passe condamnation sur ce pauvre diable de Fauvelet de Bourrienne, qui est en effet
des plus suspects et dont les *Mémoires*, publiés à la
veille de 1830, ne furent qu'une spéculation de librairie.
Mais Miot de Mélito ! Ministre de l'intérieur de Joseph
à Naples et son intendant de la liste civile en Espagne,
Miot fut nommé comte par Napoléon qui l'appela en
outre à faire partie de son Conseil d'Etat. Il en fut ex-
clu en 1814 par Louis XVIII et y siégea de nouveau,
grâce à l'empereur, pendant les Cent-Jours. A la seconde
rentrée des Bourbons, il perdit une seconde fois sa
place et ne la recouvra plus. Il n'avait donc contre Napoléon aucun motif d'hostilité, tout au contraire. La
vérité est qu'en maint endroit de ses *Mémoires* (1), il
parle du général Bonaparte, du premier consul et de
l'empereur, dans les termes les plus favorables. La première fois qu'ils se rencontrent, c'est à Nice, en 1796 et
voici comment Miot exprime l'impression que lui laisse
cette entrevue :

« Je reconnus, dit-il, dans son style concis et plein de
mouvement, quoique inégal et incorrect, dans la nature
des questions qu'il m'adressait, un homme qui ne ressemblait pas aux autres. Je fus frappé de l'étendue et
de la profondeur des vues militaires et politiques qu'il
indiquait, et que je n'avais jamais aperçues, dans aucune des correspondances que j'avais jusque-là entrete-

____

(1) *Mémoires sur le Consulat, l'Empire et le roi Joseph*, par
Miot de Mélito. Trois volumes in-8º, Paris, 1858.

nues avec les généraux de notre armée d'Italie (1). »

Le débarquement de Bonaparte à Fréjus, à son retour d'Egypte, apparaît à Miot comme le gage du salut de la France. « Je regardais, dit-il, le retour de Bonaparte commme l'événement le plus heureux pour ma patrie ; lui seul me paraissait en état de la sauver (2) ».

Il prend d'autant plus facilement son parti du 18 brumaire que Berthier, qui vient d'être nommé ministre de la guerre, l'appelle auprès de lui pour remplir la place de secrétaire général : « Lorsque j'arrivai à Paris, je trouvai tout ce qu'il y avait d'hommes éclairés, d'amis de leur pays, ralliés autour de Bonaparte (3) ».

Après Marengo, il laisse éclater son enthousiasme : « Jamais l'orgueil national n'avait été plus flatté, écrit-il, jamais plus d'espérance de bonheur n'avait pénétré dans les âmes... Pendant deux jours, Paris fut exactement dans l'ivresse... Toutes les craintes disparurent et l'on ne regrettait plus d'avoir confié tant de pouvoir à un homme qui en faisait un si noble usage (4) .»

Miot approuve tout dans le nouveau régime et rend pleine justice à la direction donnée aux affaires par le premier consul (5).

Au Consulat succède l'Empire. Miot n'est pas le dernier à applaudir à ce changement. « L'hérédité et les avantages qu'elle menait avec elle étaient dans la véritable nécessité de l'époque, et quelque répugnance que

(1) Mémoires de Miot de Mélito, tome Ier, page 81.
(2) Ibid., t. I, p. 267.
(3) Ibid., t. I, p. 267.
(4) Ibid., t. I, p. 301.
(5) Ibid., t. I, p. 283.

Bonaparte eût montrée pour ce système, il devait s'y résigner (1). »

Une dernière citation, empruntée celle-là au dernier
chapitre des *Mémoires :*

« Napoléon fut jusqu'au dernier moment le roi du
peuple de Paris, et parmi ce peuple l'influence de son
nom a survécu même à l'existence de celui qui le portait (2). »

Mais alors Miot de Mélito n'est donc pas si hostile que
cela à Napoléon? Et remarquez que tous les passages
que j'ai reproduits, je n'ai pas eu la peine d'aller les
rechercher dans ses *Mémoires ;* c'est le prince Jérôme
qui me les a fournis. Il s'en prévaut, il en tire avantage ;
rien de plus juste. Mais quoi ! Si le témoignage de Miot
a de la valeur quand il est favorable à Bonaparte, cessera-t-il d'en avoir lorsqu'il lui sera contraire? Si vous
avez le droit de l'invoquer, est-ce que ce droit M. Taine
ne l'a pas également. Depuis quand est-il loisible de choisir dans une déposition de dire : Je retiens ceci, je rejette cela? Et faut-il apprendre au prince Jérôme qu'il y
a dans le Code Napoléon deux ou trois articles où il est
dit que les témoignages, les aveux et les textes sont indivisibles, et que « celui qui en veut tirer avantage ne peut
les diviser en ce qu'ils contiennent de contraire à sa prétention? »

(1) Miot de Mélito, tome II, p. 162.
(2) Ibid., t. III, p. 395.

III

Il y avait un piquant chapitre à écrire sur l'abbé de
Pradt, l'ambassadeur de Malines et l'*aumônier du dieu
Mars*, lequel était un drôle de prestolet, mais singuliè-
ment spirituel. Ce chapitre, du reste, a été fait, et très
bien fait, avec autant d'urbanité que de malice, par
l'abbé de Féletz (1). Mais le prince Napoléon ne lit point
les abbés, même quand ils écrivent des feuilletons. Pour
lui, il le prend avec l'ancien aumônier de l'empereur sur
le ton tragique, et le traite sans plus de façons de « misérable coquin » (2). Les injures ne sont point des raisons, et ce gros mot n'est pas pour effacer le joli mot, le
mot profond de l'abbé de Pradt, qui appelle quelque part
Napoléon *Jupiter-Scapin* (3). Etes-vous comme moi?
Je trouve que ces deux mots joints ensemble font admirablement, et certes, celui qui les a juxtaposés de la sorte
n'était point un sot. Maintenant que le livre de l'archevêque de Malines sur Napoléon, que l'*Histoire de l'ambassade de Pologne en 1812*, écrite en 1814 et publiée en
1815, en pleine réaction royaliste, soit un pamphlet, je
l'accorde sans peine. Mais j'ajoute que ce pamphlet n'est
point de ceux qu'il soit permis de mépriser. Sainte-
Beuve, un ami du prince Napoléon, a dit de l'abbé de

(1) *Mélanges de philosophie, d'histoire et de littérature*, par
Ch. M. de FÉLETZ, de l'Académie française, 1826. Tome IV,
p. 86 et suiv.
(2) *Napoléon et ses détracteurs*, p. 173.
(3) *Histoire de l'ambassade dans le grand-duché de Varsovie
en 1812*, par M. de PRADT, archevêque de Malines, alors ambassadeur à Varsovie, 1815.

Pradt, dans ses *Causeries du lundi* : « Sans regarder toutes les paroles que jetait cet homme d'esprit, comme autant d'oracles, il est juste de tenir compte de ses jugements (1). »

L'abbé de Pradt, dans son pamphlet, puisque pamphlet il y a, rapporte les discours tenus devant lui par l'empereur à Varsovie, lorsqu'il revint de Russie, et que l'abbé vit celui qui hier encore était le maître du monde, déguisé, fugitif, humilié dans une misérable salle basse de l'hôtel d'Angleterre, où *une mauvaise servante polonaise s'essoufflait à exciter un feu de bois vert*. Ils sont bien curieux ces discours que l'archevêque de Malines a placés dans la bouche de Napoléon, et il ne se peut guère qu'ils soient apocryphes. Toute cette scène dans cette salle d'auberge, est vivante, dramatique, d'un prodigieux intérêt. Seul, Shakespeare nous en offre de pareilles. Il eût fallu plus que du talent à l'abbé de Pradt pour l'inventer, et le prince Napoléon, qui le suppose capable de l'avoir imaginée de toutes pièces, ne se rend pas compte qu'il décerne là à ce « misérable coquin » un brevet de génie.

<h2 style="text-align:center">IV</h2>

Le prince Jérôme se révolte à la pensée que l'on puisse invoquer, pour juger Napoléon, son caractère et son rôle, les souvenirs de M. de Metternich ; il le range parmi les détracteurs de l'empereur. Rien de moins fondé. Un an avant la mort du prisonnier de Sainte-Hélène, en 1820, Metternich en a tracé un portrait, qui témoigne

____

(1) *Causeries du lundi*, t. IV, p. 361.

chez le peintre d'une sincère admiration et d'une réelle sympathie pour son modèle. Il ne le juge pas seulement avec impartialité, mais encore avec faveur. Cette étude sur l'*Homme et son œuvre* est bien véritablement, celle-là, à la hauteur du sujet. On la peut lire au tome premier des *Mémoires, documents et écrits divers laissés par le prince de Metternich* (1). Si j'en voulais extraire tous les passages favorables à Napoléon, cette causerie n'y suffirait pas. J'en citerai cependant quelques lignes :

« Ce qui dans mes relations avec Napoléon, relations que dès mon début je tâchai de rendre fréquentes et confidentielles, ce qui, dis-je, me frappa le plus, ce fut la perspicacité éminente et la grande simplicité de la marche de son esprit. La conversation avec lui a toujours eu pour moi un charme difficile à définir. Saisissant les objets par leur point essentiel, les dépouillant des accessoires inutiles, développant sa pensée et ne cessant de l'élaborer qu'après l'avoir rendue parfaitement claire et concluante, trouvant toujours le mot propre à la chose ou l'inventant là où l'usage de la langue ne l'avait pas créé, ses entretiens étaient toujours pleins d'intérêts. Il ne causait pas, mais il parlait ; moyennant l'abondance de ses idées et la facilité de son élocution, il savait adroitement s'emparer de la parole, et l'une de ses tournures de phrase habituelles, était de vous dire : « Je vois ce que vous voulez : vous désirez arriver à tel but ; eh bien, allons droit à la question. »

« Cependant, il n'en écoutait pas moins les remarques et les objections qu'on lui adressait ; il les accueillait,

(1) Sept volumes in-8°. Plon et C°, éditeurs, 1880-1883.

les débattait ou les repoussait, sans sortir ni du ton ni de la mesure d'une discussion d'affaires, et je n'ai jamais éprouvé le moindre embarras à lui dire ce que je croyais la vérité, lors même qu'elle n'était pas faite pour lui plaire.

« De même que dans ses conceptions tout était clair et précis, ce qui réclamait de l'action ne lui présentait ni difficulté ni incertitude... La ligne la plus droite pour arriver à l'objet qu'il tenait en vue était celle qu'il choisissait de préférence et qu'il poursuivait jusqu'au bout, tant que rien ne l'engageait à s'en écarter ; mais aussi, sans être l'esclave de ses plans, il savait les abandonner ou les modifier du moment que son point de vue venait à changer, ou lorsque de nouvelles combinaisons lui offraient le moyen de l'atteindre plus efficacement par des voies différentes.

La fortune avait sans doute beaucoup fait pour Napoléon, mais par la force de son caractère, par l'activité et la lucidité de son esprit, et par son génie pour les grandes combinaisons de l'art militaire, il s'était mis au niveau de la place qu'elle lui avait destinée. »

Est-ce là le ton, le langage d'un détracteur? Bien loin de mériter ce titre, il se trouve au contraire que Metternich est, parmi les contemporains de Napoléon, l'un de ceux qui l'ont jugé avec le plus d'indulgence. Son amour-propre trouvait son compte, après tout, à grandir l'adversaire dont il avait triomphé ; il n'y avait pour lui rien de pénible à rendre justice à son ennemi tombé :

> Il est si doux de plaindre
> Le sort d'un ennemi quand il n'est plus à craindre !

Que ce soit pour ce motif ou pour un autre, toujours est-il que le prince de Metternich, dans son portrait de Napoléon, l'a plutôt flatté qu'enlaidi. En récusant ce témoin, en s'acharnant après lui, le prince Napoléon a donc tiré sur ses troupes, — ce qui lui est arrivé plus souvent que de tirer sur l'ennemi.

V

Le prince de Metternich, Miot de Mélito, l'abbé de Pradt lui-même, voilà donc trois témoins que M. Taine a eu raison d'invoquer. Je lui ai retiré Bourrienne, et j'ai bien envie d'en faire autant pour Mme de Rémusat. Sur cette dernière, je suis entièrement de l'avis du prince Napoléon : une fois n'est pas coutume.

L'Empire avait trouvé M. et Mme de Rémusat dans une situation de fortune précaire ; il les avait comblés de faveurs et de riches traitements. La femme était dame du palais ; le mari était premier chambellan et surintendant des théâtres impériaux. Il reçut à ce titre des sommes considérables pour tenir un état de maison. A peine l'empereur tombé, dès 1814, Mme de Rémusat écrit sur lui des *Mémoires* empreints de la plus vive hostilité. Surviennent les Cent-Jours, la peur la prend, et elle jette au feu son manuscrit. Elle y revient en 1818 et refait ses souvenirs, s'y reprenant ainsi à deux fois, sans doute afin de montrer que le proverbe : *Il n'y a pas de grand homme pour son valet de chambre*, est vrai aussi des dames du palais. Certes, nul ne contestera au prince Napoléon le droit de dire que des mémoires écrits dans de telles conditions sont dépourvus, sinon de toute valeur historique, du moins de toute autorité morale. Les héritiers de Mme de Rémusat ont fait, du reste, la partie belle au neveu de l'empereur. Ne se sont-ils pas avisés de publier, après ses *Mémoires*, sa *Correspondance*. Or il se trouve que les *Lettres* écrites de 1804 à 1814 disent précisément tout le contraire des *Mémoires*, et que l'enthousiasme pour Napoléon y est poussé jusqu'au lyrisme.

Mme de Sévigné, à qui d'ailleurs je ne compare point Mme de Rémusat, toute spirituelle que fût cette dernière, ne tarit pas dans ses lettres, d'éloges sur Louis XIV, surtout les jours où le grand roi lui fait l'honneur de danser avec elle ; mais je ne sache pas que l'on ait encore découvert des mémoires secrets où elle dénigre avec passion le prince qu'elle a passionnément loué. Puisque M. Paul de Rémusat paraît si friand de publicité pour tout ce qui lui vient de sa grand'mère, je l'engage à nous donner une édition de ses œuvres, où il placera sur deux colonnes et en regard l'une de l'autre, le texte des *Mémoires* et le texte des *Lettres*. Le titre est tout indiqué : *Le pour et le contre*. En attendant cette publication, à laquelle j'ose promettre un succès retentissant, j'ai pris grand plaisir, je ne le cache pas, à voir le prince Napoléon malmener Mme de Rémusat et son éditeur. M. Paul de Rémusat, qui dernièrement, en sa qualité de sénateur de la Haute-Garonne, patronnait à Toulouse la candidature socialiste du citoyen Calvinhac a mis en tête des *Mémoires* de son aïeule une introduction de cent pages, qui n'est qu'un long réquisitoire contre la monarchie et un dithyrambe en l'honneur de la république. Comme le prince Napoléon, de son côté, nous jure ses grands dieux que la république n'a pas de plus chaud partisan que lui, ce débat entre républicains est le plus réjouissant du monde; et, pour ma part, c'est avec un vrai plaisir que j'enregistre les coups que se portent ces frères ennemis.

Le prince Napoléon n'a pas manqué Mme de Rémusat, et c'est bien quelque chose. Malheureusement pour lui, il a manqué M. Taine, il a manqué surtout son Napoléon. Il nous a donné, on l'a vu plus haut, un Napoléon de fantaisie, d'autant moins ressemblant que le prince Jérôme l'a fait à son image. Du héros de Brumaire, de l'auteur du Concordat, de l'homme qui avait balayé la république, restauré le trône, rétabli la noblesse, de celui qui regrettait si vivement de ne pas pouvoir invoquer le principe de la légitimité comme base de sa puissance et qui ne manquait aucune occasion de protester contre ceux qui voulaient voir en lui un usurpateur, disant : « Non, je n'ai pas usurpé la couronne. Le trône de France était vacant. Louis XVI n'a pas su s'y maintenir. Si j'eusse été à sa place, la Révolution — malgré les progrès immenses qu'elle avait faits dans les esprits sous les règnes précédents—ne se serait jamais consommée. Le roi tombé, la république s'est emparée du sol de la France ; *c'est elle que j'ai déplacée.* L'ancien trône était enseveli sous ses décombres ; j'ai dû en fonder un nouveau (1) ; » — de celui qui regardait « le christianisme comme la base de toute civilisation véritable, le catholicisme comme le culte le plus favorable au maintien de l'ordre et de la tranquillité du monde moral, le protestantisme comme une source de troubles et de déchirements », et qui disait: « Le pouvoir vient de Dieu, et c'est par là seulement qu'il peut se trouver placé hors de l'atteinte des hom

___

(1) *Mémoires du prince de Metternich*, t. Ier, p. 83.

mes (1) » — ; de cet homme, de Napoléon, le prince Jérôme a fait un républicain, une sorte de précurseur de
Gambetta et de M. Thiers, quelque chose comme un 363,
comme le premier des sous-vétérinaires de France ! C'est
enfantin et grotesque.

Sans doute Napoléon a été, sur plus d'un point, l'héritier de la Révolution. Je n'oublie ni le guet-apens d'El-
tenheim, ni l'assassinat du duc d'Enghien, ni l'enlèvement et la captivité de Pie VII, ni tant d'autres actes où
se révèle, où éclate le révolutionnaire. Mais à côté de
l'exécuteur des hautes-œuvres de la Révolution, il y
a chez Bonaparte, l'homme qui veut être l'héritier de
Louis XVI, qui a le sentiment de la grandeur de la monarchie, et qui tient en mépris la république. Mais voilà
que je me risque à esquisser, moi aussi, un Napoléon.
Comme je serais bien sûr de le manquer à mon tour, je
m'arrête.

En finissant, je me demande ce que l'Empereur aurait
pensé du livre de son neveu. Il me semble que je le vois
tenant le volume et le lisant à sa manière, que l'abbé
de Pradt nous fait connaître. « Les feuillets volent sous
ses doigts ; ses yeux courent sur chaque page et au bout
de très peu de temps le pauvre écrit est presque toujours
rejeté avec un signe de mépris et des formules générales
de dédain : *Il n'y a que des bêtises dans ce livre ;* l'auteur
est *un idéologue, un constituant, un Janséniste.* Cette dernière épithète est le *maximum* des injures (2). » Donc
l'Empereur a pris le volume ; déjà les chapitres sur

(1) Ibid., t. Ier, p. 284.

(2) *Histoire de l'ambassade dans le grand-duché de Varsovie
en 1812,* par M. DE PRADT, p. 3.

M. Taine et sur M. de Metternich ont volé sous ses doigts et ont paru l'intéresser médiocrement. Le chapitre sur Madame de Rémusat appelle sur ses lèvres un léger sourire, et je crois l'entendre murmurer : « Ma foi, cette caillette ne l'a pas volé ! » Après les deux chapitres sur Bourrienne et sur Miot de Mélito, qui ne l'arrêtent guère, il s'attarde un peu plus sur les pages consacrées à l'abbé de Pradt. « Ah ! dit-il, mon ancien aumônier, mon ambassadeur à Varsovie ! Ambassadeur et aumônier *in partibus !* » Dans le chapitre sur la *Correspondance de Napoléon Ier*, le passage où il est dit que « toutes les suppressions faites » par la commission que présidait le prince Napoléon « portent, ou sur des doubles emplois, ou sur des lettres insignifiantes » ; qu'une lettre d'un haut intérêt écrite par l'empereur au roi Louis, le 20 mai 1810, a bien été supprimée, mais que c'est *la seule*, — ce passage lui arrache une exclamation : « Oh ! oh ! dit-il, c'est roide ! » Jusque-là cependant il ne semble pas trop mécontent ; mais au dernier chapitre, lorsqu'il tombe sur les pages où son neveu fait de lui un bonhomme voué au double culte de la paix et de la République, la colère le gagne ; il rejette le volume avec mépris. « Le malheureux ! s'écrie-t-il ; c'est *un idéologue, un constituant, un JANSÉNISTE !* »

II

NAPOLÉON ET LA PAIX [1]

<hr>

I

M. Arthur-Lévy a publié, il y a quelques années, sous ce titre : *Napoléon intime*, un panégyrique enthousiaste de l'Empereur. Il l'admire en tout et partout et ne veut pas qu'à côté de ses grandes qualités, il ait eu un défaut, une seule faiblesse, et qu'une seule ombre se soit mêlée à ses rayons. Le soleil a des taches : d'après M. Arthur-Lévy, Napoléon n'en avait pas. Son livre était du reste le fruit de longues et patientes lectures et il est parfaitement documenté. Publié quelques années plus tôt il eût fait les délices de Victor Hugo, qui avait dit tant de fois dans ses vers son admiration pour César, son culte pour l'Empereur :

In medio mihi Cæsar erit templumque tenebit ;

et qui, un jour, à la tribune de la Chambre des pairs, s'était écrié : « Quant à moi, je suis, par moment, tenté

<hr>

[1] *Napoléon et la Paix*, par M. ARTHUR-LÉVY, un volume grand in-octavo, Plon-Nourrit et Cie, éditeurs, 1902.

de dire à la France entière, à la presse: Tenez, parlons
un peu de l'Empereur, cela nous fera du bien (1). »

Aujourd'hui, M. Arthur-Lévy consacre un nouveau
volume à son héros, ou plutôt à son Dieu. Il veut écarter de lui un reproche, qui ne laisse pas d'être assez généralement répandu. Il entreprend de démontrer que
Napoléon n'a jamais fait la guerre qu'à son corps défendant. Napoléon troublant la paix du monde, c'est une
légende ; Napoléon aimant et voulant la paix, la recherchant en toute rencontre, c'est la vérité. « L'étude approfondie des documents, dit M. Arthur-Lévy, prouve
que la responsabilité des quinze années de guerre du Consulat et de l'Empire ne peut pas être imputée à Napoléon. Durant tout son règne, il n'eut, au contraire, pour
objectif que la conclusion d'une paix équitable, solide,
attribuant à la France le rang qui lui était dû. »

Si la thèse est hardie, elle n'est pas nouvelle. Sous le
second Empire, pour ne pas remonter plus haut, M. Désiré Nisard l'a présentée avec art et soutenue avec vigueur. En 1887, elle a été reprise par le prince Napoléon, avocat habile, mais un peu suspect dans la cause.
Depuis, dans son très beau livre sur *Napoléon et Alexandre I*er, M. Albert Vandal a cru pouvoir conclure dans
le même sens. « *Pendant toute la durée de son règne*, dit-il
en son Avant-Propos, Napoléon poursuivit un *but invariable : assurer*, par une paix sérieuse avec l'Angleterre,
la fixité de son œuvre, la grandeur française et le *repos
du monde* ». Il exprime la même opinion en maint autre endroit de son ouvrage, notamment au tome I*er, page
439, où il écrit : « Napoléon portait la peine (en 1808)

(1) *Moniteur* du 15 juin 1847.

d'avoir voilé, durant le cours d'une année, *la justice finale et la grandeur de son but, qui était le repos du monde,*
sous l'absolutisme de ses procédés, d'avoir trop peu mé-
nagé les scrupules, les intérêts propres de son allié, d'a-
voir violenté les rois et les peuples, et c'était son châti-
ment de n'être plus cru aujourd'hui, alors qu'il affir-
mait son désir *de paix et ses vues purement défensives.* »

M. Albert Vandal reconnait cependant qu'en 1808
c'est bien Napoléon, et Napoléon seul qui a voulu la
guerre d'Espagne. C'est là une concession que M. Arthur-
Lévy n'eût sans doute pas faite, s'il eût conduit son livre jusque-là. Pour un motif que j'ignore et sur lequel
il n'a pas cru devoir s'expliquer dans sa Préface, il s'est
arrêté à l'année 1806, au lendemain de la victoire d'Iéna.
Il tient, à ce moment, sa démonstration pour complètement faite, mais c'est ce qu'on lui accordera difficile-
ment.

II

Dès le début, j'ai le regret d'être en désaccord avec
lui sur les causes de la rupture de la paix d'Amiens.

Le 1ᵉʳ octobre 1801, des préliminaires de paix avec
la République française et la Grande-Bretagne avaient
été signés à Londres. Le traité définitif — la Paix d'A-
miens — fut signé le 25 mars 1802. Le 13 mai 1803, la
paix est rompue et la guerre recommence.

Selon M. Arthur-Lévy, le Premier Consul a fait les
plus grands efforts, des efforts désespérés, pour éviter
la rupture. Le désir de conserver la paix « était chez lui
une sorte d'*idée fixe.* » Ce qui frappe chez Napoléon, en
cette circonstance — comme du reste dans toutes les au-

tres — c'est « sa modération, son aversion pour les luttes fratricides de peuple à peuple, son *opiniâtreté à vouloir la paix.* »

Les faits ne répondent guère à cette appréciation.

Ces faits, il est vrai, M. Arthur-Lévy les passe presque tous sous silence.

Au mois de mars 1801, à la suite du traité de paix de Lunéville entre la République française, d'une part, l'Empereur et le corps germanique, d'autre part, William Pitt et tous ses collègues avaient donné leur démission. C'était le parti de la guerre qui se retirait pour faire place à un ministère qui travaillerait à mettre fin aux hostilités. Addington, le successeur de Pitt, était encore au pouvoir en 1803 lorsqu'éclata la nouvelle rupture entre la France et l'Angleterre. Il avait tout intérêt à ce que la paix fût maintenue, puisqu'aussi bien il était évident qu'une déclaration de guerre entraînerait sa chute immédiate. La guerre déclarée, en effet, c'était Pitt revenant forcément au pouvoir. Dans ces conditions, loin de pousser à la rupture, Addington a dû tout faire pour l'éviter.

Chose singulière, M. Arthur-Lévy ne tient nul compte de ce fait — pourtant capital — que nous avions en face de nous non plus William Pitt, mais Addington.

Il est bien vrai, — et l'auteur sur ce point s'étend longuement, — il est vrai qu'après plus d'un an les Anglais n'avaient pas encore évacué l'île de Malte, alors cependant qu'aux termes de l'article 10 du traité d'Amiens, cette évacuation aurait dû avoir lieu dans un délai de trois mois. Mais ce qu'il convient d'ajouter, c'est qu'aux termes du même traité l'évacuation était subordonnée à deux conditions : 1° l'acceptation par les grandes puissances de la garantie que le traité leur avait déférée ; 2º la reconstitution de l'Ordre de Malte, à qui l'île devait être remise.

Le cabinet anglais s'était empressé de demander leur acquiescement aux grandes puissances, la Russie, l'Autriche, la Prusse ; mais celles-ci s'étaient montrées médiocrement soucieuses de le donner. On apprit même bientôt que la Russie n'était rien moins que disposée à accorder sa garantie, et qu'elle y mettait des conditions peu acceptables (1). De là des retards dont l'Angleterre sans doute n'éprouvait nul déplaisir, mais qui n'étaient pas de son fait.

De même pour la *reconstitution* de l'Ordre, qui devait précéder la remise de l'île par les Anglais. Loin de se reconstituer, il semblait marcher vers un anéantissement complet. Les prieurés espagnols avaient été abolis, et cela sous l'influence de la France. Le gouvernement portugais, plusieurs gouvernements allemands annonçaient l'intention de suivre l'exemple de l'Espagne. Les fonds destinés au soutien de l'Ordre, et indispensablement nécessaires à son indépendance et à la défense de l'île, avaient été confisqués par les Français.

Aucune des conditions mises à l'évacuation de Malte n'étant remplie, l'Angleterre était donc en droit de surseoir au retrait de ses troupes. Elle y était d'autant plus autorisée, que le traité d'Amiens, comme tout acte du même genre, avait été stipulé d'après la situation où se trouvait à ce moment chacune des puissances contractantes, l'une envers l'autre. Or, depuis la signature du

(3) Dépêches de lord Saint-Helens à lord Hawkesbury, avril et mai 1802.

traité, Bonaparte avait fait subir à l'état de l'Europe des modifications telles que la Grande-Bretagne avait droit à des compensations.

Le 26 août 1802, il avait lancé un décret prononçant la réunion de l'île d'Elbe au territoire français. Il se dissimulait si peu les conséquences de cette mesure que, tout en affectant de dire que « les puissances n'y prennent aucun intérêt », il écrit à M. de Saint-Marsan « qu'il soutiendrait au besoin une guerre pour s'en assurer la possession. »

Le 11 septembre 1802, il rend un autre décret prononçant la réunion définitive du Piémont et métamorphosait ce pays en six départements français.

Le 9 octobre, profitant de la mort subite du dernier duc, Don Ferdinand de Bourbon, il occupe les Etats de Parme.

Le 21 octobre, sous prétexte d'apaiser des troubles qu'il avait lui-même fomentés, il ordonne au général Ney d'entrer en Suisse avec 30.000. Il déclare qu'il donnera à la République Helvétique une constitution, à son gré, que sa propre sûreté l'y oblige et que, si les Suisses ne s'en arrangent pas, il réunira à la France la partie voisine de la Franche-Comté. Les puissances continentales étaient alors occupées de la Diète de Ratisbonne : elles gardèrent le silence. L'Angleterre seule envoya une note à Paris. Lord Hawkesbury, le collègue de M. Addington, y rappelait que le principe de neutralité de la Suisse était étroitement lié à la paix et à l'équilibre de l'Europe, que le traité de Lunéville signé l'année précédente l'avait solennellement reconnue et garantie. Bonaparte répondit dans les termes les moins conciliants. Son ambassadeur, M. Otto, eut ordre de déclarer que si le ministère britannique avait recours à quelque notification ou publication de laquelle il résulterait que le Premier Consul n'avait pas fait telle ou telle chose parce qu'on l'en avait empêché, à *l'instant même il la ferait ;* que quant à la Suisse, quoi qu'on dit ou qu'on ne dit pas, sa résolution était irrévocable. Si l'Angleterre voulait faire la guerre, si elle cherchait des alliés sur le continent et si elle les gagnait à sa cause, cela n'aurait d'autre résultat que *de nous forcer à conquérir l'Europe.* Le Premier Consul n'avait que trente-trois ans, il n'*avait encore détruit que des États de second ordre ! Qui sait ce qu'il lui faudrait de temps pour changer de nouveau la face de l'Europe et ressusciter l'empire d'Occident?*

Adressées à une puissance orgueilleuse et forte, ces paroles équivalaient à une guerre immédiate ; en tous cas, elles étaient la révélation des pensées qui, depuis assez longtemps déjà, remplissaient l'âme du Premier Consul. Elles suffisent à montrer combien est grande l'illusion dont se repait M. Arthur-Lévy, lorsqu'il se représente Napoléon n'ayant à ce moment, d'autre désir, d'autre *idée fixe,* que celle de conserver la paix.

L'Angleterre avait d'ailleurs bien d'autres griefs à invoquer. Au mois de septembre 1802, Bonaparte avait confié au colonel Sébastiani une mission dans le Levant, mission purement humanitaire, dit M. Arthur-Lévy, et qui avait uniquement pour objet « de s'assurer des conditions dans lesquelles l'Egypte était évacuée et de ramener les Français qui étaient dans les hôpitaux ». Or, Sébastiani (et l'Angleterre en eut la preuve) avait ordre de se rendre à Tripoli où il devait se concilier le bey, puis en Egypte et en Syrie. A Alexandrie il devait « prendre note de ce qui est dans le port, des bâtiments de

guerre des Anglais et des Turcs, de leurs forces, de l'état
des fortifications, de l'état des tours. » De là il devait
aller au Caire, y voir les grands cheiks, « prendre note
de l'état des fortifications environnantes, de l'état des
fortifications de la citadelle du Caire, dire à tout le monde
que Bonaparte aimait le peuple d'Egypte, qu'il désirait
son bonheur, qu'il parlait souvent de lui ; tout cela en
ayant soin de ne pas se compromettre. Il devait offrir
la *médiation* de Bonaparte entre le pacha et les beys. »
Poursuivant ensuite sa tournée, Sébastiani devait aller
à Jaffa, « y voir l'état des murailles ainsi qu'à Gaza et
à Jérusalem. Il devait voir Djezzar à Saint-Jean-d'Acre,
s'informer des fortifications qu'il faisait faire, les par-
courir lui-même, etc. » (1).

Et en même temps que ces instructions, d'autres du
même genre étaient données à nos agents en Angleterre, agents de tout ordre, ingénieurs, statisti-
ciens, publicistes, qui, sous le titre d'agents commer-
ciaux, inspectaient les localités, évaluaient les ressources, parcouraient surtout l'Irlande, préparaient les élé-
ments de l'insurrection qui devait bientôt y éclater sous
les ordres de Robert Emmet et de Thomas Russel (2).
Ils étudiaient les côtes, notaient les endroits propres à
un débarquement, levaient le plan des places fortes, son-
daient les ports, déterminaient « par quel vent les vaisseaux de guerre pouvaient y pénétrer. »

La presse anglaise attaquait Bonaparte sans ménage-
ment, et sa violence était encore dépassée par celle de
quelques feuilles rédigées à Londres par des Français

(1) Bonaparte à Sébastiani, 5 septembre 1802.
(2) *Histoire de Napoléon Ier*, par P. LANFREY, t. I, p. 467.

réfugiés à la tête desquels se trouvait Peltier, rédacteur de l'*Ambigu*. Bonaparte mit le cabinet britannique en demeure de faire taire les journaux et d'expulser les émigrés. Lord Hawkesbury apporta dans sa réponse la plus grande modération. Il fit remarquer que la presse jouissait en Angleterre d'une entière liberté garantie par la Constitution ; il consentait cependant à faire traduire Peltier devant le jury. En ce qui concernait les émigrés, il déclara qu'on réprimerait *leurs actes*, ajoutant qu'aller plus loin et prendre contre eux des mesures préventives serait incompatible avec l'honneur et avec les lois de l'hospitalité. Il promettait d'ailleurs de faire passer en Angleterre les réfugiés de l'île de Guernesey, et faisait prévoir la possibilité que Georges et les principaux chefs chouans fussent embarqués pour le Canada.

Ces ménagements et ces demi-concessions n'étaient pas pour calmer Bonaparte. La nouvelle note qu'il adressa au cabinet Addington avait moins le ton d'une requête que d'un ultimatum. Il résumait ses réclamations dans les six points suivants : 1º emploi de moyens efficaces pour réprimer les publications séditieuses, journaux et autres écrits publiés en Angleterre ; 2º éloignement des réfugiés de Jersey ; 3º éloignement des ci-devant évêques d'Arras, de Saint-Pol-de-Léon et de tous ceux qui les imitaient ; 4º déportation au Canada de Georges et de ses adhérents ; 5º éloignement de tous les princes de la maison de Bourbon ; 6º expulsion de tous ceux des émigrés français qui se permettaient de porter des ordres et des décorations de l'ancien gouvernement français.

Cette étrange sommation ne pouvait être accueillie

même par le cabinet Addington. Il consentit à éloigner les réfugiés de Jersey, mais il se refusa à renvoyer les princes de la maison de Bourbon et les émigrés coupa-·bles de porter leurs décorations. Relativement aux crimes et délits commis par la voie de la presse, il n'était pas au pouvoir du gouvernement anglais de les réprimer ; mais ils étaient comme tous les autres crimes et délits justiciables des tribunaux et Bonaparte pouvait porter sa cause devant eux, comme le faisaient les particuliers. Au reste, la violence des journaux anglais était au moins égalée par celle des journaux français et du *Moniteur*. Or, tout le monde savait que le *Moniteur* était un *Journal officiel*. Presque chaque matin il contenait à l'adresse de l'Angleterre, des articles pleins de défis, d'imputations outrageantes contre le gouvernement, d'insultes contre la nation. Et le plus souvent ces articles étaient dictés par Bonaparte lui-même. Il avait même organisé une presse spéciale, où il employait le lâche Barère et l'espion Méhée, et qui était chargée exclusivement d'insulter l'Angleterre et de déchirer son gouvernement. Singulier rôle, encore une fois pour un homme qui ne voulait que la paix et qui la poursuivait « avec opiniâtreté » !

La guerre éclata, et Napoléon en fut le véritabl auteur. C'est ce que reconnaît un de nos plus judicieux historiens, et l'un des plus impartiaux, M. C. Dareste : « La guerre, dit-il, dans son chapitre sur la rupture du traité d'Amiens, la guerre eût pu être aisément prévenue, et elle ne fut que le caprice de l'ambition démesurée du premier Consul (1). »

(1) *Histoire de France*, t. VIII, p. 265.

Le livre de M. Arthur-Lévy est très étudié et renferme beaucoup de documents nouveaux ; il est plein de talent et apporte une contribution sérieuse à l'histoire du Consulat et de l'Empire. Mais, à mon sens, la thèse qu'il soutient n'est pas défendable. La vie entière de Napoléon lui est un long et éclatant démenti. La paix était antipathique à sa nature, à son caractère et à son génie. Il était fait pour porter des batailles, comme Corneille pour porter des tragédies et La Fontaine pour porter des fables — comme un pommier est fait pour porter des pommes. Jusqu'à la fin il aimera la guerre ; il la fera jusqu'au bout. Comment ne pas aimer l'art où l'on excelle? Comment se résigner, quand on a gagné les batailles d'Austerlitz, et de Marengo, à cacher son auréole de victoires sous le bonnet de coton du roi d'Yvetot? L'entreprise est vaine de vouloir faire de ce prodigieux gagneur de batailles le champion de la paix universelle, le chevalier du *repos du monde*. Lui-même se jugeait mieux. N'est-ce pas lui qui disait un jour à l'un de ses meilleurs officiers, au général Dorsenne : « Vous êtes né au bivouac, vous avez grandi au bivouac, si je vis, vous y mourrez ». Le lieutenant-colonel de Baudus, ancien aide-de-camp du maréchal Bessières et du maréchal Soult, l'auteur du meilleur livre qui ait peut-être été écrit sur Napoléon (1), rapporte une parole non moins significative.

« Si la France, écrit-il, fût restée sous le sceptre de Napoléon, la situation exceptionnelle de ce prince parmi les autres souverains de l'Europe, autant que son goût pour la guerre eût condamné les Français à combattre tant

(1) *Etudes sur Napoléon*, 2 volumes in-8º, 1811.

qu'il aurait vécu. Au reste, il ne cachait pas ses projets
à cet égard. Nous en eûmes la preuve en 1809, à Valla-
dolid. La garde s'étant montrée fatiguée des marches
rapides et continuelles qu'on avait exigées d'elle depuis
le commencement des opérations, et particulièrement
de la longue course que l'on venait de faire à la poursuite de l'armée anglaise, Napoléon profita de la présence d'un grand nombre d'officiers de ce corps d'élite
à une de ses revues pour leur adresser des reproches à
ce sujet, reproches qu'il termina en disant : « Ah ! vous
êtes las de la guerre ! Vous ne savez donc pas que je la
ferai toujours? que je la ferai jusqu'à quatre-vingts ans?
que je la ferai en litière quand je ne pourrai plus monter
à cheval? (1) »

(1) BAUDUS, t. I, p. 119.

III

LE SOLDAT IMPÉRIAL [1]

I

Les historiens du premier Empire ne nous montrent que Napoléon, ne nous parlent que de ses victoires, Austerlitz, Iéna, Friedland, Wagram, Dresde, Lutzen, Bautzen, Montmirail, Champaubert : ce ne sont partout que bulletins triomphants et sonneries éclatantes. Napoléon occupe seul, ou peu s'en faut, la scène tout entière. A ses côtés cependant on nous laisse de loin en loin entrevoir quelques-uns de ses maréchaux et de ses principaux officiers, Masséna, Soult, Ney, Lannes, Bessières, Oudinot, Victor, Duroc, Lassalle, Montbrun, Vandamme, Friant, Girard. Mais le soldat, où est-il? On n'en parle pas, et pourtant il est bien pour quelque chose dans ces batailles et dans ces victoires. Ces oubliés, ces ignorés, ces héros anonymes ont trouvé dans M. Jean Morvan un historien qui s'est penché sur leurs souffrances, qui les a suivis dans les évolutions de leur

----

(1) *Le soldat impérial* (1800-1814), par Jean MORVAN. Deux volumes in-8°. Plon-Nourrit et Cie, éditeurs, 1904.

vie militaire, qui a « tenté de sonder à fond leur conscience et de reconnaître ce que l'incorporation, la discipline, les aventures, les succès, la gloire, le génie, pro-
duisaient sur des jeunes hommes aussi enthousiastes,
aussi faillibles, ni plus ni moins, que toute jeunesse
humaine. »

Pour mener à bien ce difficile travail, il n'a pas fallu
à l'auteur moins de deux volumes, remplis de faits,
de détails sans nombre réunis, accumulés et classés d'a-
près la rigoureuse et savante méthode de M. Taine.

Le premier volume, divisé en cinq chapitres, passe
successivement en revue le *Recrutement, le Matériel, l'Instruction, la Solde et les Vivres, l'Administration.*

Je dirai d'abord quelques mots du recrutement.

En septembre 1796, la conscription avait été votée.
Le service devint personnel et obligatoire pour tous les
Français, de vingt à vingt-cinq ans. Sans tirage au sort,
et selon les besoins, les plus jeunes conscrits de la plus
jeune classe pouvaient être mis en service, et pour quatre ans. De cette loi si dure, Napoléon devait tirer les
plus extrêmes conséquences.

Dès son arrivée au pouvoir, il songe à tirer parti des
enfants trouvés. De tous il fera des soldats; ce sera affaire aux hospices de lui fournir de la chair à canon.
Malheureusement, leur mortalité est effrayante. Avant
le 18 brumaire, dans un hospice sur 550 qui y sont dépo-
sés, il en meurt 543 et après, en Provence, où les nour-
rices de 3.800 enfants ne reçoivent en vingt mois que
40.000 francs — soit moins de deux centimes par jour —
il en succombe dix-neuf sur vingt. Il lui faudrait vingt
ans de sollicitude pour que ses recommandations aux
préfets portassent leur fruit, lui donnassent des hommes,

et sa pensée ardente, emportée vers des cimes de gloire, n'a pas le temps d'attendre.

Aux temps consulaires, l'âge d'or de son gouvernement, bien que Bonaparte ait favorisé la bourgeoisie en autorisant le remplacement, pourvu que ce ne soit pas par un homme des réserves, déjà la conscription est diffi·cile. Par une organisation méthodiquement tendue, par une série de mesures à la fois habiles et rigoureuses, les cadres se remplissent. L'armée n'est plus composée de la lie des grandes villes : elle comprend, parmi les restes de la Révolution, des masses de campagnards honnêtes et frustes, ceux-ci lui arrivent sans cesse, mais à regret ; leur afflux, qui devrait être régulier, se fait par à-coups, et chaque année s'augmente, se multiplie. Et, en face des ignorances qui négligent la loi, des ruses qui l'éludent, des inerties qu'elle provoque et des résistances qu'elle excite, Bonaparte se montre fiévreux, violent, despotique : il essaye de la tourner, et déjà il la viole dans l'ombre avant que de la violer en pleine lumière, avec son habituelle brutalité. C'est ainsi qu'en trois ans (mai 1802 à mai 1805) il a pu lever plus de 210.000 hommes, quatre fois plus que n'en acceptait, de plein gré, la monarchie (1), et ces hommes partent effectivement, car les préfets remplacent d'office les réfractaires et les déserteurs, car un réfractaire puis ne donne pas congé à un homme indûment incorporé. Sur la France que l'administration serre mieux chaque jour dans ses filets, étrangle dans ses nœuds, de plus en plus se mettent en évi-

(1) L'Ain qui, sous l'Ancien Régime, en 1789, fournissait 323 militaires en activité, en avait 6.729 en 1801, en aura 6.764 en 1806 (TAINE, *Le Régime moderne*).

dence, derrière le maître puissant qui combine sans repos, qui multiplie ses exigences et qui aiguise ses tyran-
nies, les préfets rampants et les maires serviles, les poli-
ciers qui furètent, espionnent, marchandent les déla-
tions et vendent les quiétudes et l'armée disséminée des
gendarmes qui chasse les réfractaires.

II

L'Empire est constitué, et l'Empire, c'est la guerre.
Le fardeau de la conscription se fait de plus en plus lourd.
Fouché, ministre de la Police, écrit aux préfets : « Un
préfet qui ne fait pas marcher la conscription ne peut
mériter de confiance impériale. » Champagny, ministre
de l'Intérieur, les prévient de son côté que « c'est mal ser
vir l'Etat que d'apporter la moindre négligence à un objet aussi important. »

La conscription était de la compétence du Corps législatif. En 1805, par une sorte de coup d'Etat, des pouvoirs d'un corps élu — on sait de quelle façon — et qui
peut manifester, ainsi qu'il l'a déjà fait, quelques velléi-
tés d'indépendance, elle passe aux attributions d'un Sénat nommé par l'Empereur et tout à la dévotion du maître. Le principal, et presque l'unique rôle du Sénat con-
servateur, ce sera maintenant de voter chaque année, et
souvent plusieurs fois dans la même année, de formidables levées d'hommes.

En 1806, l'empereur fait insérer dans le nouveau catéchisme un article portant qu'on doit à Napoléon « l'a-
mour, les impôts et le service militaire, sous peine de la
damnation éternelle ».

Et en même temps les Juifs, réunis en Sanhédrin, déclarent — par ordre — qu'ils « défendront la France comme ils défendraient Jérusalem, puisqu'ils y sont traités comme ils le seraient dans la cité sainte ». En quoi d'ailleurs les Juifs se trompaient. Ce sera seulement sous la troisième République qu'il leur sera donné d'entrer dans la vraie Jérusalem et d'y établir leur règne.

Dès le début de l'Empire, Napoléon a posé en principe la faculté pour lui, en matière de conscription, d'anticiper sur les années à venir. En 1805, il a levé les conscrits de 1806 et de 1807. En 1806, à Lacuée de Cessac, directeur de la conscription (c'est avec la Police le plus important des ministères, puisqu'aussi bien Napoléon est à lui-même son véritable ministre de la Guerre), il écrit le 19 mars : « Vous recevrez demain un sénatus-consulte pour lever 80.000 hommes de 1808. » Dès le 7 avril, le Sénat obéit à sa demande, sans discussion sur le rapport de Lacépède, « naturaliste distingué par son ouvrage sur les reptiles (1) ».

Ainsi, en moins d'un an (avril 1805 à avril 1806), Napoléon demande et obtient trois conscriptions. Il en est si ravi qu'à propos d'un état de répartition qu'il reprend cependant en plusieurs endroits, ce dont il a l'habitude de faire d'amers reproches, il écrit à Lacuée : « Il est si bien fait qu'il se lit *comme une belle pièce de poésie.* »

Les choses continuent de même en 1809, si bien qu'en moins de deux ans, Napoléon tire de la France 420.000 recrues. Il est visible que, dès ce moment, l'équilibre se rompt entre les exigences de l'Empereur et les possibilités du pays. Il suffit d'être ouvrier de l'Etat

(1) CHATEAUBRIAND, *Mémoires d'Outre-Tombe.*

pour être enrégimenté, d'être un homme pour être requis, d'être un enfant pour marcher au son du tambour.

Nous voilà en 1808, Napoléon anticipe sur les levées de 1809 et même sur celles de 1810. En même temps, il appelle des hommes sur les années antérieures (36.000 hommes, par exemple, au mois de septembre 1808). Il brûle ainsi la chandelle par les deux bouts.

L'année 1809 accroîtra encore ses exigences, car à la guerre avec l'Espagne et l'Angleterre est venue s'ajouter la guerre avec l'Autriche. Pour y faire face, il épuise le pays. Il tient sous ses drapeaux 110.000 hommes par anticipation ; il vient d'en soulever 116.000 par des mesures à effet rétroactif, ce qui affole la jeunesse demeurée en France et la fait se marier en masse, puisque, malgré l'énorme moisson de jeunes gens qu'il prélève, le nombre des mariages augmente de moitié en 1809. Les malingres eux-mêmes ne sont plus épargnés. Il décrète (septembre 1809) que les conscrits qui ont des défauts de conformation ou des infirmités légères serviront dans les infirmiers. Et tout autour de lui, à l'ombre de sa puissance, ses procédés s'étendent. Les effectifs atteignent des chiffres inconnus depuis le temps des invasions barbares ou des fabuleux empires d'Orient. Et tandis que la Prusse gémit de ne pouvoir entretenir plus de 42.000 hommes, l'Autriche plus de 150.000, l'Empire français, ses vassaux et ses alliés, sont saignés à blanc, et l'Empereur, éperdu par la vision de ses armées gigantesques, rêve encore d'augmenter leur masse, d'en écraser les peuples insoumis de l'Occident ; il éprouve la folie du nombre.

III

A mesure que s'accroissent ces conscriptions insensées, le nombre des réfractaires grandit dans les mêmes proportions, en dépit des mesures impitoyables prises contre eux et leurs familles. C'est par milliers que, chaque année, les jeunes gens se mutilent pour échapper au service. Le préfet de la Seine-Inférieure écrit : « J'ai vu des jeunes gens qui se sont fait arracher toutes les dents pour ne point servir ; d'autres sont parvenus à les carier presque toutes en employant des acides ou en mangeant de l'encens. Quelques-uns se sont fait des plaies aux bras et aux jambes par l'application de vésicatoires, et pour rendre ces plaies pour ainsi dire incurables, ils les ont pansées avec de l'eau imprégnée d'arsenic. Beaucoup se sont fait donner des hernies soufflées ; quelques-uns ont appliqué sur les parties de la génération des caustiques tellement violents qu'on doute qu'ils puissent échapper à la mort. Je n'exagère point en vous assurant que plus de 200 jeunes gens composent l'horrible tableau dont je viens de vous présenter les traits principaux ». Et ce qui se passe dans la Seine-Inférieure se passe dans tous les départements.

Les réfractaires pullulent à ce point qu'en 1810 l'année du mariage avec Marie-Louise, à l'heure même où l'Empire est à son apogée, il faut prononcer 160.000 condamnations nominatives contre eux, frapper les coupables de 170 millions d'amende et les fauteurs d'insoumission de près de 2 millions. A elle seule, la division militaire de Lyon possède près de 8.000 réfractaires.

La conscription de 1811 est portée à 120.000 hommes,

c'est-à-dire un homme sur trois. A la fin de cette même année, Napoléon prépare la conscription de 1812, qui doit remplir sa jeune garde. Le 20 décembre 1811, il l'obtient du Sénat, sans exposé de motifs ni rapports, et la répartition du contingent imprimée d'avance la nuit précédente, est envoyée le même jour dans les départements, « afin que les délais comptent à partir du 20 ». Elle est encore de 120.000 hommes. Un mois après, il songe à mettre en activité, à la fin de mars, autant d'hommes, sous le titre de premier ban de la garde nationale. « Ces 120.000 hommes seront pris dans les conscriptions des années 1809-1812, ce qui fera 30.000 par circonscription. Le sénatus-consulte leur donnera l'assurance de ne point sortir des frontières de France, mais ils devront servir *jusqu'à la fin de la guerre* ». A peine sont-ils levés que Napoléon, dès la fin de mars, s'empresse de les déraciner. Il les pousse vers le Nord ; les gardes-nationaux de Mayence vont à Boulogne, ceux de Metz à Bruges, ceux de Besançon et de Lyon à Anvers, ceux de Strasbourg et de Dijon à Utrecht ; et à mesure que se continuera la campagne, ils s'avanceront vers les extrêmes limites de l'empire, jusqu'à Hambourg et Lubeck.

Aussi bien la France entière n'est plus qu'un vaste camp. Les enfants eux-mêmes sont enrégimentés. Ce n'était point, paraît-il, pour Bonaparte, qu'avait été faite la règle du bon Lhomond : *Maxima debetur puero reverentia*. A partir de la fin de 1811, dans les institutions et jusqué dans les plus petits pensionnats, les enfants doivent porter l'uniforme et être assujettis, « comme dans les lycées, à la discipline militaire ». Des enfants de troupe de la Garde sont formés en bataillon d'instruction à Fontainebleau. Des fils ou des neveux de soldats tués, mêlés à de jeunes Hollandais, composent deux bataillons de pupilles de la Garde, ou garde du roi de Rome. Ce sont des enfants de dix à seize ans.

Peu de jours après son arrivée à Moscou (15 septembre 1812), Napoléon demande à la France la conscription de 1813. Il l'élève à 140.000 hommes. En même temps il demande de nouveau 100.000 hommes.

IV

L'année 1812 n'est pas encore expirée, et l'Empereur réclame à la vieille France la conscription de 1814, laquelle est portée à 150.000 hommes. L'opération va du reste très mal, d'autant plus mal que la gendarmerie est presque toute en Allemagne. Les remplaçants se vendent 12.000, 15.000, 20.000 francs, tous chiffres qui correspondraient aujourd'hui à une valeur triple. Des affiches de conscription sont collées, comme d'habitude, au coin des rues et les passants s'attroupent « devant ces immenses arrêts de mort ». Mais la majorité s'y oppose. Toutes les classes de la population, hormis les fonctionnaires, sont frappées d'inertie, et, chose inconnue jusqu'alors, en mai, par la France, il rôde plus ou moins ouvertement 160.000 réfractaires.

Cependant Napoléon n'arrête pas ses exigences. Le sénatus-consulte du 3 avril 1813 lui accorde 80.000 hommes à prendre sur les classes de 1807 à 1812 — sur ces classes de 1807, 1808, 1809 qu'on avait à grand bruit proclamées entièrement libérées. De plus, ce sénatus-consulte lui donne les gardes d'honneur au nombre de dix mille, « fils ou neveux de personnes inscrites sur la liste des 500 plus imposés par département ou des membres de collèges électoraux ». Par la qualité des jeunes gens plus que par leur quantité, cette nouvelle exigence fait grand bruit. Abusive et tyrannique à l'égard de ceux qui ont payé des remplaçants, elle apparaît cruelle et illégale pour ceux auxquels on ne permet pas de se faire remplacer. « Nulle mesure n'a fait plus que celle-là des ennemis irréconciliables à Napoléon et n'a fait plus ardemment désirer sa chute ».

Au 15 août 1813, lorsque les hostilités recommencent en Allemagne, il demande aux départements du Midi de 25 à 30.000 hommes pour Bayonne et Perpignan, et aux départements de l'Est 60.000 pour Wesel, Strasbourg et Mayence. La conscription de 1815 étant trop jeune, c'est des anciennes classes qu'il les prétend tirer. Un mois après, le 27 septembre, il fait dire par Clarke, son ministre de la guerre : on demande 200.000 hommes pour en imposer à l'Europe, mais la conscription de 1815 ne sera levée que l'année prochaine... Quant aux 120.000 conscrits arriérés, ils « ne forment guère que le septième des hommes restant disponibles, dont l'état s'élève à plus de 900.000. Cependant, ceux des 900.000 qui ne sont pas appelés doivent s'attendre à partir si les circonstances l'exigent... » En effet, quelques jours plus tard, en octobre, l'empereur écrit à Clarke : « Il faudrait tâcher que cette levée, au lieu de 120.000, en rendît 140.000... Je compte de plus sur 100.000 conscrits réfractaires. Il faudrait organiser des colonnes mobiles pour les faire rejoindre... J'écris à l'archichancelier (Cambacérès) pour qu'il avise aux moyens d'avoir 60 à 80.000 hommes, mais il me faut des hommes et non des enfants... »

En novembre 1813, Napoléon arrive à Paris. Le directeur de la conscription, cet excellent Lacuée de Cessac,

qui est membre de l'Académie française « lui promet
150.000 hommes au lieu de 120.000 ». Le 15 novembre
un sénatus-consulte lui accorde 300.000 hommes à prendre de 1803 à 1814. Aussitôt, il veut que les conscrits de
1815, lesquels ne sont plus maintenant trouvés « trop
jeunes », fournissent 50.000 conscrits à la Garde. Le
25 décembre, il appelle encore 50.000 hommes sur les
conscriptions passées et 150.000 de 1815.

Selon les comptes les plus modérés, Napoléon a levé
1.600.000 soldats dans l'ancienne France. Certes, c'est
à bon droit que, dans sa proclamation du 1er avril 1814,
le conseil municipal de Paris a pu dire : « C'est lui qui
chaque année, par la conscription, décime nos familles...
Nos enfants ont été immolés à la démence de laisser après
lui le souvenir du plus épouvantable oppresseur qui ait
pesé sur l'espèce humaine. » De son côté, le Gouvernement provisoire disait, le 4 avril : « Que la jeunesse ne
soit plus moissonnée par les armes avant d'avoir la force
de les porter. »

Hier encore, quand nous relisions l'admirable brochure de Chateaubriand sur *Bonaparte et les Bourbons,*
nous étions tenté de trouver exagérées les pages du grand
écrivain sur la conscription impériale. Le beau travail
de M. Morvan nous montre aujourd'hui que ces terribles
pages étaient encore au-dessous de la vérité.

V

Dans son premier volume, M. Jean Morvan a exposé
le recrutement des soldats de Napoléon, leur habillement et leur matériel, leur instruction, leur solde et leurs
vivres, leurs services administratifs. Dans la deuxième

partie de son travail, avec le même soin et la même précision, il nous montre les soldats en campagne, à la bataille, aux hôpitaux, prisonniers. Voici du reste les titres des huit chapitres de son second volume : *les Guerres heureuses ; l'Espagne ; les Guerres néfastes ; la Bataille ; la Mortalité ; les Prisonniers ; les Récompenses ; le Moral.*

Je m'attacherai surtout maintenant au chapitre sur la Mortalité. Aussi bien, si la Conscription est le point de départ, la Mortalité est le point d'arrivée.

Comme on le pense bien, ce chapitre de la Mortalité est particulièrement chargé. Les méthodes de guerre de Napoléon, pour admirables qu'elles fussent, n'étaient pas moins extrêmement destructrices. On en eut la preuve d'une façon tragique, dès le début de la guerre de Russie. Les historiens bonapartistes consentent bien à parler, sobrement du reste, des misères et des horreurs de la retraite ; mais ils glissent rapidement sur les misères et les pertes de la première partie de la campagne, qui, elles aussi pourtant, furent terribles.

Le 24 juin 1812 et pendant les huit jours suivants, l'armée a passé le Niémen. Le fleuve franchi, l'avant-garde ne voit personne ; elle trouve à peine des traces d'homme parmi la contrée immense et désertée. A la recherche des vivres, des soldats se perdent, trompés par l'uniformité des paysages, étreints par le silence, et beaucoup sont réduits à boire l'eau saumâtre et puante des mares, à manger le biscuit qui leur reste ou la farine qui les surcharge. Ceux qui les suivent, le lendemain, voient « le pays tout dévasté, de riches récoltes foulées... Des hameaux, des villages entiers bâtis en bois, renversés, ont presque entièrement disparu.. » Les derniers venus « se croient dans un cimetière. »

Dans les guerres précédentes, l'armée vivait sur le pays, c'est-à-dire sur l'ennemi. Ici, nulles ressources. Dès les premiers jours, Davout doit utiliser les vivres accumulés sur les voitures ; ils sont vite consommés. Le rude maréchal fait fusiller les maraudeurs ; mais quoi qu'il fasse, il est impossible de contenir le soldat exténué par des marches commencées à deux heures du matin, parfois finies à huit heures du soir, et trempé jusqu'aux os par les pluies d'orage. A la lourde chaleur succèdent les coups de tonnerre, les cataractes d'eau, et le souci de se sécher fait brûler les maisons qu'épargnerait la seule cuisson des aliments. Les chevaux, sans avoine, nourris de seigle vert, succombent sous la pluie, sous les grêlons, durant les nuits courtes et glaciales. Il en meurt peut-être le tiers. A l'artillerie d'une seule division, 160 succombent avant Vilna ; les régiments de Wathier en perdent 300. Les bords de la route en sont parsemés qui se décomposent. A chaque bivouac il reste des cadavres de soldats qui, privés de sommeil, dépourvus de vivres, se sont laissé mourir. Les flanqueurs de la Jeune Garde qui, depuis Saint-Denis, n'ont eu un jour de repos sont à moitié détruits. « Les marches extraordinaires jointes aux grandes privations éclaircissent les rangs dans des proportions inattendues. Des milliers d'hommes disparaissent. Des centaines se donnent la mort, ne se sentant plus capables de supporter une pareille misère. Chaque jour, on entend des coups de feu partir isolément dans les bois voisins de la route. On envoie des patrouilles pour avoir des renseignements, et elles reviennent en disant : « c'est un cuirassier, un hussard ou un fantassin, un Français ou un allié qui vient de se suicider. » Dans tous les rangs, la misère travaille et, parmi les faibles, fait sa moisson.

Le 28 juin, Napoléon entre à Vilna ; on n'est encore qu'en Pologne ; l'armée n'a pas encore fini de passer le Niémen, et déjà une multitude de 50.000 traînards saccage et pille tout, non seulement sur la route, mais encore en divergeant sur les flancs de l'armée où ils portent la terreur et le découragement ». Le 9 juillet, après deux semaines de campagne, l'armée s'est égrenée à demi. Les vivres sont restés en arrière, dans la boue des chemins, ou se sont moisis, gâtés, perdus.

Tandis que la vieille garde se repose à Vilna, et que la jeune garde s'y exerce, la cavalerie de Murat pousse vers l'est et le corps de Davout, en marche forcée, se précipite sur Minsk. Les Russes, en se retirant, « ne laissent rien, absolument rien ». La chaleur, la poussière qui monte des terrains sablonneux, tout contribue à harasser les hommes et à ruiner les montures. L'infanterie de Davout, plus encore, souffre de la chaleur ; la poussière l'aveugle ; le pain qu'elle reçoit, vieilli et moisi, n'est pas mangeable, et, pour vivre, elle traîne sur la route, se répand sur les flancs. Quand on arrive à Minsk, sans qu'on ait eu à tirer un coup de fusil, le 33ᵉ léger est presque anéanti ; un régiment allemand, formé à 3.600 hommes, n'en conserve que quelques centaines. Avant la fin de juillet, le tiers de l'armée a disparu.

A Witepsk, où la Garde est entrée en grande tenue, musique en tête, Napoléon fait construire des fours, il goûte le pain et souvent « il envoie du pain de sa table au factionnaire le plus près de lui ». Joli sujet sans doute pour une image d'Epinal, qui réjouira les cabarets de France, mais qui n'améliorera pas la situation du soldat en Russie ; car ce pain est mal pétri, mêlé de son et en trop faible quantité. La bouillie de seigle qu'on y ajoute,

l'excessive chaleur qu'on subit et la fraîcheur des nuits
étendent les ravages de la dysenterie. Le pays ruiné, et,
de sa nature peu fécond en ressources, bientôt cesse de
fournir aux besoins de l'armée et pour celle-ci la famine
s'ajoute à ses misères. Les officiers songe-creux et les
grognards murmurent. Des colonels, en présence de la
fonte de leur régiment, pensent : « l'armée est perdue. »

VI

Smolensk devait être, on l'espérait du moins, un centre
de ravitaillement et, parmi cette médiocre contrée, une
oasis. Mais dans les plus beaux palais, les Russes laissent
« des machines incendiaires qui font successivement éclater le feu dans différents quartiers ». Toutefois, si le
pain et l'avoine sont rares, les confitures, les sucreries,
le thé, les liqueurs fortes abondent. Le soldat s'y excite et
s'y grise. Entre les restes de la ville, l'armée devient —
aux yeux de Stendhal qui vit au milieu des administrateurs et en contact avec les traînards — « un océan de
barbarie où tout est grossier, sale, puant, au physique
et au moral. »

Cependant, toujours à la poursuite d'une victoire qui
sans cesse s'éloigne, ce qui reste de l'armée s'avance. Sous
ses pas, il s'élève une poussière si fine que l'on a peine à
respirer et que l'on souffre horriblement des yeux. Les
uniformes n'ont plus de couleur. Les cavaliers eux-mêmes en ont les yeux, les oreilles et les narines remplis et
le visage encroûté. Afin de s'en garantir, des soldats, avec
des morceaux de vitre, s'improvisent des conserves pour
la vue ; d'autres, le skako sous le bras, s'enveloppent la
tête d'un mouchoir « avec juste une ouverture pour le

nez » ; d'autres se couvrent de feuillages, et c'est dans cet accoutrement qu'ils rendent les honneurs à l'Empereur, qu'ils s'arrêtent, lui font face, lui présentent les armes, tandis que les tambours battent aux champs et que s'inclinent les rares drapeaux. La soif devient intolérable. En passant, l'armée se dispute les bourbiers. On voit des hommes se mettre à plat ventre pour boire, dans l'ornière, de l'urine de cheval. Il faut mettre des gardes à tous les puits pour empêcher les rixes autour d'une eau saumâtre et bourbeuse. Dans chaque bivouac, il reste des cadavres. Un matin, dans une brigade de la Garde, on compte quarante-neuf morts d'inanition. Au réveil, les soldats partent en ordre ; mais, dès les premiers pas, leurs rangs desserrés s'allongent en files lâches et interrompues. Les plus faibles voient leurs camarades s'éloigner, et bientôt ils tombent désespérés auprès des chevaux qui, de fatigue et de faim, agonisent. Les routes, les lisières des bois en sont semées. On avance pourtant, espérant rencontrer enfin l'ennemi. Le 5 septembre au soir, la Garde bivouaque en face des Russes, sous la pluie qui tombe par intermittence et qui persiste le lendemain matin, embrumant l'espace. Le cheval, le blé et le seigle grillé composent toute la nourriture de l'armée. Les soldats peuvent à peine se tenir sur leurs pieds ; il en est qui, exténués par trois mois de famine et de bivouac, s'affaissent et ne se relèvent plus. Des colonnes de retardataires rejoignent. Dans la nuit du 6 au 7, il gèle à glace et la cavalerie *réduite des deux tiers*, l'infanterie *diminuée de moitié* grelottent sur les mamelons et frissonnent sous les bois maigres.

Le soir de la terrible bataille de la Moskowa, les soldats épargnés se font cuire des grillades de cheval ou du gruau pris dans les gibernes des Russes aux feux qu'alimentent les affûts et les caissons brisés, les crosses de fusils et les débris des fourgons. Puis, le lendemain, la marche sur Moscou reprend avec lenteur, l'armée tassée sur la grand'route, précédée d'une cavalerie qui n'en peut plus. Le mouvement en avant est ralenti par des coups de canon et des prises de position. On fait quatre lieues en dix heures ; on piétine ; la faim ravage l'armée. La chair de cheval devient très rare ; à moitié pourrie, elle se vend encore très cher. Le pain n'a pas de prix ; il n'y en a pas.

Enfin, le 14 septembre, ils sont en vue de Moscou, la cité sainte, la ville immense aux immenses richesses, où ils trouveront, croient-ils, le repos, l'abondance, la fin de leurs souffrances et de leurs misères..., où les attend l'incendie !

VII

Le 18 octobre, l'armée évacue Moscou. Plus de 10.000 voitures de bagages encombrent sa route. Il s'y trouve, dit-on, pour vingt jours de vivres et quelques jours de fourrage. Chacun a son fourgon, sa calèche, son droskï,

Lejeune, le chef d'état-major de Davout, possède à lui seul plusieurs vaches, six voitures et vingt-cinq chevaux. Chaque compagnie a au moins une charrette ou un traîneau pour porter ses vivres. Tous les pillards en ont à profusion. Mais beaucoup de ces charrettes, trop chargées ou mal attelées, restent sur place dès le premier jour.

Le matin du 29 octobre, le thermomètre marque — 4º Réaumur ; il tombe des paillons de neige ; en traversant le champ de bataille de la Moskowa, chacun y voit des cadavres congelés, y reconnaît des siens ; ceux du 30°, un de leurs capitaines qui « après avoir mangé son bras jusqu'à l'os, a encore la bouche dessus ». Bien qu'on ne s'y arrête point, « des hommes tombent subitement et grièvement malades » parmi les morts en décomposition. Déjà les chevaux privés de fourrage succombent ; les charrettes qui portent encore des vivres sont abandonnées, enlevées par les cosaques. Le pays n'offre plus aucune ressource. L'armée vit sur elle-même : « Il s'y établit une habitude de voler telle que l'on est obligé de porter ses provisions sur soi. On enlève les portemanteaux des chevaux et les marmites au feu ; on se prend les couvertures, les peaux d'ours et on les vend pour du pain. Les officiers quittent leurs rangs. Celui « qui reste à son drapeau se trouve faire un métier de niais. Or, comme c'est là ce que le Français abhorre par-dessus tout, il n'y a bientôt plus sous les armes que les soldats à caractère héroïque et les nigauds ». A l'entrée de Wiazma, l'Empereur regarde l'armée passer. Elle défile par un froid de — 8° R., suivant son chemin, et, « parfois des imprécations à haute voix » s'élèvent contre lui, dans le silence.

Le matin du 8 novembre, le thermomètre marque — 12° R. Beaucoup d'hommes perdent leur courage. Quelques-uns se tuent. Les morts, les mourants sont dépouillés, et l'on revêt leurs effets, qu'ils soient d'hommes ou de femmes, bien fourrés ou en guenilles.

Le 9, on revoit Smolensk, mais brûlée, ruinée, réservée d'ailleurs à la Garde. Le reste des troupes doit « bivouaquer sous les murs ». Alors, la désorganisation et le découragement n'ont plus de bornes. Comme vivres, les soldats n'ont rien ; on ne prend aucun soin d'eux. Chacun saisit ce qu'il peut, et l'on voit une cantinière vêtue d'un mantelet couleur de rose doublé de cygne, la tête enfoncée dans le ventre d'un cheval, en arracher le foie avec ses dents. Les isolés, les traînards, les morts se multiplient. Un régiment n'a plus que 34 hommes, et, malgré les 15.000 que recueille l'armée, elle est si diminuée que la moitié de ses bagages, 200 canons, presque toute sa cavalerie, ont disparu. Déjà, dans ses rangs, apparaissent des invalides aux pieds gelés.

Le froid tombe à —21º R. Le matin du 15, on s'éloigne de Smolensk. Il neige continuellement, et la marche en devient plus fatigante, sur la terre blanche, sous le ciel blanc. Sauf à Orcha où les magasins fournissent quelques vivres, du 18 au 23, on ne trouve aucune subsistance, et le froid est d'autant plus insupportable. Les soldats affaiblis ne peuvent faire de feu ; ils mangent de la chair toute crue, déchiquètent les chevaux encore vivants, quelques-uns les cadavres et « la dysenterie sape leur intérieur ». Le 23, les villages sont plus nombreux ; on les incendie pour se chauffer et il y brûle des centaines d'agonisants. La misère est telle que des cas de folie se déclarent, qu'on voit des soldats courir n'ayant que leur chemise et d'autres « se précipitent la tête la première dans les feux ». Le 24, le corps d'Oudinot, qui n'avait pas suivi la Grande Armée et qui avait un peu moins souffert, la rejoint sur les bords de la Bérézina.

VIII

Quand les ponts sont achevés, le 27, passe une partie de l'armée. Généraux et soldats, fantassins et cavaliers, tout cela se foule, s'écrase, se bouscule, joue des coudes, frappe des poings, écarte du gourdin, de la crosse ou du sabre et fait des plus faibles la part de l'eau. Ceux qui restent sur la rive gauche et que la chaleur des feux réconforte, quelques-uns flegmatiquement assis sur des agonisants, attendent pour passer. Mais, dès le matin du 28, le canon gronde, — le canon des Russes de Tchitchagoff, — les projectiles tombent sur les ponts, bouleversent les bivouacs, éparpillent les feux ; la foule des retardataires se rue sur les passagers et, plus que la veille, s'écrase.

Le 29 novembre, par un froid de — 10° R., les restes de l'armée traversent un grand marais. La route, des deux côtés, est jonchée de cadavres, d'hommes expirants, une mousse épileptique aux lèvres, que les plus vigoureux dépouillent; d'officiers à l'agonie dont on enlève les fourrures, dont on tire les bottes. Le lendemain, le mal s'accroît. On bivouaque autour d'une seule bâtisse restée intacte. Napoléon s'y gîte : une troupe de soldats enragés de froid et de faim ébranle la maison à coups violents. Les officiers de sa suite veulent charger les furieux. — Laissez-les faire, dit Napoléon, et il s'éloigne. Les soldats pillent sa cantine.

Le 2 décembre, — c'est l'anniversaire d'Austerlitz, du « soleil d'Austerlitz », — le thermomètre marque de de — 13 à — 24° R. L'Empereur, à pied derrière sa voiture, entouré de cavaliers peu nombreux et des restes de sa Garde, « un bâton à la main comme un pèlerin », marche sous la neige qui tombe « cristallisée en étoiles ». Devant, derrière, une foule se presse telle que « des prisonniers sans armes, sans sac, en troupeau ».

Le 3, le nombre des affamés qui tombent devient effrayant. Les malheureux frappés par le froid sont pris d'un invincible besoin de sommeil et s'affaissent sur la route. Un sourire sardonique contracte leur figure. Le sang leur jaillit par la bouche et par le nez et leur corps tombe sans vie. Une minute suffit. Leurs camarades les dépouillent de leurs vêtements, s'en couvrent, et peu de moments après éprouvent le même sort. Beaucoup « deviennent comme idiots », et l'on dit fréquemment : « Ils ont le cerveau gelé. »

Le 4, il fait —21° R. Le 5 au soir, Napoléon quitte Smorgani et abandonne son armée ; il est escorté par trente chasseurs de la Garde, « les plus valides du corps ». A Ozmiana, des lanciers polonais leur succèdent, dont les deux tiers sont tombés au point du jour. Un détachement de Napolitains les remplace et avant le soir est anéanti.

Le 6, le froid atteint —26° R, puis —28, même « on le dit à — 31° », et près du soleil levant, chaque matin on voit deux colonnes d'un rouge vif, indicatrices d'une grande gelée. Les soldats marchent tels que « des hommes ivres ». Il semble que tout leur sang soit refoulé vers leur tête, tant ils ont la figure rouge et gonflée. Très souvent le sang transsude à travers les pores et s'écoule par gouttes au dehors de la conjonctive : ils pleurent des larmes rouges. Ceux qui perdent l'équilibre et tombent sont aussitôt frappés d'une stupeur glaciale et mortelle. Autour de soi, on aperçoit des troupeaux d'hommes « que l'on nomme des hébétés, qui, en effet, sont insensés, ouvrir le ventre des chevaux vivants, en arracher les rognons, le foie, le cœur et les manger avec une voracité inexprimable à côté de l'animal encore palpitant. D'autres, qui n'ont plus ni sabre ni couteau, déchirent avec leurs dents la chair et sucent le sang des chevaux tombés à terre et encore vivants ; des forcenés se déchirent les membres et sucent leur propre sang ». Plusieurs font rôtir des cadavres pour les dévorer.

Le 7, le thermomètre suspendu à l'habit de Larrey marque—28° R. Le 8, il y a—29 ½ R. Les derniers chevaux périssent ; les plus robustes des survivants parmi les soldats ont le corps entièrement gelé. On en voit un nombre extraordinaire « qui n'ont plus que les os des mains et les doigts ; toute la chair est tombée » ; beaucoup ont perdu le nez, les oreilles. Ces malheureux marchent, vacillants, et disent les choses les plus extraordinaires. Arrivés auprès des maisons qu'on brûle, « ils tombent en eau comme une pomme de terre fortement gelée et ne présentent plus qu'un squelette desséché dont les os tiennent à peine l'un à l'autre. » Le 9, les corbeaux gèlent. Précédés par des fuyards, le reste de la Garde et la colonne qui la suit, atteignent Vilna, où les Russes arrivent le 11. La débandade est complète ; les généraux dont les divisions et les brigades ont fondu, s'éloignent ; Murat dit, en fuyant, aux soldats qui tiennent encore : « Nous sommes foutus..., filez. » Tolstoï a eu raison de l'écrire : « Jamais, depuis que le monde existe, une guerre ne s'est accomplie dans des conditions plus terribles. »

Napoléon, après la campagne de Russie, disait un jour à M. de Narbonne : « Au bout du compte, qu'est-ce que tout cela me coûte? 300.000 hommes et encore il y avait

beaucoup d'étrangers là-dedans ! » *Cela* lui en a coûté
beaucoup plus. Fezenzac (1), dont les évaluations sont
très modérées, estime à 410.000 les pertes de la campagne de 1812.

Celles de la guerre d'Espagne furent plus énormes encore : 473.000 morts, dont les cinq sixièmes français (2).

Si tristes que soient ces choses, si noirs que soient les
tableaux retracés par M. Jean Morvan, nous devons lui
savoir gré de les avoir mis sous nos yeux avec tant de
soin et de conscience. Je lui adresserai cependant un reproche. Pourquoi n'avoir pas dit que derrière ces tristesses et ces deuils, au-dessus de ces nuages sombres,
brille une étoile, l'étoile de la gloire, dont les feux ne s'é-
teindront jamais? Si cher que coûte la gloire militaire, elle
est chose pourtant dont une grande nation n'a pas le
droit de se désintéresser. Le jour où nous la tiendrions
en mépris et où nous laisserions les *pacifistes* prendre le
haut du pavé, ils auraient vite fait de nous conduire à
la fin de la France.

(1) *Souvenirs militaires*, par le général duc DE FEZENZAC.
(2) CLERC, *Campagne de Soult en* 1814. — Le général Bi-
garri estime que les guérillas n'ont pas tué moins de 180.000
hommes.

IV

NAPOLÉON A L'ILE D'ELBE [1]

———

I

On connaissait jusqu'ici Pons (de Verdun). Voici qu'aujourd'hui M. Pélissier, professeur à l'Université de Montpellier, nous fait connaître un autre Pons, — Pons (de l'Hérault).

Philippe-Laurent Pons, dit *Pons de Verdun*, parce qu'il était né dans cette ville, le 17 février 1739, était avant la Révolution, avocat au Parlement de Paris. Ses plaidoyers faisaient peu parler de lui, mais plusieurs contes et force épigrammes, publiés dans l'*Almanach des Muses*, lui avaient valu une sorte de célébrité. Sous l'Empire, en 1807, il recueillit ses vers sous ce titre : *Mes loisirs*. Il en faisait encore sous Louis-Philippe, et les donnait au public, en 1836, sous ce titre : *La Filleule et le Parrain*. Rien de plus inoffensif que les rimes de ce ver-

———

(1) *Souvenirs et anecdotes de l'île d'Elbe*, par Pons (de l'Hérault), publiés d'après le manuscrit original, par Léon G. Pélissier. Un vol. in-8. — Plon-Nourrit et Cie, éditeurs, 10, rue Garancière 1898.

sificateur, et, à ce dernier titre, il n'aurait droit qu'à l'oubli. Il y échappera pourtant, malheureusement pour lui. Le 4 septembre 1792, alors qu'il remplissait à Paris , les fonctions d'accusateur public, il fut nommé député de la Meuse à la Convention nationale. Son rôle y fut des plus misérables. Dans le procès du Roi, il se prononça contre l'appel au peuple et pour la peine de mort, qu'il réclama en ces termes : « Je vois dans les crimes de Louis Capet et ceux des conspirateurs ordinaires, qu'*outre le meurtre à force ouverte et le poison, l'homme-roi a toujours été privilégié dans le sens du crime.* Louis a été accusé par la nation entière d'avoir conspiré contre la liberté ; vous l'avez déclaré convaincu de cet attentat, ma conscience me dit d'ouvrir le Code pénal et de prononcer la peine de mort. »

Comme il avait voté la mort de Louis XVI, il applaudit à l'exécution de Marie-Antoinette, « cette femme scélérate, qui allait enfin expier ses forfaits (1). »

Le 5 floréal an II (24 avril 1794), trente-cinq habitants de Verdun furent conduits à l'échafaud. Parmi eux se trouvaient plusieurs jeunes filles, âgées de dix-huit à vingt-cinq ans, dont l'unique crime était d'avoir porté quelques dragées au roi de Prusse, lors de son entrée dans la ville (2). Pons de Verdun avait contribué, plus que personne, à envoyer à la guillotine ses malheureux compatriotes. Devenu membre du Conseil des Cinq-Cents, cet ardent terroriste fut des premiers à se rallier, après le 18 brumaire, au coup d'Etat de Bonaparte,

(1) Séance de la Convention du 15 octobre 1793.
(2) Emile CAMPARDOU, *Le Tribunal révolutionnaire de Paris*, t. I, p. 308.

qui le nomma substitut du commissaire du gouvernement près le tribunal d'appel de la Seine. Quand vint l'Empire, il ne se souvint plus d'avoir dit : « L'homme-roi a toujours été privilégié dans le sens du crime ». Il se laissa nommer par Napoléon membre de la Légion d'honneur et avocat général près le tribunal de cassation. Cet homme sensible, ce faiseur de petits vers, qui avait répandu un jour sur ses bouquets à Chloris une rosée de sang, mourut, plein de jours, à quatre-vingt-cinq ans, le 7 mai 1814.

Il était alors bien oublié ; il ira pourtant à la postérité, grâce à Chateaubriand, qui a écrit sur cet échappé de l'Almanach des Muses ces lignes vengeresses : « L'instigateur du massacre des jeunes filles de Verdun fut le poètereau régicide Pons de Verdun, acharné contre sa ville natale. Ce que l'Almanach des Muses a fourni d'agents de la Terreur est incroyable ; la vanité des médiocrités en souffrance produisit autant de révolutionnaires que l'orgueil blessé des culs-de-jatte et des avortons : révolte analogue des infirmités de l'esprit et de celles du corps. Pons attacha à ses épigrammes émoussées la pointe d'un poignard (1). »

Grâce à Dieu, Pons de l'Hérault n'a rien de commun avec son homonyme ; il n'a pas de méchants vers sur a conscience ; il n'a pas de sang sur les mains. M. Pélissier dans son intéressante *Introduction*, a résumé en quelques pages la biographie de son héros. Né à Cette en 1772 et fils d'une pauvre aubergiste espagnole, André Pons était à moins de vingt ans, capitaine au cabotage. Entraîné ensuite par les événements, il fut tour à tour

____

(1) *Mémoires d'Outre-tombe*, tome II, p. 56.

officier de marine, commandant d'artillerie, prisonnier d'État, homme d'affaires, homme politique, directeur d'exploitation minière, chargé de missions secrètes, préfet de l'Empire et de la Monarchie de Juillet, conseiller d'État de la deuxième République.

Devenu en 1809, par la protection de Lacépède, directeur des mines de l'île d'Elbe, Pons se trouvait en résidence à Rio-Marina, quand Napoléon débarqua dans l'île. Il avait été jusqu'alors assez médiocrement bonapartiste ; mais il fut, après quelque résistance assez vite dompté par la séduction et le génie du maître. Il revint en France et fut préfet de Lyon pendant les Cent-Jours. La Restauration ne pouvait que lui faire des loisirs : il les consacra à la préparation d'un grand travail d'histoire et d'apologétique sur Napoléon et particulièrement sur le règne éphémère de l'ex-empereur à l'île d'Elbe. Il n'a publié que deux fragments de ce travail, un *essai sur le Congrès de Châtillon* et une étude sur *la Bataille de la capitulation de Paris*. Tout le reste est demeuré à l'état de brouillons et de copies maintes fois retranscrites.

C'est le plus considérable de ces manuscrits que M. Pélissier nous donne aujourd'hui.

II

Dès les premiers temps de son séjour à l'île d'Elbe, Napoléon chargea le général Drouot d'engager Pons à prendre des notes historiques. Bientôt l'Empereur lui-même lui témoigna le plaisir qu'il aurait à lui voir écrire sommairement ce qui se passerait de remarquable à l'île d'Elbe. Pons lui promit de faire scrupuleusement ce qu'il désirait.

Son journal était encore à l'état de notes informes, à l'époque des Cent-Jours. Pons le dit expressément :—
« La dernière fois que je vis l'Empereur, il était à l'Elysée-Bourbon, et il me parla de mes notes comme on parle de quelque chose d'important : je l'assurai que je les réunirais en corps d'ouvrage. Il m'indiqua plusieurs choses que je ne devais pas oublier : « Ne vous pressez « pas, me dit-il, pour leur donner de la publicité; nous se- « rons longtemps encore dans une atmosphère d'erreur « pour les uns, de passion pour les autres, et l'heure de « la vérité est nécessaire à l'histoire de ma vie ». Tel est mon mandat pour retracer l'époque d'ostracisme que l'empereur Napoléon passa à l'île d'Elbe.

Lorsque Pons se mit plus tard en mesure de tenir sa promesse, les notes qu'il avait prises, le journal qu'il avait plus ou moins régulièrement tenu à l'île d'Elbe, n'étaient plus en sa possession. Avait-il omis de les emporter de l'île à son départ, improvisé en une seule nuit? Quand, quelques mois plus tard, il dut s'enfuir de Lyon, eut-il le temps dans le désordre d'une préfecture menacée par les ennemis, de réunir et d'emporter ses manuscrits, s'il en était encore nanti? Quoi qu'il en soit, ce que nous avons aujourd'hui n'est point un journal contemporain des faits qu'il relate ; c'est une composition souvent interrompue, restée finalement inachevée, et dont la rédaction s'étend sur près de quarante années. Pons s'occupait encore de son travail en 1847, en 1850, c'est-à-dire plus de trente ans après les événements qu'il avait à retracer. Les souvenirs et anecdotes de Pons de l'Hérault n'ont donc pas la valeur historique qui s'attache à un journal écrit sur l'heure et sur place, sous la dictée en quelque sorte des événements eux-mêmes.

Son éditeur est le premier à reconnaître que « ses souvenirs s'étaient certainement un peu effacés et brouillés quand il les rédigea. » Pour les raviver et les compléter, il n'avait aucun document personnel. De ses papiers du temps de l'Empire, aucun, semble-t-il, n'était resté entre ses mains. Dans la *Biographie des Hommes du jour*, publiée en 1836 par Germain Sarrut et Benjamin Saint-Edme, il a rédigé lui-même sa propre notice. Or, si nous le voyons dans cette notice, citer avec autant d'exactitude que de complaisance, des documents datant de la Révolution, qu'il avait sans doute retrouvés dans ses papiers de famille à Cette ; s'il en cite d'autres qui datent de la Restauration et de la monarchie de juillet, il n'en va plus de même pour l'époque de son séjour à l'île d'Elbe. Ici, plus rien. Evidemment, tous ses papiers de cette époque lui font défaut.

Est-ce à dire que son livre soit sans valeur et sans importance historique? Il s'en faut bien. Les souvenirs de Pons sont ceux d'un témoin immédiat et oculaire pour les journées de l'arrivée du débarquement, de l'installation de Napoléon dans l'île, pour les excursions et les voyages à la Pianosa, à Palmajola, à Monte-Giove, et naturellement à Rio-Marina, où lui-même avait sa résidence. Ses querelles avec l'Empereur au sujet des finances de la mine sont aussi racontées d'original. Il ne ménageait aucune fatigue pour le suivre et apprendre les moindres détails : « Là où je n'étais pas avec lui, dit-il, j'allais de suite après lui, ou je me faisais immédiatement rendre compte par ceux qui sans erreur pouvaient m'instruire. » A Rio-Marina, il recevait par ordre de Napoléon la plupart de ses visiteurs de distinction, lord Bentinck, Campbell, le général Koller Towers, qui lui répétaient les conversations de leur hôte. Il tenait en sa maison un « Cercle » où, soit absence du maître, soit confiance en Pons, on causait librement, plus librement qu'à Porto-Ferrajo.

Pons a d'intéressants détails sur les principaux compagnons de l'Empereur à l'île d'Elbe, sur Drouot, sur Cambronne, sur Bertrand.

Le sage Drouot, qui fut vraiment un héros par l'austérité et la dignité de sa vie, plus encore que par sa vaillance sur les champs de bataille, fut aussi un héros de roman. Ce roman d'une heure, Pons nous le raconte dans un style empire, qui ne laisse pas d'avoir son charme. « Le philosophe, dit-il, le savant, le général Drouot en vint aux prises avec l'amour, et l'amour vainquit. Le général Drouot n'était plus un jeune homme (il avait alors 40 ans bien sonnés) ; il commençait à grisonner, et son air grave le faisait encore paraître plus vieux qu'il n'était. Ce n'était pas aussi un bel homme... Mlle Henriette était, au contraire, à cet âge de la vie où tout est enchantement.

« Jeune, jolie, aimable, elle pouvait se tresser une magnifique couronne de belles qualités, et son heureux caractère ajoutait encore à ses dons de nature... Que peut la puissance des ans et de la sagesse en face d'un cœur excellent. Le général Drouot voulait apprendre le français ; il fut convenu qu'il y aurait échange de leçons. On commença par conjuguer le verbe aimer. L'épopée atteignit de suite à son accomplissement. Mlle Henriette devint rêveuse : on la crut malade. La mère, inquiète, dans un élan de douleur maternelle, s'écria, en présence du général Drouot, en le regardant avec tendresse : « Ma fille meurt pour vous ! » Et le général Drouot, effrayé, alla se jeter aux pieds de Mlle Henriette, et lui dit : « Ne mourez pas ! » Le mariage fut aussitôt décidé.

« Le jour nuptial était fixé, lorsqu'un coup de foudre détruisit jusqu'aux espérances de bonheur mutuel que les futurs époux avaient conçues. Le général Drouot était très pieux, il ne cherchait point à le cacher et à l'afficher ; dans son amour filial, sa religion touchait jusqu'à l'idolâtrie ; il commençait toujours sa journée par une prière fervente pour sa mère. Il rendit compte à sa mère de la situation dans laquelle il se trouvait. Sa mère s'alarma de le voir se marier si loin d'elle, sous un ciel étranger. Elle lui ordonna de rompre tous les engagements qu'il avait pris à cet égard. Le général Drouot manqua d'énergie pour désobéir... Il prit la résolution définitive de rompre... »

Le général Drouot ne se maria jamais. Quant à Mlle Henriette, elle ne mourut pas: «Aujourd'hui, continue Pons, femme d'un officier supérieur, mère d'une charmante famille entourée de considération, aimable comme elle l'était aux jours de sa jeunesse, sans aucune espèce de rancune, dans un rang honorable, elle est heureuse autant qu'il est possible de l'être. Le général Drouot n'a jamais cessé d'en parler avec un respect affectueux. »

Le général Cambronne lui aussi, était un héros, mais il n'avait ni la sagesse, ni la philosophie de Drouot. « La violence de son caractère, dit Pons, était quelquefois effrayante » ; et il en cite plusieurs traits, celui-ci entre autres...

Un jour, un vaisseau de haut bord, portant pavillon napolitain, se présenta sur la rade de Porto-Ferrajo, hissa la bannière elboise à son grand mât, et il salua de vingt et un coups de canon, ainsi que de trois hourras de

« Vive l'empereur Napoléon ! » Bientôt le grand canot
du vaisseau se dirigea vers la maison militaire sanitaire,
montée par l'Etat-major ; le commandant — un contre-
amiral — demanda à descendre à terre pour aller présenter ses hommages à l'Empereur. On prévint aussitôt le
gouverneur de la place, le général Cambronne. Ce dernier pouvait, en deux minutes, avoir l'opinion de l'Empereur ; l'arrivée de ce vaisseau pouvait avoir une grande
importance ; le roi Murat avait, il est vrai, abandonné,
en 1814, la cause de son beau-frère ; mais nul n'était plus
variable dans ses sentiments, et peut-être avait-il changé
une fois de plus. D'ailleurs, il y avait des relations quo-
tidiennes entre Naples et Porto-Ferrajo. C'était sur une
frégate napolitaine que la princesse Pauline Borghèse
était venue dans l'île.

Le fougueux Cambronne ne réfléchit à rien de tout
cela. Il se précipite à la maison sanitaire. « A la vue de
l'uniforme napolitain, dit Pons, le général Cambronne
fut atteint de folie, et dans son paroxysme de déraison
après avoir traité les officiers napolitains d'infâmes, de
brigands, de scélérats, il les menaça de les faire fusiller
s'ils ne se retiraient pas ; il ordonna à l'officier du poste
de faire charger les armes. Le général Cambronne aurait
fait ce qu'il avait dit, si le canot napolitain n'avait pas
poussé au large. Dès que le canot fut de retour à bord du
vaisseau, le commandant fit abaisser la bannière elboise,
orienter ses voiles et dans un clin d'œil il cingla en pleine
mer. »

Dès que l'Empereur fut informé de l'incident, il ordonna au fidèle Pons de prendre une barque et de courir
après le vaisseau. Celui-c avait déjà cinq heures d'a-
vance, et il fut impossible de l'atteindre. Pons revint

dans la nuit. « C'est bien grave, lui dit l'Empereur à son retour ; c'est bien grave ce que le général Cambronne a fait, et l'on ne se conduit pas comme cela ». Cette faute, du moins, Cambronne la réparera à Waterloo.

Le général Bertrand apparaît dans les récits de Pons sous un jour moins glorieux que celui de la tradition. Il vivait à l'écart, n'accordant aucune audience, plus invisible encore que son souverain, ne demandant qu'à « avoir la paix », laissant s'accréditer le bruit de son prochain retour en France, servant Napoléon plus par correction que par dévouement, avec plus de discipline routinière que d'initiative intelligente, si bien que l'on peut se demander ce qu'il était venu faire dans l'île. La comtesse Bertrand était venue rejoindre son mari. Bien qu'elle vécut très retirée, voyant à peine Madame Mère et la princesse Pauline, elle ne laissait pas d'admettre chez elle les Anglais que la curiosité attirait à Porto-Ferrajo. « Son cercle, écrit Pons, était un cercle anglais. D'origine anglaise, peut-être élevée à l'anglaise, la comtesse Bertrand avait des tendances britanniques, et, comme elle ne croyait pas mal faire, elle le disait à qui voulait l'entendre. Elle disait aussi, sans gêne aucune, que pour rien au monde elle ne resterait à l'île d'Elbe plus d'un an. Le général Bertrand était l'écho de sa noble compagne, si tant est que sa noble compagne n'était pas le sien. »

III

Dans son remarquable chapitre sur le séjour de Napoléon à l'île d'Elbe, M. Henry Houssaye parle en ces termes de l'attente où l'on était, dans l'île, de la venue de Marie-Louise et de son fils : « Napoléon, dit-il, donna l'ordre de ne point tirer les feux d'artifice du 15 août et de les conserver pour l'arrivée de l'impératrice qu'il attendait dans les premiers jours de septembre. Cette croyance était partagée par l'entourage de l'Empereur et par tous les Elbois, si bien qu'une jeune femme accompagnée d'un enfant de quatre ou cinq ans ayant débarqué mystérieusement le 1er septembre dans la baie de la Marciana et étant restée deux jours enfermée à la badone avec l'Empereur, personne ne douta que ce ne fût Marie-Louise. Les habitants préparèrent des illuminations, les canonniers attendaient l'ordre de tirer une salve. « Ce fut un rêve, dit l' , russe. L'Empereur revint seul à Porto-Ferrajo. Il avait reçu la visite de la comtesse Walewska (1) ».

L'auteur parle assez longuement de cet épisode, dernier chapitre de l'un des romans de Napoléon, lequel a eu, dans sa vie, beaucoup plus de romans que le sage Drouot.

On était au mois d'août 1814. Le soleil était aussi brûlant que sous le tropique, ses rayons enflammés semblaient empêcher les vents alizés de rafraîchir les montagnes granitiques et ferrugineuses de l'île d'Elbe. Cette chaleur excessive fatiguait l'Empereur. Son palais impérial de Porto-Ferrajo était vraiment en feu. Napoléon résolut d'aller chercher un peu de fraîcheur sous les châtaigniers touffus de Marciana. « De l'ombre et de l'eau, disait en riant celui qui, hier encore était le maître du monde, c'est le bonheur, et je vais chercher le bonheur. » Il partit donc pour Marciana, n'emmenant avec lui que la suite indispensable, et il fit dresser sous les grands ar-

(1) *1815*, par Henry HOUSSAYE, tome I, p. 159.

bres, sa tente de campagne, non loin d'un petit ermitage, où vint s'installer Madame Mère.

Bien que l'Empereur vécût dans une retraite profonde le service régulier de l'Etat et les besoins du service intérieur de la Maison de Madame Mère, établissaient un va-et-vient permanent de Porto-Ferrajo à Marciana, et l'on savait tout ce qui s'y passait.

Tout à coup, un matin, un bruit circula : « L'Impératrice et le Roi de Rome sont arrivés », et aussitôt la population entière fut debout. Pons, averti par un exprès, accourut à Porto-Ferrajo. Les officiers de la garde avaient la tête à l'envers ; ils voulaient que l'Impératrice et son fils restassent à l'île d'Elbe. Les habitants, de leur côté, n'étaient pas moins ardents à le demander, et une adresse à l'Empereur rédigée dans ce sens, fut, sur-le-champ, couverte de signatures.

Le vrai était que la comtesse Waleswka et son fils avaient débarqué dans la nuit à Marciana, que la comtesse avait aussi à peu près l'âge de Marie-Louise, que l'enfant avait à peu près l'âge du Roi de Rome, et qu'il portait le même costume. Tous les marins du bâtiment qui les avait amenés s'y étaient trompés d'autant plus facilement, que la comtesse Walewska, si elle n'avait pas essayé de faire naître l'erreur, n'avait rien fait non plus pour la détruire. Ainsi, elle ne disait pas qu'elle était l'impératrice, mais après avoir dit : « Le fils de l'empereur », elle ajoutait : « Mon fils » ; ce qui, d'ailleurs, était exact. Les marins avaient donc, de la meilleure foi du monde, annoncé triomphalement la bonne nouvelle, et personne n'avait douté qu'elle ne fût vraie.

Aussitôt que Mme la comtesse Walewska fut arrivée à la tente de l'Empereur, l'Empereur ne reçut plus per-

sonne, pas même Madame Mère. « L'on peut dire, écrit
Pons, qu'il se mit en grande quarantaine. Son isolement
fut complet. »

La belle Polonaise et son fils restèrent environ cinquante heures auprès de Napoléon. Au bout de ce temps,
la comtesse Walewska s'éloigna pour aller s'embarquer
à Longone. Le vent soufflait en tempête ; à peine avait-
elle quitté Marciana, que l'Empereur effrayé de la violence toujours croissante du vent, fit monter à cheval
l'officier d'ordonnance Pérez, et lui ordonna de faire le
nécessaire pour empêcher la comtesse de partir. « Mais
ce Pérez, dit Pons, tout officier d'ordonnance que l'Empereur l'avait fait, était le sot des sots : sans cœur, sans
âme, et incapable de s'inquiéter du danger qui menaçait
Mᵐᵉ la comtesse Walewska, il ne songea qu'à s'abriter
lui-même. Mᵐᵉ la comtesse Walewska était en pleine
mer lorsque ce franc malotru arriva à Longone. »

L'Empereur eut des heures d'angoisse. Il lui fut impossible d'attendre le retour de son officier d'ordonnance.
Il se rendit de sa personne au lieu où la comtesse devait
s'embarquer. Il était trop tard. Ses alarmes durèrent
jusqu'au moment où elle lui eut appris elle-même que
tout péril était conjuré.

Sur Madame Mère, et sur la princesse Pauline, comme
sur l'Empereur, il y aurait bien d'autres anecdotes curieuses à recueillir dans les *Souvenirs* de Pons de l'Hérault. Si enthousiaste qu'il soit, il ne laisse pas d'être sincère, et tous, admirateurs et adversaires de Napoléon,
trouveront à glaner dans ses récits ; les pages qu'il a consacrées à Madame Mère, sont parmi les meilleures du
volume « Elle était, dit-il, Corse dans toute l'étendue
du mot, son accent, ses habitudes, ses souvenirs, tout

rappelait ou continuait les premiers temps de sa vie et plus d'une fois l'on avait pu se demander si elle avait jamais quitté Ajaccio. Elle aurait voulu que l'Empereur ne fût entouré que par des Corses tout au moins pour les places lucratives... Madame Mère logea en son particulier. Elle monta sa maison comme il lui plut de la monter ; elle lui donna une teinte plus italienne que française — je ne dirais pas trop quand je dirais tout italienne. Sa dame d'honneur sa demoiselle lectrice, sa domesticité étaient italiennes ; sa cuisine était faite à l'italienne...

Le dimanche elle dînait régulièrement avec l'Empereur, elle passait beaucoup de soirées avec lui. Les soirées étaient courtes; le jeu de whist en remplissait presque la durée ; la conversation suivie y avait peu de part. Madame Mère voulait que le jeu fût intéressé: elle aimait à gagner ; l'Empereur se plaisait à la faire perdre. Il trichait. Madame Mère se plaignait des tricheries. L'Empereur lui disait : « Madame, vous êtes riche, vous pouvez perdre, et moi qui suis pauvre, je dois gagner. » C'était la même plainte et la même excuse chaque fois que le jeu recommençait.

Volume intéressant en somme, dont il ne faudrait pas exagérer l'importance, mais dont les historiens cependant devront faire leur profit. On doit remercier M. Pélissier de nous l'avoir donné et d'en avoir entouré la publication de soins si intelligents et si consciencieux.

V

NAPOLÉON ET LORD ROSEBERY [1]

I

Nous avons eu en France des écrivains que les événements ont arrachés à leurs études pour les jeter dans la politique : Chateaubriand, ministre et ambassadeur sous la Restauration ; Guizot, Thiers, Villemain, Cousin, appelés au pouvoir par la révolution de 1830; Lamartine, par la révolution de 1848. Mais ce qui est rare chez nous, ce qui ne l'est pas en Angleterre, c'est de voir des hommes politiques, entrés de bonne heure au Parlement, et voués, ce semble, exclusivement, aux affaires de l'Etat, c'est de les voir cultiver les lettres dans leurs heures de loisir et prendre rang parmi les meilleurs écrivains de leur temps. Tels furent, dans la seconde moitié du dix-neuvième siècle, Disraëli et Gladstone, pour ne rappeler que les plus illustres ; tel, aujourd'hui lord Rosebery, l'un des chefs du parti libéral.

(1) *Napoléon, La Dernière phase*, par lord ROSBERY, ouvrage traduit de l'anglais, avec l'autorisation de l'auteur, par Augustin FILON. Un volume in-18. Librairie Hachette et Cie, boulevard Saint-Germain, 79, 1901.

Lord Rosebery a tenu le portefeuille des Affaires étrangères dans le dernier cabinet de M. Gladstone. Lorsque ce dernier, définitivement vaincu par l'âge, dut se résigner à abdiquer, son jeune collègue, déjà chef du *Foreign Office*, joignit à ces fonctions, celle de premier minis're. Si, depuis 1895, il n'est plus au pouvoir, la politique pourtant le tient toujours, et, en attendant un retour de fortune, il est président du *County Council* de Londres. Il a d'ailleurs vendu son écurie de courses, et comme il faut bien s'occuper, voici qu'il publie un gros volume sur Napoléon et la captivité de Sainte-Hélène.

Le livre est très remarquable et il a eu en Angleterre un succès considérable. C'est M. Augustin Filon qui s'est chargé de le faire connaître de ce côté-ci du détroit, et pas n'est besoin de dire que sa traduction est parfaite. M. Filon, en effet, est un de nos bons écrivains de France, et comme il est fixé à Londres depuis 1870, il se trouvait, on le voit, dans d'excellentes conditions pour mener à bien son entreprise. Il semble bien, d'ailleurs, qu'il n'a pas entendu faire seulement œuvre littéraire et qu'il y a aussi dans son fait un peu de politique. Ancien précepteur du Prince Impérial, resté honorablement fidèle à sa mémoire, il estime que le livre de lord Rosebery est appelé à servir chez nous la cause bonapartiste. Il s'explique à ce sujet, dans sa préface en termes très nets :

« Les Anglais, dit-il, ont fait une réception enthousiaste à cet ouvrage qui leur faisait entendre pourtant, dans le langage le plus net, de dures vérités. Il devait recevoir des Français un accueil encore plus favorable, car il interprète leurs sentiments les plus chers avec un accent de sympathie qui semble absolument sincère. Ils

ne liront pas sans émotion une phrase comme celle-ci :
« Napoléon avait derrière lui la France, capable d'efforts héroïques et d'héroïque endurance, en un mot capable de tout, sauf de l'impossible. » Lequel d'entre
nous aurait pu dire plus et dire mieux?

« Nous ne connaissons point en France, ces belles cérémonies où l'on voit, chez nos voisins, les grandes villes
offrir le droit de cité à l'homme qu'elles veulent honorer.
Mais ce livre vaut les parchemins qu'on enferme dans
une boîte d'or. Après cet hommage splendide au grand
nom qui nous a tant divisés et qui nous rapproche tous
aujourd'hui, lord Rosebery a cessé d'être un étranger
parmi nous. Nous nous souviendrons toujours qu'il nous
a donné ce livre : puisse-t-il ne jamais oublier qu'il l'a
écrit ! »

Lord Rosebery, décidément, est un homme heureux,
et ce n'est pas pour lui qu'a été écrit le vers :

> On ne peut contenter tout le monde et son père.

Il a contenté, paraît-il, les bonapartistes et leur satisfaction va même jusqu'à l'enthousiasme ; mais les adversaires de l'Empire n'ont pas lieu non plus d'être trop
mécontents, puisqu'au fond et en réalité son livre renferme contre Napoléon un formidable réquisitoire.

II

Lord Rosebery a eu une vue très juste, lorsqu'il a
pensé que, pour comprendre la personnalité de Napoléon, c'était surtout à Sainte-Hélène qu'il le fallait étudier. L'homme se révéla pendant les premières années

du Consulat, mais il n'avait pas encore atteint tout son développement. Sur le trône, son humanité disparaît. A l'île d'Elbe il ne vit pas dans le présent, il est toujours dans le passé ou dans l'avenir. A Sainte-Hélène, au contraire, dans cette phase finale, seul avec l'éternité et avec l'histoire, à l'heure où les vanités et les passions de la vie s'évanouissent devant l'ombre grandissante de la mort, Napoléon, s'il ne se révèle pas tout entier, s'il ne nous livre pas sa pensée en toute sincérité, se découvre pourtant et nous permet, en plus d'une rencontre de le faire connaître et de le juger. La vérité se fait jour par éclairs. C'est là, et là seulement que nous avons des chances d'apercevoir quelque chose de l'homme.

C'est donc à Sainte-Hélène, dans la *dernière phase*, que lord Rosebery a cherché le secret de Napoléon et de sa prodigieuse histoire. Il s'est tout d'abord trouvé en présence du *Mémorial* de Las Cases et des Mémoires de Montholon, d'Antommarchi et d'O'Meara. Pour M. Thiers, ces quatre livres ne sont rien moins que les quatre Evangiles. Le *Mémorial de Sainte-Hélène*, en particulier, est son Evangile selon saint Jean, et dans le dernier volume de son *Histoire de l'Empire*, il le suivra pas à pas, avec une fidélité religieuse. Ainsi, d'ailleurs, n'ont pas manqué de faire tous les écrivains bonapartistes. Mais voici qu'avec lord Rosebery, il n'en va plus de même. A ses yeux, le *Mémorial de Sainte-Hélène* est un évangile apocryphe. C'est un arsenal de documents mensongers. Il y relève plusieurs lettres de Napoléon qui sont tout simplement des faux, — et il le démontre. « Tous ces faux, ajoute-t-il, forment comme une barre d'illégitimité qui couvre le Journal tout entier et qui rendent impossible de croire aux déclarations de Las Cases, dès qu'il a un intérêt à les produire. »

Non moins suspects que l'ouvrage de Las Cases, ceux de Montholon, d'O' Meara et d'Antommarchi. Dans tous ces livres, on trouve des allégations fausses et de grossières inventions. « Tantôt, dit lord Rosebery, c'est l'idolâtrie de Napoléon qui les inspire, tantôt c'est le désir de garder aux scènes de Sainte-Hélène toute leur puissance d'émotion dramatique... Ils omettent ou dénaturent les faits qui peuvent, en quelque manière, nuire à leur idole ou diminuer l'effet qu'ils veulent produire. Il semble qu'il y eût quelque chose dans l'air de Sainte-Hélène qui empêchait la vérité de s'y acclimater, et celui qui compare sur un point quelconque les différents récits y trouvera d'étranges, d'irréductibles contradictions. »

N'eût-il fait que montrer le peu d'autorité qu'il faut accorder aux témoignages sur lesquels repose principalement la légende napoléonienne, lord Rosebery aurait porté à cette légende un coup redoutable. J'estime donc pour ma part, que les tenants de l'impérialisme auraient sagement fait de ne pas mener si grand bruit autour de son livre. Le véritable Mémorial de Sainte-Hélène, d'après lord Rosebery, c'est le Journal de Gourgaud (1) écrit, au moins pour la plus grande partie, afin de n'être lu que de lui, et connu que de sa conscience. Il a suffi que ce Journal ait été composé sans flatterie, sans parti pris, en toute sincérité, pour qu'il soit devenu, contre la volonté de son auteur un document écrasant pour la mémoire de Napoléon.

---

(1) *Sainte-Hélène*. Journal inédit de 1815 à 1818, du général baron GOURGAUD, publié par MM. le vicomte DE GROUCHY et Antoine GUILLOIS, deux volumes in-8°, 1900.

III

Lord Rosebery juge sévèrement — et certes il a raison — l'attitude et les maladresses répétées de sir Hudson Lowe ; mais la peinture qu'il fait de *Napoléon chez lui*, à Longwood, n'est pas pour grandir ce dernier. Même à ses fidèles, aux compagnons qui partagent sa captivité, il ne permet pas de s'asseoir en sa présence. Bertrand, Gourgaud et Montholon, devaient rester debout pendant des heures, au point qu'ils en tombaient de lassitude. Certain jour, Napoléon paraît contrarié d'un bâillement que Bertrand ne peut réprimer. Le grand maréchal s'excuse en disant qu'il est resté debout plus de trois heures. Gourgaud, pâle et presque défait malade de fatigue, était obligé de s'appuyer contre la porte. Le docteur Antommarchi, qui avait à endosser un habit de cour toutes les fois qu'il rendait visite à son malade, devait rester sur ses jambes, devant lui, si longtemps qu'il était tout près de s'évanouir. L'empereur tombé dissertait à perte de vue avec Las Cases sur la question du cérémonial, et il ne manquait jamais de relever le plus léger manquement à l'étiquette. Quand Gourgaud dit, devant lui, qu'en Chine le souverain est adoré comme un dieu, Napoléon observe gravement que c'est ainsi que cela doit être.

Sans doute, il y avait dans ces excès d'étiquette et de cérémonial un souvenir de son ancienne grandeur et un souci de sa dignité qui auraient pu paraître respectables. Malheureusement, l'égoïsme y entrait pour une large part.

L'Empereur, et c'est encore lord Rosebery qui en fait

la remarque, ne pouvait souffrir que quelqu'un qui lui
était dévoué le fût en même temps à quelqu'un d'autre. Il
lui fallait un attachement exclusif, absorbant. La femme
de Bertrand et la mère de Gourgaud le choquaient.
« Vous êtes fou de tant aimer votre mère, disait l'Empereur à Gourgaud. Quel âge a-t-elle? — soixante-sept
ans, Sire. — Parbleu, vous ne la reverrez plus : elle
mourra avant que vous ne retourniez en France. » Et
le pauvre Gourgaud pleurait.

Napoléon ne se cachait pas de penser que le dévouement de ses serviteurs devait être tout à lui, exclusivement à lui. Il disait un jour à Montholon: « Il y a toujours une affection dominante, je veux être, pour qui
j'aime et honore de ma confiance, cette affection dominante ; je ne veux pas de partage. » En d'autres occasions, il était encore plus franc : « Les princes, dit-il,
n'aiment que les gens qui leur sont utiles, et seulement
pendant qu'ils le sont ». Il dit encore à Gourgaud:
« Après tout, je n'ai d'affection que pour ceux qui peuvent m'être utiles et aussi longtemps qu'ils peuvent
m'être utiles. » Ses serviteurs connaissaient bien l'existence de ce principe. Le fidèle Bertrand lui-même ne
peut se dissimuler que « l'Empereur est un égoïste ».
C'est encore lui qui dira un autre jour à Gourgaud :
« L'Empereur est ce qu'il est, mon cher ; nous ne pouvons
changer son caractère... C'est ce caractère-là qui est cause
qu'il n'a pas d'amis, qu'il s'est fait tant d'ennemis et,
qu'enfin, nous sommes à Sainte-Hélène. C'est pour cela
que ni Drouot, ni ceux qui étaient à l'île d'Elbe, ni d'autres que nous (Mme Bertrand et lui) n'ont voulu le suivre
ici. »— Et lord Rosebery ajoute: « Bertrand avait raison
de dire que Napoléon n'avait pas d'amis... Ce n'est pas

un trait sympathique dans le caractère de l'Empereur
que cette âpreté avec laquelle il exigeait le renonce-
ment à toute affection humaine, à tout intérêt humain. »

Tout cela n'empêche pas M. Thiers de présenter Napoléon, comme bon, doux, tendre, pitoyable. Il n'en
veut à personne, il n'a d'amertume contre aucun des
hommes dont il a eu à se plaindre. C'est l'ange du par-
don et de la réconciliation. Il pleure sur le maréchal Ney,
il excuse sa conduite vis-à-vis de lui, il prend sa défense
avec émotion. Voilà ce que dit M. Thiers. Voici maintenant ce que je trouve dans le livre de M. Rosebery :
Napoléon déclare que le maréchal n'a eu que ce qu'il
méritait : « On ne doit jamais manquer à sa parole et je
méprise les traîtres... Ney s'est déshonoré. Je le regrette
comme un homme précieux sur un champ de bataille ;
mais il était trop immoral et trop bête pour réussir. »
Il va jusqu'à dire « qu'il n'aurait jamais dû lui donner
le bâton de maréchal, qu'il aurait dû le laisser à la tête
d'une division, car, comme l'avait dit Caffarelli, Ney
avait tout juste le courage et l'honnêteté d'un hussard.
En 1814, il avait agi comme un véritable traître. Il s'était
conduit en coquin, suivant son habitude. »

Thiers s'émeut en rappelant ce qu'il appelle les « tou-
chants entretiens de Napoléon. — « Vous allez, dit-il, à
ses amis qui l'entouraient, retourner en Europe. Vous
y reviendrez avec le reflet de ma gloire, avec l'honneur
d'un noble dévouement. Vous y serez considérés et heureux. Moi, je vais rejoindre Kléber, Desaix, Lannes,
Masséna, Bessières, Duroc, Ney... ! Ils viendront à ma
rencontre... Ils ressentiront encore une fois l'ivresse de
la gloire humaine... Nous parlerons de ce que nous avons
fait, nous nous entretiendrons de notre métier avec Fré-

déric, Turenne, Condé, César, Annibal... Puis, s'arrêtant, Napoléon ajouta avec un singulier sourire : A moins que là-haut comme ici-bas on n'ait peur de voir tant de militaires ensemble (1) ».

C'est à Antommarchi que M. Thiers emprunte ces paroles, qui lui inspirent une admiration profonde, et que lord Rosebery n'hésite pas à qualifier de *hâbleries :* « Ces hâbleries, dit-il, dont le délire seul aurait pu rendre Napoléon capable, sont censées avoir été débitées devant deux auditeurs, Antommarchi et Montholon : Antommarchi, qui était alors en disgrâce, Montholon qui recueillait les moindres mots de son maître, et qui ne dit rien de ces paroles extraordinaires. Nous pouvons affirmer, sans crainte de nous tromper : voilà ce que Napoléon n'a jamais dit... »

IV

Sur les opinions religieuses de Napoléon, la contradiction entre les deux historiens n'est pas moins complète. Il est hautement spiritualiste et même chrétien, d'après M. Thiers, qui lui fait tenir ce langage : « Dieu est partout visible dans l'univers, et bien aveugles et bien faibles sont les yeux qui ne l'aperçoivent pas. Pour moi, je le vois dans la nature entière, je me sens dans sa main puissante, et je ne cherche pas à douter de son existence, car je n'en ai pas peur. Je crois qu'il est aussi indulgent qu'il est grand. Malgré mes fautes, je m'approche tranquillement de la souveraine justice (2) ».

(1) *Histoire du Consulat et de l'Empire*, tome XX, page 705.
(2) THIERS, XX, p. 671.

Avec lord Rosebery, tout change, et, selon lui, Napoléon est un pur matérialiste. Quelquefois, il pense que l'homme est né à une certaine température de l'atmosphère ; d'autres jours, il le voit fait d'argile, comme « Hérodote raconte que, de son temps, le limon du Nil se changeait en rats. » Cette argile a été chauffée par le soleil et l'homme a été produit par une combinaison de fluides électriques : « On dira tout ce que l'on voudra, mais tout n'est que matière plus ou moins organisée. Quand, à la chasse, je faisais ouvrir les cerfs devant moi je voyais que c'était la même chose que l'intérieur de l'homme. Celui-ci est un être plus parfait que les chiens ou les arbres et vivant mieux... La plante est le premier anneau de la chaîne dont l'homme est le dernier. Je sais bien que c'est contraire à la religion, mais voilà mon opinion : nous ne sommes tous que matière. » Il disait encore : « Qu'est-ce que l'électricité, le galvanisme, le magnétisme? C'est là que gît le grand secret de la nature. Je crois, moi, que l'homme est le produit de ces fluides et de l'atmosphère, que le cerveau pompe ces fluides et donne la vie, que l'âme est composée de ces fluides et que, après la mort, ils retournent dans l'éther, d'où ils sont pompés par d'autres cerveaux. »

Et encore : « Mon cher Gourgaud, quand nous sommes morts, nous sommes bien morts. Qu'est-ce que c'est qu'une âme? Quand on dort ou quand on est fou, où est l'âme? » Un autre jour, il s'écrie : « Si j'avais à avoir une religion, j'adorerais le soleil, car c'est lui qui féconde tout, c'est le vrai Dieu de la terre (1). »

S'agit-il des religions positives, M. Thiers le fait ainsi

(1) ROSEBERY, page 215.

parler : « La calomnie, travestissant mes actes, a dit qu'au Caire j'avais professé l'islamisme, tandis qu'à Paris, devant le Pape, je jouais le catholique. En tout cela, il y a quelque chose de vrai, c'est que même dans les mosquées je trouvais du respectable, et que sans y être ému comme dans les églises catholiques où mon enfance a été élevée, j'y voyais l'homme à genoux, humiliant sa faiblesse devant la majesté de Dieu... S'il faut respecter toutes les religions, nous avons bien plus de raisons de respecter la nôtre, et chacun, d'ailleurs, doit vivre et mourir dans celle où sa mère lui a enseigné à adorer Dieu (1). »

Ici encore, lord Rosebery nous présente un Napoléon bien différent de celui de M. Thiers. En deux mots, dit l'écrivain anglais si cher à M. Filon, la tendance de Napoléon paraît être vers la religion musulmane. Il reproche au christianisme ne n'être pas assez ancien. Si cette doctrine avait existé, dit-il, depuis le commencement du monde, il pourrait y croire ; mais il n'en est rien. Et le christianisme n'aurait pas duré jusqu'à présent sans le crucifiement et la couronne d'épines, car le genre humain est ainsi fait. Pour lui, il ne peut pas accepter une forme de religion qui damne Platon, Socrate, et il a la politesse d'ajouter, tous les Anglais. En tout cas, pourquoi des châtiments éternels? Il avoue, d'ailleurs, qu'il a été très troublé par l'argument des Cheiks égyptiens, qui prétendaient que, quand on adore trois dieux, on est, de toute nécessité, un païen.

Le mahométisme, d'autre part, est plus simple, et — Napoléon ajoute cette remarque caractéristique — il est

(1) THIERS, tome XX, page 672.

supérieur au christianisme « parce qu'il a conquis la moitié du globe en dix ans, tandis qu'il en a fallu trois cents au christianisme pour s'établir. » Une autre fois, il déclare que la religion musulmane est la plus belle de toutes. Une fois même, il va même jusqu'à dire « nous autres mahométans ». S'il préfère le mahométisme au christianisme, il met le catholicisme au-dessus de l'anglicanisme, ou, du moins, le rite romain au-dessus du rite anglican. Et voici la raison qu'il en donne : dans la religion romaine le peuple ne comprend pas « ce qu'il chante à vêpres », et cela est sérieux, « parce qu'il ne faut pas chercher à éclaircir ces matières-là ». Du reste, il est d'avis que les prêtres devraient se marier, tout en ajoutant qu'il hésiterait à se confesser à un prêtre marié parce qu'il irait tout redire à sa femme. Il déclare que lui-même, « étant oint », peut recevoir une confession (1).

Et, continuant, cet impitoyable lord Rosebery nous dit encore : Napoléon n'aime pas la hiérarchie romaine autant que le rite. Il est opposé à la papauté, La Grande-Bretagne et le nord de l'Europe, dit-il, ont fait sagement en s'émancipant de ce joug. En effet, il est ridicule que le chef de l'État ne soit pas en même temps le chef de la religion. Pour cette raison, il regrette que François Ier n'ait pas consommé sa propre émancipation et celle de son peuple, en adhérant à la Réforme. Lui-même, autrefois, lorsqu'il était las de sa lutte désastreuse contre la papauté, avait regretté de ne pas s'être fait protestant, au lieu de signer le Concordat. La nation l'aurait suivi et aurait été ainsi délivrée du joug de Rome.

A mesure qu'il avance, — c'est toujours lord Rosebery

(1) ROSEBERY, page 213.

qui parle, — Napoléon devient plus hostile au christianisme. Sa pensée éclate enfin : « Quant à moi, mon opinion est faite. Je ne crois pas que Jésus (en tant qu'être
divin?) ait jamais existé. Il aura été pendu comme beaucoup de fanatiques qui voulaient faire le prophète, le
Messie. Tous les ans, il y en avait. » Du nouveau Testament il remonte à l'Ancien : « Moïse était un habile
homme ; les Juifs sont un vilain peuple, poltron et
cruel. » Il conclut en retournant à la Bible, avec une
carte, et il annonce qu'il écrira les campagnes de Moïse.
Il a si peu de foi dans le Sauveur qu'il répète, comme une
chose surprenante, que le Pape Pie VII croyait, mais là,
réellement en Jésus-Christ (1).

« Napoléon catholique », cela faisait partie de la légende napoléonienne depuis certain écrit publié, aux
environs de 1840, par l'excellent M. de Beauterne. Sur
ce point encore, voilà la légende fortement endommagée.

V

Lord Rosebery, sans doute, ne se cache pas d'admirer
les extraordinaires facultés de l'Empereur, son organisation puissante, son mécanisme intellectuel, son génie
militaire et administratif. Au fond, cependant, comment le faut-il juger et comment se résume son histoire?
A cette question, voici la réponse de lord Rosebery, telle
que M. Augustin Filon a bien voulu la traduire pour
nous :

« C'est en un espace de vingt ans qu'il a fait tenir
son éblouissante carrière, ses conquêtes, l'assaut triom-

(1) Lord ROSEBERY, page 214.

phal qu'il a livré au vieux monde. Dans ce délai si court, nous voyons apparaître le maigre conquérant affamé qui s'élargit en souverain, puis en souverain des souverains. Alors vient la catastrophe. Il perd l'équilibre de son jugement, devient *le fléau de son pays et de toutes les nations*. Il ne peut plus être lui-même ni accorder au genre humain une heure de répit. Les frontières de ses voisins deviennent des jouets pour lui : il ne peut les laisser tranquilles ; il les manie pour le seul plaisir de les changer de place. Son ennemie insulaire l'obsède, surexcite ses nerfs. Il la voit partout. Il lui assène des coups furieux et aveugles. Ainsi il crée *l'agitation universelle, l'universelle hostilité, l'impression universelle que son existence est incompatible avec toute société régulière.* Cependant il continue son chemin comme s'il était possédé, comme chassé en avant par quelque démon qui l'aiguillonne et le brûle. Il a cessé d'avoir une raison morale. L'intelligence, l'énergie sont encore là, mais *exagérées jusqu'au grotesque,* elles sont devenues des *monstruosités.* Le corps et l'esprit sentent la fatigue d'avoir été trop longtemps plus qu'un homme. Alors se produit l'*inévitable effondrement ;* à Sainte-Hélène nous suivons avec une curiosité mêlée de pitié la réaction et la décadence (1). »

J'ai cité, au début de cet article, la phrase qui a rendu M. Filon si heureux et qui suffirait, selon lui, pour mériter en France, à lord Rosebery, les honneurs de la grande naturalisation. Ce qu'il n'a pas dit, c'est comment l'écrivain anglais a encadré cette phrase. Voici le passage en son entier :

---

(1) ROSEBERY, page 291.

« Comme il entassait les bâtisses l'une sur l'autre, il devint manifeste que Napoléon avait cessé de s'inquiéter du fondement sur lequel devait reposer tout l'édifice. Or, ce fondement, c'était la France, capable d'efforts héroïques et d'héroïque endurance, en un mot capable de tout, sauf de l'impossible. Enfin la limite fut atteinte. Si vastes que fussent ses ressources, elle se trouva incapable de suffire aux besoins *insensés* de son maître. En 1812, il laissa 300.000 Français dans les neiges de la Russie. En 1813, il en appela encore 1.300.000 sous les armes, et ce sont là seulement les chiffres les plus élevés d'une longue série de levées disproportionnées qui dévoraient d'avance la conscription annuelle et drainaient, de façon effrayante, la population de la France proprement dite, — une population de 30 millions environ. »

Ceux que Jupiter veut perdre, dit le proverbe, il les prive d'abord de leur raison. Dans une suite de pages très fortes, lord Rosebery montre que, dès 1808, pour ne pas remonter plus haut, Napoléon avait perdu son équilibre mental. « Cela est si manifeste, dit-il, que dans les derniers jours de son premier règne, une conspiration se forma à Paris pour le déposer comme ayant perdu la raison... Dans la campagne de Russie, on voit clairement un désir fiévreux, irraisonné, de pousser sa fortune jusqu'au dernier comble, de suivre sa chance, comme disent les joueurs, et d'essayer, en quelque sorte, de jouer le maximum avec sa Destinée. Il a dit lui-même, à propos du traité de Léoben, qu'il avait joué au vingt et un et s'en était tenu à vingt. Plus tard, il voulut faire vingt et un à tout coup. »

En somme, voilà un très beau livre, bien composé, fortement pensé, brillamment écrit, très judicieux et très

impartial, à mon sens ; très dur, au fond, contre Napoléon, malgré les phrases louangeuses dont les critiques
de l'auteur sont enveloppées. Les bonapartistes feront
bien de s'en défier et de se rappeler, avant de l'ouvrir, le
vers du Fabuliste :

Ce bloc enfariné ne me dit rien qui vaille.

VI

BONAPARTE ET LES BOURBONS [1]

I

L'histoire prend son bien partout où elle le trouve — même dans les cartons de la police. Une des principales contributions apportées à l'histoire de la période révolutionnaire est assurément celle qui fut faite, il y a trente ans, par M. Adolphe Schmidt, lorsqu'il publia une notable partie des rapports des « Observateurs de l'esprit public », de 1793 à 1799 (2). Après lui, M. Dauban, dans son livre sur *Paris en 1794 et 1795* (3), a fait de nombreux emprunts à la même source. Plus récemment, M. Aulard

(1) *Bonaparte et les Bourbons.* — *Relations secrètes des agents de Louis XVIII à Paris sous le Consulat* (1802-1803), publiées avec une introduction et des notes par le comte REMACLE. Un volume in-8. Librairie Plon, 10, rue Garancière, 1899.

(2) *Tableaux de la Révolution française, publiés sur les papiers inédits du département et de la police secrète de Paris*, par Adolpphe SCHMIDT, professeur d'histoire à l'Université d'Iéna. Trois volumes in-8. Leipzig, 1867-1870.

(3) *Paris en 1794 et en 1795, d'après les rapports de police et les registres du Comité de salut public*, avec une introduction, par C.-A. DAUBAN. Un volume in-8, 1869.

a entrepris de mettre au jour les rapports administratifs
ou de police propres à faire connaître les vicissitudes,
au jour le jour, de l'esprit public à Paris pendant la réaction thermidorienne et sous le Directoire exécutif (1)

Le gouvernement n'est pas toujours seul à avoir une
police. Il arrive souvent que ses adversaires ont aussi la
leur, dont les rapports sont également bons à connaître.
C'est ainsi que, sous le consulat, à côté de la police de
Bonaparte, fonctionnait celle de Louis XVIII. Le comte
de Lille — comme on appelait alors le prétendant —
avait des agents secrets qui le renseignaient sur ce qui se
passait en France, à Paris en particulier. Leurs relations
présentent un très vif intérêt, et M. Thiers n'a pas laissé
que d'en tirer parti dans les trois premiers volumes de
son *Histoire du Consulat et de l'Empire*, qui sont le meilleur de son œuvre historique. « Ce n'est pas de fantaisie
que je peins les émigrés de ce temps, dit-il en racontant
l'année 1802. Le langage que je leur prête est extrait lit-
téralement des volumineuses correspondances adressées
à Louis XVIII et rapportées par ce prince en France.
Laissées pendant les Cent-Jours aux Tuileries, déposées
depuis aux affaires étrangères, elles contiennent le singulier témoignage des illusions et des passions de cette époque. Quelques-unes sont fort spirituelles et toutes fort
curieuses (2) »

Et plus loin : « Il existait à Paris des agents des princes
déchus, dont quelques-uns étaient gens d'esprit et quel-

---

(1) *Paris pendant la réaction thermidorienne et sous le Directoire*. Recueil de documents pour l'histoire de l'esprit public à
Paris, par M. AULARD, 1898-1899. Les deux premiers volumes
ont paru.

(2) *Le Consulat et l'Empire*, t. II. p. 181.

quefois bien informés. Ces agents faisaient des rapports presque quotidiens dont j'ai parlé précédemment (1) ».

Ces agents n'étaient pas seulement des gens d'esprit. Ils étaient quelques-uns du moins, mieux que cela.

Après le 18 fructidor, un ancien membre de l'Assemblée constituante, où il avait marqué par son talent et son esprit politique, M. Dandré, vit Louis XVIII, qui était alors à Blankembourg. Il lui persuada facilement que, s'il n'y avait maintenant rien à tenter, il était plus important que jamais de bien savoir ce qui se passait en France, et de connaître, d'après le témoignage d'amis impartiaux et clairvoyants, où en était un gouvernement sans stabilité et destiné à une chute prochaine. Il proposa au roi de confier la formation de ce comité à M. Royer-Collard. Il fut autorisé à le voir et à traiter avec lui du choix des personnes qui le composeraient, des attributions qu'il pourrait accepter et des moyens de correspondance.

Au printemps de 1798, Royer-Collard se rendit en Suisse, où M. Dandré lui avait donné rendez-vous. La rencontre eut lieu à Œberlingen. La première et la plus absolue de ses exigences fut qu'un secret inviolable serait gardé sur l'existence du comité et sur le nom des personnes qui en feraient partie. M. Royer (comme on l'appelait alors) voulut qu'aucun intermédiaire ne fût placé entre eux et le roi, pas même M. d'Avaray. Un homme subalterne, mais raisonnable, spirituel, dévoué et courageux, l'abbé André, devait être chargé de porter les lettres du comité et les réponses écrites ou verbales du roi. — Le comité n'acceptait point une autre mission que

(1) *Ibid.*, t. III, p. 316.

d'observer les événements, l'état de l'opinion publique, la marche du gouvernement. Il était autorisé à assurer les hommes importants par leur position ou leur influence qui sembleraient bien disposés et sincères que les intentions du roi étaient conciliantes et nullement réactionnaires, sans leur faire ni offres ni promesses.

M. Dandré, au nom du comte de Lille, accepta toutes ces conditions ; furent alors désignés par M. Royer-Collard, pour composer avec lui le comité, M. l'abbé de Montesquiou, ancien constituant, le marquis de Clermont-Gallerande et M. Becquey, ancien membre de l'Assemblée législative et le plus intime ami de M. Royer. Tout étant ainsi réglé, Royer-Collard retourna à Paris, et le comité fut formé (1).

II

Les lettres des agents secrets de Louis XVIII, qui font l'objet de la publication de M. le comte Remacle, sont au nombre de 157. La première est datée du 31 mai 1802, la dernière du 7 décembre 1803. Les correspondants écrivaient régulièrement deux fois par semaine. Qu'ils aient cessé de le faire à la fin de 1803, on se l'explique facilement. A ce moment s'ourdissait le complot de Georges Cadoudal. Ce dernier était à Paris depuis le mois de septembre. Pichegru, caché dans la capitale, s'efforçait d'entraîner Moreau dans la conspiration. La police officielle, dirigée par Réal, n'avait encore rien découvert, mais Fouché était déjà sur les traces du complot, et il

(1) *La vie politique de M. Royer-Collard*, par M. DE BARANTE, t. I, p. 52 et suivantes.

avait fait part de ses soupçons à Bonaparte. Stimulée par l'inquiète perspicacité du premier consul, la police redoublait d'activité dans sa surveillance. Les royalistes se sentaient épiés avec une rigueur nouvelle. Les membres du comité n'ignoraient pas les projets de Georges, auxquels ils savaient que Louis XVIII avait refusé de s'associer. En conservant avec le roi des intelligences qui pouvaient être surprises d'un moment à l'autre, malgré toutes les précautions dont ils s'entouraient, ils s'exposaient à être confondus avec les conspirateurs et à partager leur sort. Il ne s'agissait plus cette fois de courir le risque d'une détention plus ou moins longue au Temple ou dans une citadelle : la plaine de Grenelle attendait les fauteurs du complot. On s'explique sans peine que les agents du roi aient refusé de courir ce risque redoutable et qu'ils aient coupé court à une correspondance si dangereuse. Il est même très admissible que Louis XVIII leur en ait donné l'ordre.

Les lettres, naturellement, ne sont pas signées. Quels en sont les auteurs? Les membres du comité eux-mêmes. Les raisons que donne M. le comte Remacle à l'appui de cette opinion me semblent décisives. Pourquoi, en effet, MM. Royer-Collard, Becquey, Montesquiou et Clermont-Gallerande se seraient-ils déchargés sur d'autres d'une mission de confiance qui formait l'un des principaux objets de leur mandat et qu'ils étaient capables de remplir mieux que personne? « Manifestement, ajoute M. Remacle, ces lettres émanent de trois ou quatre auteurs différents. Il serait téméraire d'en faire l'application détaillée et de prétendre mettre un nom au bas de chacune d'elles. Cependant certaines d'entre elles se distinguent des autres par les aperçus philosophiques et

politiques qu'elles renferment, par la hauteur des vues
et l'indépendance des appréciations. Je n'hésite pas à en
attribuer la paternité à Royer-Collard, car elles répondent très exactement à sa tournure d'esprit et à ses opinions connues. J'incline à penser que l'abbé de Montesquiou a pris, de même, part à la correspondance, car il s'y
rencontre de frappantes analogies avec sa manière de
voir. Les autres lettres doivent émaner des collègues de
Royer-Collard ou de collaborateurs qu'il s'est adjoint
pour la chronique littéraire et mondaine. »

Deux parts sont à faire dans cette correspondance.
La partie politique présente un véritable intérêt historique. On y trouve sans doute bien des illusions, des prévisions erronées ou systématiquement optimistes ; mais
on y rencontre aussi des aperçus remarquables par leur
justesse, leur élévation et leur indépendance. Les agents
du roi n'aiment pas Bonaparte, mais ils savent, à l'occasion, rendre justice à ses prodigieuses facultés, à son incroyable activité. Le génie du premier consul éclate,
même sous leur plume prévenue ; alors même qu'ils cri-
tiquent le plus amèrement ses conceptions, ils ne laissent pas d'en comprendre et d'en laisser entrevoir la
grandeur. Quant aux défauts de ce puissant esprit, leur
perspicacité toujours en éveil ne manque guère de les leur
faire voir. Cette perspicacité et cette clairvoyance se
haussent jusqu'au don de prophétie pour prédire la chute
du colosse au pied d'argile et pour définir les causes qui
l'amèneront fatalement.

Au mois d'août 1803, des bruits fâcheux courent sur
la santé du premier consul. « On se demande, écrit le
correspondant, ce qui arriverait si nous venions à perdre Bonaparte ; les réponses que l'on peut faire à ce su-

jet, ne sont rien moins que satisfaisantes, *à ne considé-rer que l'avenir le plus prochain*. Qui s'emparerait de l'autorité? qui la décernerait? Serait-ce la Garde prétorienne? Qui l'emporterait du parti de Lucien, ou de celui du général Moreau, ou des jacobins tant civils que militaires, guidés par un de leurs généraux brigands? Le dernier parti est peut-être encore à craindre, et, comme on ne peut calculer à quels excès il se porterait pendant son triomphe, dût-il être momentané, il paraît que les dangers connus de Bonaparte lui ramèneraient non pas les cœurs, mais les vœux d'une grande partie de la nation Il paraît aussi que son influence morale n'est pas encore totalement usée, qu'il n'a point encore assez rétabli d'une main et comprimé de l'autre, que *le moment n'est pas arrivé où sa disparition de la scène politique assurerait la Restauration*. Mais il est condamné, par la force des choses, à travailler sans cesse à préparer ce moment, ou à se livrer à ses ennemis les plus perfides. Nous ne parlons même point ici de sa situation politique, par rapport à l'extérieur. *Les suites en sont incalculables*. Les effets de la guerre actuelle sont déjà sensibles, par la détresse où notre commerce est réduit. C'est chaque jour une nouvelle banqueroute, et le négociant sage se réduit à la plus complète inaction. *Ce sont ces causes sourdes et constantes qu'il faut laisser agir, car plus le dénouement sera laissé aux choses purement naturelles, plus il sera facile et heureux* »

Mais la justesse des prévisions est plus remarquable encore dans une lettre antérieure à celle qu'on vient de lire. A la date du 6 octobre 1802, le correspondant écrivait :

« On ne peut s'empêcher d'admirer la confiance et l'or-

gueil qui dominent cet homme extraordinaire. Plus on
l'observe, plus on se persuade qu'il n'est réellement qu'un
instrument dans les mains de la Providence, qu'une verge
dont elle se sert pour châtier le monde et qu'elle brisera
ensuite au temps marqué dans ses décrets. Le temps est-il
encore bien éloigné? Il n'est certainement pas au pouvoir
de l'homme d'en fixer l'époque, mais en rapprochant
toutes les probabilités qui naissent de la marche des choses, on peut conjecturer avec quelque vraisemblance que
ce colosse effrayant finira par succomber sous son propre
poids. *Arrivé au faîte de la puissance et de la gloire, les
efforts même qu'il fera pour s'élever plus haut ne serviront qu'à préparer sa chute.* La conversation que nous
venons de rapporter prouve qu'il est dans l'ivresse, qu'il
se regarde comme un Dieu sur la terre et qu'il ne croit
pas que rien puisse lui résister. *Au milieu de ce vertige,
il tentera tout, il bouleversera tout, et se creusera à lui-
même le précipice qui doit l'engloutir.* »

La clairvoyance des agents de Louis XVIII n'est pas
moindre lorsqu'ils combattent les illusions des royalistes
sur le caractère et les intentions de Moreau. Le 14 mars
1803, un an avant l'arrestation du général, le correspondant en traçait ce portrait, dont les événements qui allaient suivre devaient montrer la parfaite exactitude :

« Il y a des personnes qui veulent à toute force et
malgré son caractère connu, faire de Moreau un chef de
parti ; on dénature ses propos, on lui prête des intentions
cachées et un plan de conduite habilement tra . On
va même jusqu'à marquer le but qu'il se propose et le
terme où il tend. Les uns, croyant avoir trouvé le secret
de sa conduite dans quelques plaisanteries, aussi fades
que déplacées, qui lui échappèrent, dit-on, l'année der-

nière, sur le Concordat et les prêtres, ne balancent pas à
le mettre au nombre des républicains et à le regarder
d'avance comme le vengeur de leur cause et le restaura-
teur de la République. Livré suivant les autres, aux conseils d'une femme ambitieuse et d'une belle-mère intri-
gante (1), c'est pour lui-même et pour sa fortune propre
qu'il travaille. Il ne s'agit de rien moins pour lui que de
se frayer une route au pouvoir suprême, et, par conséquent, d'en précipiter celui qui s'en est emparé avec tant
de bonheur et qui sait le conserver avec tant d'adresse
et de force. Dans les vieux salons, on tient un autre langage. On n'y doute pas que Moreau n'ait formé la résolution de relever le trône et d'y faire asseoir l'illustre et
malheureux héritier de nos rois. On y assure qu'il
a des communications directes et habituelles avec
Varsovie (2) ; on a vu les instructions qui lui ont été
envoyées ; on connaît les promesses qui lui ont été faites.
On dénombre avec complaisance les généraux et les corps
qui lui sont dévoués.

(1) Mme Hulot, belle-mère de Moreau, passait pour mener
son gendre. C'était une femme altière et vindicative. Après
avoir été très liée avec Joséphine, elle se brouilla avec elle à
Plombières, se plaignant qu'elle lui avait fait faire trop longtemps antichambre. Sa fille avait épousé Moreau le 9 novembre 1800. C'était Joséphine qui avait fait le mariage ; Mlle Hulot était créole comme elle. Mme Moreau, d'un caractère plus
effacé que sa mère, brillait dans le monde par sa beauté, sa grâce
et son talent musical.

(2) Le 20 janvier 1801, l'empereur Paul Ier avait enjoint au
comte de Lille, alors à Mittau, de sortir du territoire de l'empire dans les vingt-quatre heures. Le roi de Prusse consentit à
à voir Louis XVIII fixer sa résidence à Varsovie, où le prince
arriva le 6 mars 1801 et où il devait rester jusqu'au mois de juillet 1804.

« Enfin, on s'attend à lui voir lever, au premier jour, l'étendard de la royauté et appeler tous les Français sous ses drapeaux. C'est le pays des chimères; il n'en est point d'absurdes pour la prévention et la sottise. Ce qu'il y a d'uniquement vrai dans tout cela, c'est que Moreau, supérieur ou tout au moins égal à Bonaparte en talent et en gloire militaires, ne souffre qu'avec dépit la grandeur et la puissance de son rival. Son orgueil s'indigne de le voir élevé au premier rang, lorsqu'il aurait pu lui-même y monter ; mais *dénué tout à la fois du génie qui conçoit, de la fermeté qui fait vouloir et de l'audace qui fait entreprendre*, il en est réduit à se venger de son impuissance par de vaines et indiscrètes démonstrations d'humeur et de mécontentement. Sans doute, il préfère dans son cœur la royauté à la république, mais ni l'une ni l'autre ne lui devra son rétablissement. Ceux qui le connaissent le mieux conviennent qu'il ne peut être que l'instrument et non le chef d'un parti politique... En attendant, il est certain que ses démarches sont épiées par la police, que ses liaisons et ses correspondances sont l'objet d'une inquisition secrète ; on fait plus, *on cherche à le faire passer pour un factieux, afin de se ménager le droit de le punir comme tel, lorsque les circonstances pourront l'exiger* ». Moins d'un an plus tard, la prédiction allait se réaliser.

III

Louis XVIII ne s'intéressait pas seulement aux choses de la politique. C'était un prince lettré, curieux de nouvelles littéraires et théâtrales. Il n'oubliait pas qu'avant son exil il avait patronné et quelque peu dirigé le

théâtre qui portait son nom, *Théâtre de Monsieur.* La
chronique de la cour consulaire, celle des salons qui commençaient à renaître, les anecdotes académiques, les épigrammes et les chansons sur les hommes du jour avaient
particulièrement le don de l'amuser. Aussi la verve sati-
rique de ses correspondants, sous le couvert de la gravité
de Royer-Collard, s'exerce-t-elle tout à son aise sur le
luxe et les désordres de la famille Bonaparte, sur le mariage de Talleyrand, sur la guerre allumée entre Mlle Georges et Mlle Duchesnois, etc., etc. « Toute cette partie de
la correspondance, dit M. Remacle, est pétillante d'esprit. J'ai cru devoir la conserver intégralement, car elle
présente un tableau très curieux et très vivant de la société parisienne sous le consulat. »

Il y a là tout un lot d'anecdotes agréablement
contées. Les plus amusantes sont peut-être celles sur Talleyrand et sur son mariage avec Mme Grant; mais les
citer me mènerait trop loin. En voici une sur Barère,
alors l'un des agents secrets de Bonaparte, valet de bourreau monté en grade et devenu valet de police. Dans la
lettre du 15 octobre 1803, le correspondant raconte ainsi
la petite mésaventure qui venait d'arriver au ci-devant
« Anacréon de la guillotine » :

« La boutique du libraire Desenne, au Palais-Royal,
est depuis longtemps le rendez-vous de la société des
Gobe-mouches, réunion d'hommes en général fort honnêtes, fort gais, qui aiment à politiquer, à faire des contes, à parler aussi librement que les circonstances le per-
mettent ; espèce de hardiesse qu'on leur pardonne, sans
doute en faveur de la couleur burlesque qu'ils ont donné
à leur société et des fadaises qui s'y débitent, Barère,
qui fréquentait la boutique de Desenne pendant les

premières années de la Révolution, lorsqu'il était encore
M. de Vieuzac et qu'il portait la livrée constitutionnelle,
Barère dis-je, entra dans cette boutique, il y a quelques
jours. Trois ou quatre gobe-mouches qui s'y trouvaient
le reconnurent, mais ils n'en firent pas semblant. Malgré
son audace, il n'osa point les aborder. Il adressa la parole à Desenne, qui par sa position ne pouvait se dispenser de lui répondre. Après quelques questions oi-
seuses, Barère entama la politique. Il parla de l'expédition contre l'Angleterre et des probabilités de son succès. Il disserta sur les moyens d'opérer une descente, sur
le courage de nos troupes et sur le génie de leur chef ;
il conclut en disant que nous serions bientôt en Angleterre. *On y battra monnaie* », dit alors un gobe-mouche
sans trop le regarder. Barère sentit l'allusion à ce mot
atroce, qu'il se permit sous la Terreur, sur les exécutions
révolutionnaires ; il se retourna vers le gobe-mouche in-
discret ; un autre prend la parole : « Cela pourra fournir
le sujet de plus d'une *Carmagnole !* » Le rapporteur du
Comité de salut public jette les yeux sur ce second gobe-
mouche : un troisième lui lance un autre trait. Alors,
étouffé de honte et de rage, ne pouvant prononcer un
mot, il lance des regards furieux à l'innocente assemblée
et sort, en se promettant sans doute de se venger, s'il en
trouve l'occasion... »

Sur le roman de *Delphine*, qui fut en ce temps-là un
événement, je trouve, dans la lettre du 28 décembre
1802, d'assez curieux détails :

« Le grand objet dont on s'occupe dans le public est
le nouveau roman de Mme de Staël, en six parties for-
mant trois volumes de 500 pages chacun. Elle l'a vendu
4.500 francs à Maradan au profit de son valet de cham-

bre, et le libraire a fait un excellent marché. Il a tiré à six mille, et mille exemplaires ont été vendus les deux premiers jours... Les méchants font circuler la clef de cet ouvrage ; ils disent d'abord que Mme de Staël a voulu se peindre dans son héroïne. Elle n'a pu échapper à cette accusation d'amour-propre, en donnant à sa Delphine de la beauté et des cheveux blonds. On reconnaît ensuite Benjamin Constant dans M. de Lebensei, grand philosophe, vainqueur de tous les préjugés... Des gens bien instruits croient reconnaître dans M. de Valorbe, un fou de Genève, nommé Tronchin, qui fut, dit-on, amoureux de Mme Necker Germain... Bonaparte a lu ce roman ou s'en est fait donner des extraits, ce qui l'a mis dans une colère affreuse. Mme de Staël s'est permis deux choses aujourd'hui impardonnables : elle la loué les Anglais et leur gouvernement ; elle a parlé de la liberté avec éloge. Son philosophe, M. de Lebensei, dit, en parlant de la Révolution, que si elle aboutit à quelque genre d'esclavage, ce sera l'époque la plus honteuse de l'histoire. Comment supporter une pareille phrase, quand on a substitué le sabre du grand seigneur au sceptre des rois? Aussi l'on prétend que Bonaparte a menacé de faire reconduire Mme de Staël à Genève par la gendarmerie, si elle osait paraître à Paris. J'ai peine à le croire, mais il est sûr qu'il en a dit assez pour que les amis de Mme de Staël lui écrivent de ne pas venir. D'autres désirent qu'elle vienne, pour donner à Bonaparte le tort de la renvoyer... »

A propos de l'enterrement de l'académicien Saint-Lambert, qui était mort le 9 février 1803, le correspondant donne, dans sa lettre du 22 février, un détail qui montre bien ce qu'était l'Institut, tel que la Révolution l'avait fait : « Les papiers publics ont rendu compte de l'enterrement de Saint-Lambert ; ils ont parlé du discours prononcé sur sa tombe, mais ils n'ont pas fait mention de la circonstance la plus piquante. C'est que le corps n'a pas été porté directement de l'église au cimetière, mais qu'il a fallu d'abord le rapporter à la maison pour prendre la députation de MM. de l'Institut, qui probablement ont fait vœu de n'entrer jamais dans une église, du moins en corps. »

La mort de La Harpe eut lieu deux jours après celle de Saint-Lambert, le 11 février. Notre correspondant la raconte en ces termes :

« La Harpe est mort très chrétiennement, il a conservé toute sa tête ; il a reçu les sacrements avec la plus grande dévotion et a répondu aux prières des agonisants avec toute la ferveur d'un chrétien persuadé et tout l'enthousiasme d'un poète, qui admire les beautés poétiques jusque dans les prières qui ne semblent faites que pour nous sanctifier. Il interrompait quelquefois le prêtre pour se récrier sur la sublimité, sur le pathétique de ce qu'il entendait ; et Fontanes étant entré chez lui, dans ce moment, il lui témoigna son admiration de la même manière et rendit grâce à Dieu de lui avoir laissé assez de présence d'esprit pour goûter ces augustes consolations. »

Leurs anecdotes sur les spectacles abondent dans ces lettres, et si Théodore Muret les avait connues, il n'eût pas manqué de les mettre en bonne place dans son intéressant ouvrage, l'*Histoire par le Théâtre* (10). L'espace

---

(1) *L'Histoire par le théâtre* (1789-1851), par Théodore Mu-RET, 3 volumes in-18, 1865.

me manque pour reproduire au moins les principales. Je dois me borner à citer ce qui a trait aux opinions de Bonaparte sur l'art dramatique.

Au mois d'avril 1803, le premier Consul eut envie de connaître un des anciens membres de l'Académie française, rentré dans la seconde classe de l'Institut. Lucien, président de cette classe, fut chargé de le présenter. La conversation tomba bientôt sur le théâtre. « Bonaparte se plaignit de la décadence du nôtre, continue le correspondant (lettre du 8 avril). Il s'étonna de notre disette d'auteurs, persuadé sans doute que son génie devait en former de pareils à ceux qui ont illustré le siècle de Louis XIV. Il étala n .ite sa poétique théâtrale, qui n'est pas précisém it celle d'Aristote... Bonaparte veut que la tragédie soit historique ; elle ne peut intéresser, dit-il, qu'en rappelant les grandes époques de l'histoire. Les passions, et surtout celles de l'amour, n : lui paraissent pas dignes d'occuper Melpomène, et sans doute que lui-même y prend très peu d'intérêt. Il est inutile de vouloir réfuter sa théorie par des exemples, parce qu'alors il prend le parti de nier les faits. Pour lui, Racine est bien inférieur à Corneille ; Voltaire n'a fait que des drames ; *Zaïre* n'est qu'un roman et quoique *Bajazet* soit une des moindres pièces de Racine, il la met bien au-dessus de *Zaïre*, à cause du rôle d'Acomat. Il fait grand cas de la *Mort de Pompée* ; et, en effet, on a remarqué qu'il l'avait écoutée dernièrement au théâtre, avec la plus grande attention.

« Malgré toutes ces bonnes raisons et en dépit du ton tranchant du premier co. ·l, notre académicien, grand admirateur de Voltaire, représenta à Bonaparte que Voltaire n'avait pas toujours fait des romans et des drames ; que, dans plusieurs de ses tragédies, il avait été vraiment cornélien ; il cita pour preuve *Brutus, Rome sauvée* et la *Mort de César*... « Oui, oui, répondit Bonaparte, je n'y songeais pas, j'aime beaucoup la *Mort de César*. » Ce mot est vraiment remarquable dans la bouche d'un homme qui juge plutôt avec son caractère qu'avec son esprit. Serait-ce l'élan involontaire de son humeur républicaine, dont on assure qu'il n'a pu se défaire entièrement? Mais il serait peut-être ridicule de chercher à expliquer un mot qu'il peut avoir dit sans y attacher la moindre importance. Ce qu'il y a de certain, c'est que, malgré son goût pour la *Mort de César*, il ne souffrira certainement pas qu'on la joue. »

Au mois de novembre 1803, eut lieu à Saint-Cloud une représentation d'*Agamemnon*, tragédie de Népomucène Lemercier. A la suite de la représentation, le premier consul eut avec le poète, qu'il connaissait du reste de longue date, une véritable conférence littéraire. « Cette conversation qui finit en tête-à-tête, dit la lettre du 10 décembre, commença en présence de Cambacérès, de Lebrun et de tous les grands de la nouvelle cour. Bonaparte examina sommairement tous les rôles de la tragédie ; arrivé à celui de Strophus, il dit tout simplement au poète : « Pour votre Strophus, il ne vaut rien du tout ; c'est un rôle à changer, il n'est pas du tout dans la mesure. — Comment l'entendez-vous? demanda Lemercier. — Cela est tout simple : Strophus doit être entièrement pour Clytemnestre, tant qu'elle est la maîtresse ; mais dès qu'Agamemnon arrive, il doit être entièrement pour Agamemnon. — Mais, général, il y aurait là de la bassesse, de la dupliicité, de la perfidie. — Pas du tout, il n'y aurait que de la vérité, tous les gens qui entourent les grands et les rois sont faits de cette manière et cela est tout simple ; toujours du côté du plus fort : ce ne sont que des valets. — Mais, général, vous ne songez pas que Strophus est roi lui-même? — C'est égal, c'est égal, c'est un roi valet. »

« Pouvait-il mieux exprimer son mépris pour tout ce qui l'entoure, et le faire mieux sentir? Une chose assez piquante, c'est que le pauvre Lemercier, sortant à une heure et demie du matin de son tête à tête avec le consul, ne trouva plus sa voiture et fut obligé de revenir à Paris, à pied, quoique à demi paralytique. »

De nombreuses notes, très bien faites, fournissent sur tous les personnages dont il est fait mention dans ces lettres, tous les éclaircissements désirables. Je n'y trouve guère à relever que deux légères inexactitudes. La musique de *Picaros et Diego*, l'opéra-comique d'Emmanuel Dupaty, est de Dalayrac et non de Méhul. — Dans sa note sur Picard, l'auteur des *Marionnettes* et de la *Petite ville*, M. le comte Remacle dit que « Picard quitta le théâtre pour entrer à l'Académie en 1829 ».

Comment l'aurait-il fait, s'il n'était plus vivant?

Picard mourut en 1828. Ce n'est donc pas en 1829 qu'il fut élu à l'Académie, mais bien à la fin d'octobre 1807, en remplacement de Bernardin de Saint-Pierre ; il fut reçu le 24 novembre de la même année.

Le volume de M. le comte Remacle présente un double intérêt politique et littéraire. Il est vivement à désirer qu'il nous donne bientôt une autre publication du même genre.

VII

JOURNAL ET SOUVENIRS SUR L'EXPÉDITION D'ÉGYPTE [1]

I

René-Edouard de Villiers du Terrage naquit à Versailles le 26 avril 1780.

Son père, Marc-Etienne, premier commis de finances, fut emprisonné sous la Terreur et condamné à mort par le tribunal révolutionnaire ; il ne dut son salut qu'à la reconnaissance d'un agent du Comité de Salut public, appelé Romainville, qui, au lieu de le faire écrouer à la Conciergerie, comme il en avait l'ordre, le fit enfermer à l'hôtel du Dresneux (2) où il fut oublié.

Sa mère était morte en 1788, ses deux sœurs aînées se trouvaient à Versailles, recueillies par leur tante, Mme de

---

(1) *Journal et souvenirs sur l'expédition d'Egypte* (1798-1801), par E. DE VILLIERS DU TERRAGE, mis en ordre et publiés par le baron Marc DE VILLIERS DU TERRAGE, avec portraits, cartes et gravures. Un vol. in-18, Plon-Nourrit et Cie, éditeurs, 10, rue Garancière, 1899.

(2) Cet hôtel, transformé en prison, se trouvait rue Neuve-des-Mathurins, sur l'emplacement actuel de la rue Scribe.

Chateaubrun ; son frère (1) se battait sous les murs de Landrecies.

Agé seulement de treize ans, Edouard de Villiers se trouva passer à Paris seul avec sa plus jeune sœur, la période la plus troublée et la plus sanglante de la Révolution.

Outre le *Journal* qui vient de paraître, il a écrit des *Souvenirs*, encore inédits, où se trouvent sur son enfance et sur sa vie durant la Terreur, quelques pages curieuses :

«...Lors de la prise de la Bastille, j'avais vu passer, du faubourg Saint-Antoine où se trouvait mon collège (2), les habitants du quartier, hommes, femmes et enfants et jusqu'à des prêtres armés de toutes sortes d'instruments meurtriers. J'ai vu ensuite de bien près le 20 juin, le 10 août, les massacres des 2 et 3 septembre, le 21 janvier et toutes les horreurs du tribunal révolutionnaire...

« Nous sommes restés seuls à Paris, ma plus jeune sœur et moi, car nous n'avions pas l'âge de l'exil. Nous pûmes voir durant de longs mois mon père dans sa prison où, du reste, il retrouva d'anciennes connaissances. Le motif de son arrestation était la présence, dans un volumineux paquet expédié par lui d'une complainte sur la

(1) Paul-Etienne, vicomte de Villiers du Terrage (1774-1858). Sous l'Empire, il occupa la position de directeur général de la police en Hollande de 1810 au commencement de l'année 1814. Sous la Restauration, il fut successivement préfet de Perpignan, de Besançon et de Nîmes. Charles X le créa vicomte en 1825. En 1837, il fut élevé à la dignité de pair de France. Outre plusieurs volumes de poésies qu'il a publiés, il a écrit ses Mémoires qui n'ont pas encore paru.

(2) L'institution Coutier, où il resta quatre ans et où il eut pour condisciple Eugène de Beauharnais.

mort de la reine (pièce qui, du reste. avait été mise par celui qui le dénonça).

« Nous vivions d'un prêt que nous avait consenti mon oncle de Chateaubrun, au moment où il s'était enfui de Paris, des débris de notre argenterie et surtout de la vente des livres précieux que mon père avait achetés durant sa prospérité.

« Le 9 thermidor mit fin à nos angoisses. J'allais tous les *décadis* voir, à pied, mes sœurs à Versailles ; comme de coutume, je partis le lendemain, mais à la pointe du jour, je fis diligence et j'annonçai à mes sœurs et à toute la ville les événements de la veille. On m'écoutait encore en tremblant d'être compromis. »

Un de ses oncles, le colonel comte d'Alvimart, gouverneur des pages, avait péri sur l'échafaud. Un autre de ses oncles, M. de Villantroys (1), alors commandant d'ar

(1) Laurent de Villantroys (1752-1819), ancien élève de l'école de Bapaume, puis officier d'artillerie, avait été, en 1794, fait prisonnier par les Anglais à Saint-Florent (Corse). De retour en France, il devint directeur du parc d'artillerie de Bruxelles, inspecteur aux armes, chef de brigade d'artillerie pendant la campagne de Marengo, puis directeur général des forges de l'artillerie (1801). A la suite d'un passe-droit, Villantroys donna sa démission lors de la levée du camp de Boulogne, mais continua à s'occuper de balistique. Ce fut lui qui inventa le mortier long qui permettait d'envoyer un projectile creux à plus de cinq mille mètres. Plus tard, après le siège de Cadix, où ses obusiers avaient montré leur puissance et leur utilité, sur les instances de Soult et la demande de Napoléon, il accepta la surveillance générale des fabriques de bouches à feu. En 1814, il fut choisi comme commandant de l'artillerie de la garde nationale de Paris. — Esprit lettré et excellent mathématicien, il fit partie à son origine du conseil de perfectionnement de l'Ecole polytechnique. Il était commandeur de la Légion d'honneur et chevalier de Saint-Louis.

tillerie, revenu en 1795 des pontons d'Angleterre, où, depuis dix-huit mois il se trouvait en captivité, s'occupa avec le plus grand dévouement de son éducation et, en cinq mois, le mit à même d'être reçu à l'Ecole de ponts et chaussées (23 avril 1596) et peu après à l'Ecole polytechnique (4 décembre 1796).

Edouard de Villiers était depuis quinze mois à cette école quand le bruit se répandit que l'on acceptait des volontaires pour une expédition à la fois scientifique et militaire, que l'on supposait lointaine, bien que son but restât complètement mystérieux. Il demanda, ainsi que plusieurs de ses camarades (1) à en faire partie. Sa demande fut accueillie, et, le 27 germinal de l'an VI (16 avril 1798), il se voyait attaché à la commission scientifique qui devait accompagner l'expédition projetée. Il n'avait pas encore *dix-huit ans*. A cette époque, comme sous l'ancien régime, on entrait jeune, très jeune, dans toutes les carrières. Il faut bien croire que ce système avait du bon, car on avait alors des hommes : nous avons aujourd'hui des bureaucrates.

II

Parti de Paris le 20 avril à neuf heures de la matinée, Edouard de Villiers n'arriva à Lyon que le 24 au matin. Il avait mis quatre-vingt-douze heures pour faire cent vingt lieues de poste.

Il sortit de la rade de Toulon, le 19 mai, sur le *Fran-*

(1) Cinq professeurs ou instructeurs et quarante élèves ou anciens élèves de l'École polytechnique ont fait partie, à divers titres, de l'expédition d'Egypte.

klin, qui avait à son bord la division Kléber. Le 9 juin, on était devant Malte, qui tombait aussitôt en notre pouvoir ; le 1er juillet, devant Alexandrie. Le 2, avant d'avoir eu le temps de débarquer, mais alors que déjà Bonaparte est à terre, de Villiers écrit sur son Journal :

« On vient de nous envoyer les différentes proclamations du général Bonaparte : l'une aux Arabes, où il les rassure, leur promettant protection et la conservation de leur religion. Il dit ne déclarer la guerre qu'aux mamelouks et qu'il est l'ami des mahométans en général. Bonaparte en donne pour preuve la guerre faite au Pape et aux chevaliers de Malte, leurs plus grands ennemis... »

Le 7 juillet, à peine débarqué, a déjà fait sa première visite aux monuments : « J'ai été voir les aiguilles de Cléopâtre (1) et la colonne de Sévère, dite de Pompée. Avec sa base, ce monument mesure près de 30 mètres de hauteur. Le piédestal est formé de blocs provenant d'anciens monuments. Le fût est en granit rouge. Et maintenant les monuments seuls et les ruines l'occuperont. Comme il ne peut pas cependant se désintéresser de l'armée et des grands combats qui se livrent à côté de lui, il se renseigne avec soin sur les événements militaires, et il en consigne au besoin les détails, sur son journal, avec son exactitude et sa précision habituelles. C'est ainsi que le 29 juillet (il est à Rosette depuis dix jours) il écrit le récit de la bataille des Pyramides et relate ce petit détail, qui n'a point trouvé place dans les bulletins : « Il paraît qu'à la bataille des Pyramides beaucoup de soldats ont fait des fortunes, parce que les beys et les mamelouks ont l'habitude, quand ils vont se

(1) L'une est aujourd'hui à New-York, l'autre est à Londres.

battre, de porter avec eux tout ce qu'ils peuvent avoir d'or. »

Moins de quatre jours après, c'est un désastre dont il lui faut parler, et celui-là s'est accompli presque sous ses yeux, dans la rade d'Aboukir :

Ier *août* (1798). — Quelques-uns de mes camarades qui ont été à la tour d'Abou-Mandour, d'où l'on découvre la baie d'Aboukir et la flotte, ont vu arriver à cinq heures du soir dix vaisseaux qu'ils ont jugés ennemis à la position ‒ 's ont prise. Peu de temps après, le feu a commencé et a été assez vif de part et d'autre. A dix heures du soir, nous entendons un vaisseau sauter. Le feu cesse un instant, puis recommence pour durer toute la nuit.

« 2 *août*. — A la pointe du jour, je vais à la tour d'Abou-Mandour. Nous étions, à vol d'oiseau, à une trentaine de kilomètres des deux flottes.

« Le combat continuait. Un vaisseau démâté que nous supposons anglais, était échoué. A sept heures du matin, une frégate saute devant nous. Ce spectacle horriblement beau, ne sortira jamais de ma mémoire. Un vaisseau auquel le feu avait pris gagne le large, nous le jugeons anglais. Il se fait du mouvement dans les deux armées : plusieurs vaisseaux mettent à la voile. A deux heures, on a vu trois vaisseaux français s'avancer du côté du Nil à voiles déployées.

« Dans la soirée on nous dit que les Français sont vainqueurs ; que deux bâtiments anglais ont sauté ; que deux autres sont à la côte et deux coulés ; le reste serait pris, sauf un seul qui est en fuite, mais que l'on poursuit chaudement. On peut juger de notre joie. C'est un aviso qui remonte le Nil, qui apporte cette nouvelle, laquelle toutefois n'est pas officielle... »

Et il en sera toujours de même. Pas une défaite qui, dans le premier moment, ne soit tenue par nous pour une éclatante victoire. — Le lendemain, de Villiers a la douleur d'être obligé d'écrire :

« 3 *août*. — Quel changement ! Je demande si on a la confirmation de la nouvelle d'hier. On me répond : « *Nous n'avons plus de flotte.* » Ma première idée est qu'un coup de vent a dispersé Français et Anglais ; mais on me détrompe par ces mots : « *Tout ce que nous disions hier des Anglais nous est applicable.* » Le navire qui a sauté le 1er au soir est l'*Orient*. C'est l'*Artémise* qui a sauté le 2 au matin. Les vaisseaux qui venaient du côté du Nil prenaient la fuite. Cette nouvelle est envoyée officiellement par Kléber à Menou... »

Le 15 août, Edouard de Villiers fut envoyé au Caire, où il devait rester plusieurs mois. Il nous raconte, en ces termes, comment y fut célébrée, les 22 et 23 août, la fête de la naissance de Mahomet :

« La place Esbekieh et les environs sont illuminés. Le peuple s'est réuni en grande masse vers les neuf heures du soir et s'est livré à des chants et à des danses bizarres. Les chants doivent imiter les cris de la mère et de l'enfant. Une douzaine de danseurs se tenant en files par la main et précédés d'un *santon* se serrent mutuellement la poitrine à s'étouffer, se balancent en poussant des hurlements, baisent les mains des spectateurs, donnent aussi les leurs à baiser et ont l'air de se faire de derniers adieux. Ils continuent ainsi jusqu'à ce que l'un d'eux tombe épuisé et souvent mort... Les *santons* sont des espèces de fous très vénérés à qui tout est permis, dont les insultes honorent, même les femmes qui en sont atteintes. Ils sont reconnaissables à leurs longs cheveux et à leur nudité. — Nos grands cheveux et nos habits verts choquent beaucoup les musulmans ; en effet le vert est réservé chez eux aux descendants de Mahomet. »

De Villiers apprit, le 23 septembre, qu'il se préparait une excursion pour aller visiter les Pyramides. La chose était tenue secrète, afin d'éviter que les curieux ne fussent en trop grand nombre. Cependant il était urgent de profiter de cette occasion, une autre pouvant bien ne pas se présenter de longtemps, car il fallait une forte escorte pour se rendre aux Pyramides. Edouard de Villiers et son ami du Bois-Aymé résolurent d'être de la partie, dont était aussi le général Bonaparte et à laquelle naturellement on ne·les avait pas invités. Ils passèrent le Nil à la nuit et allèrent à Gizeh, où les voyageurs privilégiés s'étaient réunis pour pouvoir partir le lendemain à la pointe du jour. Sans se faire voir, ils couchèrent tout habillés dans une des pièces du palais, et le lendemain ils se trouvèrent prêts des premiers. Nos deux amis se jetèrent dans une des barques préparées pour le voyage, dont une partie devait se faire par la voie d'un canal ; ils étaient installés quand arrivèrent leurs chefs de la commission après avoir soupé, couché et déjeuné très commodément. Ceux-ci n'eurent pas l'idée de leur reprocher leur indiscrétion, qui pourtant les étonna un peu. Les barques les conduisirent jusqu'à la limite du terrain arrosé par les canaux. De là, on se rendit à pied aux Pyramides. « Monter dessus la plus grande, continue de Villiers, fut notre premier élan. De loin, Bonaparte excitait tout le monde. A notre grand étonnement, nous trouvâmes au sommet une plate-forme de trente pieds en carré, alors que de loin cette pyramide paraît finir par une pointe très aiguë. Du haut on ne peut jeter une pierre au pied de la pyramide En effet, il faudrait que le jet eût trois cents pieds de portée. Quand on est en grand nombre, il faut monter et descendre par les angles, pour ne pas recevoir sur la tête les pierres que les personnes qui sont au-dessus de vous déplacent involontairement. L'ascension est pénible, il faut escalader des gradins qui ont de deux à trois pieds de hauteur. »

Bonaparte a raconté lui-même cette excursion aux Pyramides, et son récit a été inséré au *Moniteur*. Il y raconte comment, ce jour-là, dans l'intérieur de la grande Pyramide, il a eu, avec les principaux chefs religieux des mahométans, un grand dialogue philosophique, à la façon de ceux de Platon. Ce dialogue, si merveilleusement mis en scène, est rapporté tout au long, et le général s'y montre à la fois très habile et très éloquent. Il a, par endroits, des paroles superbes, et cela n'est pas pour étonner. Mais cette conversation, si bien faite, dans ce cadre mystérieux et prestigieux de la grande Pyramide, pour frapper les imaginations, et qui a eu, en effet, un retentissement énorme, cette conversation a-t-elle eu lieu? Bourrienne et, après lui, Chateaubriand, ont soutenu qu'elle avait été inventée de toutes pièces par ce fin politique et ce grand poète qu'était Bonaparte. D'après eux, Bonaparte n'est pas même entré dans la Pyramide. Bourrienne, qui était présent, est très formel sur ce point. On a contesté la valeur de son témoignage, mais voici qu'il est confirmé par celui, non suspect assurément, du jeune de Villiers, lequel écrit dans son journal : « En descendant, j'eus encore le temps d'entrer dans la Pyramide. *Bonaparte y avait renoncé parce qu'il fallait se mettre à plat ventre pour passer sous la pierre de fermeture.* »

Au retour de cette excursion, le 4 octobre 1798, Edouard de Villiers passa, au Caire, ses examens de sortie de l'école, devant une Commission où se trouvaient rassemblés Monge, Berthollet et Fourier. « C'est à peu près l'époque, dit-il à laquelle j'aurais été examiné à Paris pour sortir de l'Ecole polytechnique. » Le 2 novembre suivant, il fut nommé par Bonaparte ingénieur des ponts et chaussées. Son brevet est signé Berthier. Entre son examen et sa nomination comme ingénieur, avait eu lieu la révolte du Caire.

III

Le 28 ventôse an VII (18 mars 1799), il reçut l'ordre de partir le lendemain pour la haute Egypte. « Vous voudrez bien, lui écrivait son ingénieur en chef, M. Girard, vous rendre demain à Gizeh, à neuf heures du matin, pour profiter d'un convoi adressé au général Desaix qui se trouve maintenant à Syout. Je vous prie de vous occuper aujourd'hui de vous procurer les objets dont voici la note : quelques crayons, 4 mains de papier, 4 bâtons de colle à bouche, 6 crayons. »

C'est avec ces armes que le jeune de Villiers fera son expédition de la haute Egypte, et elle ne laissera pas, nous allons le voir, d'être assez brillante.

Il partit du Caire avec M. Girard, chef de la petite expédition ; MM. Jollois, du Bois-Aymé et Duchanoy, ingénieurs ordinaires, MM. Descotils, Rozière et Dupuy, ingénieurs des mines, et M. Casteix, sculpteur. Ils formaient une sorte de commission chargée de prendre sur la haute Egypte tous les renseignements que l'on pourrait désirer, tant sur le commerce, l'agriculture et les arts que sur la carte et les antiquités de cette contrée.

Une des parties les plus importantes de la mission des ingénieurs des ponts et chaussées était d'examiner le régime du Nil depuis la première cataracte et d'étudier le système d'irrigation de la haute Egypte.

Sauf M. Jollois (1), les compagnons de voyage de Villiers du Terrage le quittèrent successivement, soit pour remplir des missions particulières, soit pour porter au Caire le fruit de leurs travaux et de leurs recherches. Comme son ami et lui avaient trouvé dans l'étude des monuments de la haute Egypte une source inépuisable d'observations intéressantes, ils fixèrent leur séjour dans cette contrée.

Ils y restèrent environ sept mois et séjournèrent longuement à Syout, Dendérah, Esné et Thèbes. Ils ne rentrèrent au Caire que le 27 octobre 1799. Le *Courrier d'Egypte*, peu de temps après, rendait ainsi compte de leur mission :

« L'hiver dernier, les citoyens Jollois et Devilliers partirent pour la Haute-Egypte... Pendant six à sept

---

(1) Jean-Baptiste-Prosper Jollois (1776-1842), l'un des plus brillants élèves de la première promotion de l'Ecole polytechnique, ingénieur en chef en 1819 puis directeur des travaux des ponts et chaussées du département de la Seine ; il s'occupa toujours activement de travaux d'histoire et d'archéologie, et composa un important travail sur les antiquités gallo-romaines de Paris, ouvrage que l'Académie des inscriptions et belles-lettres, dont il était membre correspondant, a couronné et fait publier. Il fut jusqu'à sa mort l'intime ami de M. Villiers du Terrage.

mois qu'ils sont restés dans cette contrée, ils ont travaillé à former le recueil des antiquités de la Haute-Egypte. Leur portefeuille renferme les esquisses et les cotes nécessaires pour tracer les plans, les élévations et les coupes de tous les temples et palais dont on retrouve encore les ruines. Ils ont recueilli sur le temple d'Esné et sur celui de Dendérah un grand nombre de détails intéressants.

« Ils ont surtout dessiné avec l'exactitude la plus scrupuleuse les zodiaques qui sont sculptés sur ces deux temples et qui sont certainement les plus beaux monuments d'antiquité astronomique qui aient jamais été connus.

« Enfin, ils ont les plans généraux de toutes les anciennes villes, la carte de la plaine de Thèbes et celle de la vallée des tombeaux des rois, avec le plan de tous ceux de ces tombeaux où ils ont pu pénétrer... »

Edouard de Villiers s'est particulièrement étendu, dans son journal, sur cette campagne de sept mois, faite en compagnie de Jollois. Ce fut son *expédition d'Egypte* à lui, et elle n'a pas été sans gloire.

Partis les premiers pour la Haute-Egypte, quinze jours seulement après Denon, alors que tout le pays était encore soulevé, ils avaient par leur propre zèle devancé les deux commissions que Bonaparte envoya quelques mois plus tard.

Ce furent eux, qui, les premiers, dessinèrent *avec précision* le fameux zodiaque de Dendérah, et découvrirent le tombeau d'Aménophis III.

L'égyptologie, depuis cent ans, grâce surtout à la lecture des hiéroglyphes, a fait de tels progrès que les plus beaux travaux d'alors, les plus étonnants pour l'époque sont un peu oubliés aujourd'hui. Il ne sera donc pas sans intérêt de citer ici ce qu'écrivait Champollion en 1829 :

« La description de Thèbes a déjà été faite, et avec bien plus de détails encore, par MM. Jollois et de Villiers dans un important travail auquel je me plais de donner de justes éloges, parce que j'ai vu les lieux et que j'ai pu juger par moi-même de l'exactitude de leur excellente description. »

Voici également un passage d'une notice de M. Saint-Martin, le savant égyptologue, notice lue à l'Académie des inscriptions et belles-lettres, le 8 février 1822, peu de temps après l'arrivée à Paris du zodiaque de Dendérah : « Si, dans notre examen, nous sommes obligés de relever quelques erreurs dans le dessin du zodiaque, que nous devons à MM. Jollois et de Villiers, ces savants et habiles artistes, ce n'est pas que nous voulions affaiblir en aucune manière les justes éloges qu'ils méritent; on ne peut être qu'extrêmement étonné qu'au milieu des difficultés sans nombre qui s'opposaient à leur entreprise, ils soient parvenus à nous donner un travail tel que celui dont nous pouvons aujourd'hui apprécier les résultats... Il nous semble extraordinaire qu'ils n'aient pas commis un plus grand nombre d'erreurs. Il était impossible de faire mieux dans un local incommode et mal éclairé, où il fallait dans une position verticale, copier des figures et des signes de très petite dimension et d'un relief trop bas pour être bien distingués sur un fond noirâtre... Certainement, si un hasard, impossible à prévoir, n'avait pas amené le planisphère en Europe, jamais on n'aurait pu obtenir une meilleure copie... »

De retour au Caire, Edouard de Villiers ne resta pas longtemps dans l'inaction ; il prit part à quatre expéditions qui parcoururent la région de l'isthme de Suez pour faire un nivellement entre les deux mers. Il en profita pour dresser la carte de la vallée de l'Egarement et pour étudier les antiquités, alors fort peu connues, de cette région.

IV

Bien des événements s'étaient passés pendant son absence et en particulier la fâcheuse expédition de Syrie. On trouvera, dans son journal, d'intéressants détails sur le siège de Saint-Jean-d'Acre. Bonaparte avait subi devant cette ville son premier échec, et force lui avait été de reculer. Ce fut la première de ses *retraites*. Il en aura d'autres, plus tard, qui ressembleront à des fuites, et qu'il ne lui sera pas loisible, comme en Egypte, de transformer en une éclatante victoire. Voici, en effet, ce qu'écrit de Villiers :

« Bonaparte, qui connaissait bien le caractère oriental, ne voulut pas paraitre avoir subi un échec ; le 24 prairial (12 juin 1799), il fit son entrée au Caire en grande pompe aux sons de toutes les musiques militaires : il passa une revue, reçut tous les cheiks de la ville et fit poclamer que l'armée turque n'existait plus et que pas deux pierres de Saint-Jean d'Acre n'étaient encore l'une sur l'autre. »

Le 5 fructidor suivant (22 août), Bonaparte s'embarquait, le soir, près d'Alexandrie à bord du *Muiron* et mettait à la voile le lendemain matin avec une autre frégate et deux avisos. « A la nouvelle de ce départ, que beaucoup qualifièrent de fuite, écrit de Villiers, l'émotion parmi les Français avait été fort grande, puis peu à peu elle s'était calmée, et Kléber, qui le remplaçait, avait, lorsque nous sommes arrivés au Caire, plus de partisans que celui qui allait être premier consul n'en avait jamais eu dans l'armée depuis le lendemain du débarquement. »

Kléber était juste, brave, modeste. Lorsqu'on lui proposa de faire partie de l'Institut d'Egypte, il refusa disant ne pas voir dans quelle classe on pourrait bien le mettre. Il finit cependant par accepter : « Mettez-moi, dit-il, dans la classe des arts, c'est encore dans celle-là que je m'y entends le moins mal. » C'est cependant à lui que revient l'honneur d'une mesure attribuée par presque tous les historiens à Bonaparte. Le 22 novembre 1799, Fourier, alors président de l'Institut, reçut une lettre de Kléber, exprimant le désir que « tous les citoyens français, à quelque corps qu'ils appartinssent, réunissent leurs travaux sur la haute Egypte pour en faire un ouvrage commun. »

L'Institut décida que, pour donner à ce travail le plus d'unité et de perfection possible, Fourier devrait réunir, pour s'entendre sur ce sujet, la commission des arts et tous les auteurs de mémoires dont on pourrait profiter. « Ce fut, ajoute de Villiers, le premier point de départ de la réunion des documents qui, plus tard, ont servi à la rédaction de la grande *Description de l'Egypte* dont on voit que l'initiative revient sans conteste au général Kléber. »

Edouard de Villiers devait rester encore deux ans en Egypte. Le 30 août 1801, la capitulation d'Alexandrie, signée par le général Menou, successeur de Kléber, mettait fin à l'occupation française. Le 27 septembre, notre jeune ingénieur s'embarqua enfin pour la France sur l'*Amico Sincero*. Le 28 décembre il écrivait sur son journal : « Nous sommes arrivés à Paris, de très grand matin, aujourd'hui 7 nivôse de l'an X. Avec quelle impatience j'attendis au faubourg Saint-Germain, à l'hôtel Castellane, que le point du jour me permit de me rendre chez mon père, rue Saint-Dominique, numéro 1544 (1) »!

Pendant cinq ans, M. de Villiers du Terrage s'occupa uniquement de rédiger, pour le grand ouvrage de la *Description de l'Egypte*, une suite de Mémoires sur les *Monuments et antiquités de Thèbes*, d'*Esné*, d'*Apollinaris*, de *Coptos*, de *Dendérah* ; sur les *bas-reliefs astronomiques en Egypte* et sur les antiquités de l'*isthme de Suez*. Pour les sept premiers de ces Mémoires, il eut pour collaborateur son inséparable ami M. Jollois ; il rédigea seul le huitième.

Son *Journal* sur l'expédition d'Egypte fait revivre pour nous avec agrément la physionomie souriante et grave, de cet homme de bien, de ce savant qui fut aussi un artiste et un écrivain. En tête du volume on aurait pu mettre comme épigraphe ce vers du vieux poète :

> Heureux qui, comme Ulysse, a fait un beau voyage.

Heureux celui qui, jeune, a visité des rivages immortels et en a rapporté des souvenirs, des images, des sujets d'études qui occuperont et, jusqu'à la fin, charmeront sa vie !

(1) Numéro actuel 22.

———————

VIII

KLÉBER ET MENOU EN ÉGYPTE

DEPUIS LE DÉPART DE BONAPARTE [1]

I

La Société d'histoire contemporaine a publié depuis quelques années, un assez grand nombre de volumes, tous d'une réelle valeur. Celui que vient de faire paraître M. François Rousseau sous ce titre : *Kléber et Menou en Egypte depuis le départ de Bonaparte* tiendra honorablement sa place dans cette intéressante collection.

Bonaparte quitta l'Egypte dans la nuit du 22 au 23 août 1799. Les généraux Berthier, Lannes, Murat, Andréossy, Marmont, les savants Monge et Berthollet, l'accompagnaient, montés sur les frégates *La Carrère* et *Le Muiron*, échappées au désastre d'Aboukir et armées tant bien que mal par le contre-amiral Ganteaume. L'absence momentanée des croiseurs anglais, obligés de réparer des avaries, laissa le passage libre aux bâtiments français.

---

(1) *Kléber et Menou en Egypte depuis le départ de Bonaparte* (août 1799-septembre 1801). Documents publiés pour la Société d'histoire contemporaine par M. François Rousseau. Alphonse Picard et fils, éditeurs, rue Bonaparte, 82, 1900.

Ce départ ressemblait singulièrement à une fuite. C'en était une en effet. Le général Dugua, commandant le Caire, dans une lettre au directeur Barras, résumait en ses termes la situation :

« Je vous avoue, citoyen Directeur, que je ne pouvais pas croire que le général Bonaparte nous eût abandonnés dans l'état où il nous a laissés, sans argent, sans poudre, sans boulets, une partie des soldats sans armes. Alexandrie est un grand camp retranché qui n'a pas la moitié des bouches à feu dont il aurait besoin pour sa défense. Lesbeh, près Damiette, à peine clos ; une portion des murs d'El-Arisch tombés d'eux-mêmes et des dettes énormes, plus du tiers de l'armée détruit par la peste, l'ophtalmie et les combats. Ce qui reste, presque nu, les habits de toile de coton donnés l'année dernière sont en lambeaux et l'ennemi était à huit journées de nous.

«...Le général en chef ne peut réunir sur le même point que 7.000 combattants au plus ; l'ennemi peut marcher de toutes parts sur Le Caire en évitant les places d'Alexandrie et d'El-Arisch, dont les garnisons ne sont pas assez fortes pour inquiéter ses derrières ; que feraient 7.000 hommes s'il fallait faire face à plusieurs armées à la fois?... »

Kléber, dans une lettre officielle au Directoire, en date du 8 octobre 1799, ne tient pas un autre langage :

« Le général en chef Bonaparte est parti pour la France le 6 fructidor au matin, *sans en avoir prévenu personne*. Il m'avait donné rendez-vous à Rosette le 7 ; je n'y ai trouvé que ses dépêches...

« Mon premier soin a été de prendre une connaissance exacte de la situation actuelle de l'armée.

« Vous savez, citoyens Directeurs, et vous êtes à

même de vous faire représenter l'état de sa force lors de son arrivée en Egypte. Elle est réduite de moitié... Cependant il ne s'agit plus aujourd'hui, comme autrefois, de lutter contre quelques hordes de Mamelouks découragés, mais de résister aux efforts réunis de trois grandes puissances : la Porte, les Anglais et les Russes.

« Le dénuement d'armes, de poudre de guerre, de fer coulé et de plomb présente un tableau tout aussi alarmant que la grande et subite diminution d'hommes dont je viens de parler... Les troupes sont nues, et cette absence de vêtements est d'autant plus fâcheuse qu'il est reconnu que, dans ce pays, elle est une des causes les plus actives des dysenteries et des ophtalmies, qui sont les maladies constamment régnantes. La première surtout a agi puissamment, cette année, sur des corps affaiblis et épuisés par les fatigues...

« Le général Bonaparte, avant son départ, avait, à la vérité, donné des ordres pour habiller l'armée en drap, mais pour cet objet, comme pour beaucoup d'autres, il s'en est tenu là, et la pénurie des finances, qui est un nouvel obstacle à combattre, l'a mis sans doute dans la nécessité d'ajourner l'exécution de cet utile projet.

« Il faut en parler, de cette pénurie.

« Le général Bonaparte a épuisé les ressources extraordinaires dans les premiers mois de notre arrivée. Il a levé alors autant de contributions de guerre que le pays pouvait en supporter. Revenir aujourd'hui à ces moyens, alors que nous sommes au dehors entourés d'ennemis, ce serait préparer un soulèvement à la première occasion favorable, et cependant Bonaparte, à son départ, n'a pas laissé un sol en caisse, ni aucun autre objet équivalent. Il a laissé au contraire, un arriéré de près de dix millions, c'est plus que le revenu d'une année dans la circonstance. La solde arriérée pour toute l'armée se monte seule à quatre millions...

« Tout ce que j'avance ici, citoyens Directeurs, je puis le prouver, et par des procès-verbaux, et par des états certifiés des différents services. »

Bonaparte, en partant, eût pu laisser le commandement à Desaix, qui s'était couvert de gloire pendant la première partie de l'expédition, qui était plein de talent et pour lequel il éprouvait une véritable affection. Mais c'est précisément pour cela qu'il ne voulut pas lui imposer un fardeau sous le poids duquel celui qui s'en serait chargé risquait très fort d'être écrasé. Kléber et Bonaparte, au contraire, ne s'aimaient pas. Ancien officier de l'armée de Sambre-et-Meuse, Kléber conservait des préventions contre l'armée d'Italie et ses chefs. Il gardait une certaine raideur germanique qu'il devait à sa naissance et à son éducation militaire reçue dans l'armée autrichienne, où il avait servi près de huit ans. Le génie corse de Bonaparte le heurtait et le déroutait par je ne sais quoi d'insolite et d'imprévu. Il ne savait pas toujours dissimuler son antipathie, et il se donnait parfois le tort grave de faire de son général en chef l'objet de railleries plus ou moins amères, ou même de caricatures qu'il excellait à dessiner. Bonaparte n'était pas Corse pour rien. Il avait une vendetta à exercer contre Kléber ; il le désigna pour le remplacer.

Les instructions que Bonaparte laissait à son successeur ne permettaient pas à ce dernier de se faire illusion sur les terribles difficultés qui l'attendaient. « Si par des événements incalculables, portaient ces instructions, toutes les tentatives étaient infructueuses, et qu'au mois

de mai vous n'ayez reçu aucun secours ni nouvelles de
France, et si cette année, malgré toutes les précautions,
la peste était en Egypte et vous tuait plus de 1500 soldats, perte considérable, puisqu'elle serait en sus de
celles que les événements de la guerre vous occasionne-
raient journellement, je pense que, dans ce cas, vous ne
devez point songer à soutenir les événements de la campagne prochaine et que vous êtes autorisé à conclure la
paix avec la Porte ottomane, quand même l'évacuation
de l'Egypte devrait être la condition principale. »

II

Kléber fit tout son devoir. Il ne négligea rien pour
adoucir les souffrances de ses soldats, pour pourvoir à
leur nourriture, à leur habillement, à leur solde. Au point
de vue militaire, il fit également tout le possible. Mais la
situation lui paraissant décidément inextricable, le général se résolut à l'évacuation. Il s'agissait seulement
de la faire dans les conditions les moins mauvaises possible. Dès le mois de novembre, Kléber engagea avec la
Porte et avec le commodore anglais sir Sydney Smith
des négociations sur les bases suivantes :

Les Français évacueraient immédiatement l'Egypte.
— L'armée française recevrait une compensation honorable, proportionnée aux avantages auxquels elle renonçait. — A ce titre, Kléber demandait la possession des
îles de Malte, de Corfou, de Céphalonie, de Zante ; le ré-
blissement des relations amicales entre la Porte et la
République française ; la garantie par l'Angleterre de
l'intégralité du royaume ottoman ; le départ de l'armée
française avec armes et bagages.

Kléber n'espérait pas sans doute que ces conditions lui seraient accordées. Les Anglais consentaient bien à ce que l'armée d'Egypte obtînt libre passage avec les honneurs militaires ; mais Sidney Smith ne voulait entrer dans la discussion d'aucun autre article et se retranchait derrière le raisonnement suivant : les délégués de Kléber (1) ne possèdent pas les pouvoirs spéciaux pour traiter de la paix générale ; les îles réclamées (2) n'appartiennent pas aux alliés (Turcs, Russes, Anglais). Il faudrait réunir un congrès où siègeraient les représentants des puissances intéressées.

Kléber dut céder. Il réunit à Salahieh, le 21 janvier 1800, un conseil de guerre, formé de trois généraux de division et de six généraux de brigade. Ils constatèrent que cinq mois s'étaient écoulés depuis le départ de Bonaparte ; qu'on ne les avait pas secourus ; qu'ils n'avaient aucune chance de l'être ; que la situation allait en empirant. Davout seul était d'avis de tenir encore, mais il se rallia à l'opinion des autres. Le 24 janvier, la convention d'El-Arisch fut signée. Les conditions en étaient très dures. Les Français se retireraient avec armes et bagages ; un armistice de trois mois leur était accordé pour préparer leur retraite, mais à condition que trois forts seraient livrés immédiatement aux troupes turques, et Le Caire au bout de quarante jours. Le transport devait se faire sur une flotte anglaise.

Pendant qu'on se préparait à exécuter ce traité, Sid-

---

(1) Le général Desaix et l'intendant Poussielgue.

(2) Malte relevait de la suzeraineté du roi de Naples ; pour avoir été conquises par les Russes, la propriété des îles Ioniennes ne leur était pas encore dévolue.

ney Smih reçut le 20 février, un ordre expédié le 17 décembre, par le cabinet britannique à l'amiral lord Keith, commandant supérieur des forces navales de la Méditerranée. Cet ordre portait de ne signer aucune capitulation sans la condition expresse que l'armée française serait prisonnière de guerre. C'était là, sans doute, une suite de la correspondance de Kléber avec le Directoire, correspondance désespérée, et saisie par les Anglais.

Sidney Smith essaya vainement de faire revenir son gouvernement sur cette détermination et il facilita même le départ de Desaix en compagnie de Rapp, Savary et Clément, Auguste Colbert, Senneville et Miot. Dès la première heure, il avait avisé Kléber. Celui-ci avait déjà exécuté une partie du traité, livré ses forts et rappelé ses troupes de la haute Egypte. Il contremanda tous ses ordres et fit afficher la lettre de lord Keith, avec ces mots : « On ne répond à de telles insolences que par des victoires. Soldats ! préparez-vous à combattre. »

Sa situation était des plus périlleuses. Il avait en face de lui une population indigène profondément hostile et, à cinq marches du Caire, l'armée du grand vizir, forte de 80.000 hommes. Dans la nuit du 20 mars, il sortit du Caire et marcha contre les Turcs. Après avoir enlevé le village retranché de Matarieh, il s'avança contre les retranchements établis par le vizir au delà des ruines d'Héliopolis, s'en empara et mit l'ennemi en pleine déroute. Canons, bagages, chameaux, tout tomba au pouvoir des Français ; les débris des vaincus furent encore écrasés à Belbéis, et le grand vizir s'enfuit presque seul à Gaza. Alors Kléber revint sur Le Caire, où le bey Ibrahim était entré avec quinze mille hommes, et où toute la population était en armes. Il bombarda la ville, en chassa les Turcs

et força les habitants à la soumission après une bataille
de dix jours.

Kléber était redevenu maître de l'Egypte ; mais il
n'espérait pas la garder longtemps. Au général Menou,
qui le félicitait d'avoir assuré la conquête définitive et
d'être ainsi devenu le fondateur d'une magnifique colonie, il répondait le 23 mai 1800 :

« Je reçois votre lettre, citoyen général. Tel est l'état
de ma stupeur, qu'aujourd'hui encore je ne crois pas
plus que la convention d'El-Arisch ait été une faute politique, que je ne pense que la victoire remportée par
l'armée soit un sujet d'ivresse ; qu'aujourd'hui encore,
je suis dans la conviction la plus intime que, par ce traité,
j'étais parvenu à donner une issue raisonnable à l'entreprise la plus extravagante ; qu'aujourd'hui encore,
je pense que nous n'avons aucun secours à espérer de
la France, et que jamais, ou du moins pendant cette
guerre, nous ne formerons de colonies en Egypte, à
moins toutefois que les cotonniers et les palmiers ne
produisent bientôt des soldats et du fer coulé... »

La question allait d'ailleurs être tranchée par le fer
d'un fanatique.

Le 14 juin 1800, le jour même où Desaix tombait
à Marengo, Kléber, après une revue passée dans l'île de
Roudah, près du vieux Caire, s'invita à déjeuner chez
Damas, son chef d'état-major. Au sortir de table, comme
il se promenait dans le jardin avec l'architecte Protain,
ils virent un homme pauvrement vêtu se prosterner et
tendre un placet. Tandis que Kléber lisait, le misérable
se dressait sur ses pieds et le frappait de plusieurs coups
de poignard. Kléber perdit connaissance ; Protain voulut
le défendre, appela et tomba, frappé à son tour, évanoui,
auprès de son chef.

III

Le général Menou, baron de Boussay, fils d'un capitaine aux grenadiers du roi et lui-même maréchal de camp, dès 1781, avait été nommé aux Etats-Généraux par la noblesse du bailliage de Touraine. Il fut un des premiers de son ordre à se réunir au tiers. En 1793, il fut envoyé en Vendée et s'y fit battre. Au 13 Vendémiaire an IV (5 octobre 1795), devenu général en chef de l'armée de l'Intérieur, il fit preuve d'irrésolution et d'incapacité et fut traduit devant une commission militaire. Au moment de l'expédition d'Egypte, grâce à la protection de Bonaparte, il reçut le commandement d'une division de l'armée. Blessé à l'attaque d'Alexandrie (il avait du moins cela pour lui d'être brave), il établit son quartier général à Rosette. Peu de temps après, il épousait la fille d'un riche Egyptien propriétaire d'un établissement de bains, et se convertissait à l'islamisme, sous le nom d'*Abdallah*. C'était un ardent républicain. Le 19 mars 1800, il écrivait au général Lanusse :

« Nous sommes, vous et moi, mon cher général, les amis et les défenseurs de la République et les ennemis déclarés de la monarchie. Je ne sais quelle voix sourde se fait entendre dans certaines parties de l'Egypte ; on y prononce le nom de *Bourbon*, celui du *prince de Condé*. Nommément je vous déclare au nom de l'honneur et de la vérité, que tant qu'il me restera un souffle de vie, non seulement je fuirai la monarchie, mais je combattrai jusqu'à la mort quiconque voudra la rétablir. Si, par des événements quelconques, la république venait à périr, je périrais avec elle ; telle est ma profession de foi formelle et invariable. »

Elle devait varier pourtant. Lorsque, à peu de temps de là, la République fut renversée, bien loin de « périr » avec elle, Menou se mit aux pieds de celui qui l'avait jetée bas et sollicita ses faveurs. Il obtint de l'empereur le titre de gouverneur de Venise, et c'est là qu'il mourut en 1810, non sans avoir repris son titre de baron.

Le successeur de Kléber était un administrateur médiocre et un militaire incapable. Il ne tarda pas à provoquer chez presque tous ses collaborateurs un vif mécontentement. L'un des meilleurs généraux de l'armée, Reynier, a tracé de lui ce portrait : « Initié aux intrigues révolutionnaires, il employa la tactique commune à Robespierre et aux autres hommes qui, momentanément, avaient surpris la faveur populaire ; dans ses discours, sa correspondance, ses ordres du jour, il attachait son intérêt propre à ceux de la chose publique ; il cherchait à faire regarder ceux qui blâmaient sa conduite et son administration comme des ennemis de Bonaparte. »

Cette division, cette haine réciproque auraient dû disparaître en présence du danger commun. Le général en chef, malheureusement pour sa mémoire, parut plus préoccupé de vengeances mesquines et personnelles que de la défense de l'Egypte, lorsque les Anglais se présentèrent pour y débarquer.

La flotte anglaise, ayant à bord des troupes commandées par le général Abercrombie, déboucha le 1er mars 1801, dans la baie d'Aboukir. Bien qu'averti depuis longtemps, Menou n'avait pris aucune mesure pour s'opposer au débarquement. Il négligea de concentrer ses forces, comme Reynier lui en donnait le conseil. Vaine-

ment, dans deux combats livrés le 8 et le 13 mars, Friant
et Lanusse essayèrent de résister ; ils n'avaient sous la
main que des forces insuffisantes. Menou rejoignit enfin
ses lieutenants et engagea une troisième bataille, le 21,
sous les murs de Canope. Mais il manqua de la rapidité
de décision qui lui eût été nécessaire pour porter à propos ses différents corps au secours les uns des autres, et
pour suppléer à l'inégalité du nombre. La journée demeura indécise, et équivalut pour les Français à une défaite. Les Anglais prirent pied en Egypte, s'y établirent,
occupèrent Rosette à quelque temps de là, et firent leur
jonction avec l'armée turque arrivant de Syrie. Ils dis-
posèrent alors de plus de cinquante mille hommes.

La partie, cette fois, est bien perdue. Au lieu de faire
face aux difficultés de la situation et d'essayer de la
conjurer, le général en chef n'a qu'une préoccupation : se
répandre en récriminations contre ses lieutenants et
chercher à faire peser sur eux les responsabilités qui l'ac-
cablent. Il continue les intrigues qui ont signalé la première partie de son administration. Il nomme une four-
née d'officiers généraux pour se faire des créatures. Il arrête les généraux Reynier et Damas et l'ordonnateur
Daure, qui, embarqués de force sur le *Lodi* et le *Good
Union*, sont envoyés en France.

Lorsque Kléber avait signé la convention d'El-Arisch
(24 janvier 1800), Menou s'était fortement élevé contre
elle et l'avait dénoncée au Premier Consul presque comme
un acte de trahison. Le 30 août 1801, il signa à son tour
une capitulation en tous points semblable à celle qu'il
avait autrefois stigmatisée. Dans les premiers jours de
septembre, il s'embarquait pour la France, avec ce qui
restait de l'armée d'Egypte.

IV

Le volume de M. François Rousseau n'est point un récit de l'expédition d'Egypte d'août 1799 à septembre 1801, pendant les deux années où le commandement appartint à Kléber et à Menou. C'est un recueil de documents, empruntés aux meilleures sources. Ces sources, toutes authentiques, sont de deux sortes : imprimées ou manuscrites. Parmi les ouvrages ou recueils de textes le plus souvent mis à contribution, il convient de citer les *Mémoires* de Berthier, le *Kléber* du comte Pajol, les *Pièces relatives à l'armée d'Orient*, publiées en l'an IX par ordre du Tribunat, le *Moniteur universel*, les *Mémoires* de Reynier, la *Gazette de Leyde*, etc. Quant aux pièces inédites (données dans le volume sous la rubrique *Armée d'Orient*), elles étaient conservées à l'origine dans les archives de la secrétairerie d'Etat impériale, où elles seraient encore, avec d'autres documents très nombreux de même nature (Archives nationales, série *A F*), si elles n'avaient été postérieurement distraites de ce fond pour être versées au dépôt historique de la guerre.

La provenance de chacun des documents est exactement indiquée dans le volume, et M. Rousseau n'en a réimprimé aucun sans l'avoir collationné sur l'original, toutes les fois que la chose était possible.

Une longue et savante Introduction résume avec soin les événements auxquels se rapportent les lettres et documents dont se compose l'ouvrage. Au cours du livre, chacune des pièces et chacun des noms cités sont accompagnés de notes exactes, précises, qui témoignent d'une connaissance approfondie du sujet. Une seule de ces notes me paraît devoir donner lieu à quelques réserves ; c'est celle qui est consacrée, page 17, à Jullien (Marc Antoine), dit *Jullien de Paris*, fils du conventionnel Jullien de la Drôme. M. Rousseau en parle en termes favorables et le représente comme ayant « attaqué pendant la Terreur, les excès de Tallien et de Carrier ».

Jullien de Paris a vécu jusqu'en 1848. C'était un habile homme. Pendant quarante ans, il a eu l'art de multiplier et de glisser un peu partout de prétendues *biographies*, où, sous le voile de l'anonyme, il se peignait comme un héros, un ami de l'humanité, le modèle des philanthropes. Il paraît bien qu'il n'a pas perdu son temps et sa peine, et que de ses « Apologies » il est resté quelque chose, puisque M. Rousseau lui-même s'y est laissé prendre. La vérité est que Marc-Antoine Jullien fut le Benjamin de Robespierre et qu'il se montra digne de son affreux patron. Il suffira de rappeler ici l'un des épisodes de sa carrière pendant la Terreur. Par arrêté du Comité de Salut public, en date du 10 septembre 1793, il fut chargé de se rendre successivement au Havre, à Cherbourg, à Saint-Malo, Brest, Nantes, Rochefort, La Rochelle et Bordeaux, avec mission « de ranimer l'esprit public, de soutenir les sociétés populaires, de surveiller les ennemis de l'intérieur et déjouer les conspirations. »

Dans un discours *lu* par lui, le 21 avril 1794, à la séance du club national de Bordeaux, discours imprimé par ses soins, il s'éleva en ces termes contre le *modérantisme :* « Soyons fermes et révolutionnaires. *Qui s'arrête en résolution a déjà reculé...* Soyons *cruels par calcul... La liberté n'a pour lit que des matelas de cadavres... Le sang est, à la honte des nations, le lait de la liberté naissante...* Que la statue de la Loi, quelque temps couverte d'un voile, s'élève triomphante sur l'autel de la Patrie, et que *son glaive exterminateur* frappe tout ce qui résiste à son empire. *La loi c'est le peuple, c'est sa volonté toute-puissante ; que les ennemis du peuple disparaissent, le néant les réclame.* » Ses actes répondirent à ses paroles. A Bordeaux, du 4 juin au 29 juillet 1794, en moins de deux mois, il envoya à l'échafaud cent quatre-vingt-dix-neuf victimes, dont quarante et une femmes (1).

Toutes les autres notes de M. Rousseau me paraissent irréprochables. Cet intéressant volume est un heureux début, et il nous promet, pour l'avenir, un bon historien.

(1) Voir l'*Histoire de la Terreur à Bordeaux*, par M. Aurélien Vidie, tome II.

LES CARDINAUX NOIRS [1]

I

L'histoire désigne sous le nom de *Cardinaux noirs* les membres du Sacré Collège qui, par scrupule de conscience et par respect des lois ecclésiastiques, s'abstinrent le 2 avril 1810, d'assister à la cérémonie religieuse du mariage de Napoléon avec l'archiduchesse Marie-Louise.

Dans sa colère, l'Empereur exila ces treize prélats, confisqua leurs biens, saisit leurs revenus, supprima leurs traitements et leur interdit de porter les marques de la dignité cardinalice. Des vêtements noirs au lieu de la soutane, du chapeau, de la barrette et des bas rouges : tel sont les origines et le motif de cette appellation.

C'est, parmi les épisodes de la politique antireligieuse du premier Empire, l'un des plus caractéristiques ; c'est aussi l'un des moins connus. M. Geoffroy de Grandmaison vient de le mettre, comme il convient, en pleine lumière.

---

(1) *Napoléon et les Cardinaux noirs* (1810(1814), par M. Geoffroy DE GRANDMAISON. Un volume in-18, Perrin et Cie, éditeurs, 35, quai des Grands-Augustins, 1896.

Depuis longtemps déjà, Napoléon songeait à divorcer, afin de pouvoir, redevenu libre, épouser une princesse de sang royal. Après les succès de Wagram, il n'hésita plus. Le 15 décembre 1809, au palais des Tuileries, en une imposante cérémonie organisée avec la mise en scène la plus savante, les liens civils qui l'unissaient à Joséphine furent rompus du mutuel consentement des deux époux.

C'était bien ; ce n'était pas tout.

Un mariage religieux avait été célébré, dans l'après-midi du 1er décembre 1804, sur les instances réitérées de Mme Bonaparte, et surtout pour satisfaire à la condition absolue imposée par Pie VII, avant de procéder au sacre.

Cérémonie modeste, rapide, dans une chambre intérieure des Tuileries, mais enfin valable, puisque la bénédiction nuptiale avait été donnée par le cardinal Fesch, muni de pouvoirs spéciaux par le Souverain-Pontife, de chez qui il descendait quelques instants auparavant, après avoir obtenu « toutes les dispenses qui devenaient quelquefois nécessaires pour remplir les devoirs de grand aumônier (1). » Ces pouvoirs suppléaient à la présence des témoins absents et du curé de la paroisse non convoqué.

Ce mariage religieux, il fallait maintenant le faire déclarer nul, comme il venait d'être fait pour le mariage civil, seul le Pape pouvait prononcer cette annulation. Mais comment espérer qu'il admettrait, en cette cir-

____

(1) Voir l'ouvrage de M. Henri Welschinger, *Le divorce de Napoléon*, livre excellent et qui a dissipé toutes les obscurités dont cette question était jusqu'alors restée entourée.

constance, les raisons de l'Empereur, alors qu'il avait refusé, malgré les plus vives instances, d'annuler le mariage de Jérôme Bonaparte avec Mlle Patterson? Pouvait-on d'ailleurs s'adresser à lui et lui faire une telle demande, alors qu'on le retenait prisonnier à Savone?

Il fallait donc trouver un biais. L'archichancelier Cambacérès était un légiste fertile en expédients : il inventa le faux-fuyant des officialités.

Comme de simples citoyens, l'Empereur et l'Impératrice portèrent leur cause devant l'officialité diocésaine, tribunal chargé de ces affaires entre particuliers. Cambacérès convoqua chez lui les deux officiaux, les abbés Rudemare et Boilesve ; il leur fit entendre qu'il n'attendait pas d'eux des longueurs et qu'il était inutile de suivre les formes habituelles. L'abbé Rudemare, après avoir rappelé les droits du Saint-Siège, effrayé d'une pareille responsabilité, demanda que sa propre compétence fût soumise au Comité ecclésiastique.

Ce comité — qui fonctionna du 16 novembre 1809 au 11 janvier 1810 — comprenait les cardinaux Fesch et Maury, Mgr de Barral, Mgr Duvoisin, Mgr Bourlier, Mgr Mannay, Mgr Canaveri, l'abbé Emery et le P. Fontana. Il répondit : les officialités sont compétentes ; il fixa même une procédure à trois degrés : officialité diocésaine, officialité métropolitaine, officialité primatiale de Lyon.

Le 9 février 1810, les membres de l'officialité diocésaine de Paris conclurent à la *nullité* du mariage pour avoir été célébré sans la présence de témoins et du propre pasteur.

L'officialité métropolitaine, trois jours après, arrivait aux mêmes conclusions, mais prenait comme base principale le *non consentement* de l'époux. La servilité allait ici jusqu'à la démence ; car enfin dire que Napoléon n'avait pas voulu contracter un mariage religieux, et que de fait ce mariage religieux n'avait pas eu lieu, c'était affirmer à la France à l'Europe que l'union de l'Empereur et de l'Impératrice n'avait été qu'un concubinage, c'était affirmer que l'Empereur, de propos délibéré, avait trompé sa femme, joué le ministre du culte, menti au Pape !

Les deux jugements, tout informes et diffus qu'ils étaient, parurent suffisants. Le troisième degré de juridiction, l'officialité primatiale de Lyon ne fut pas saisie. Elle eût sans doute répondu comme l'officialité diocésaine et l'officialité métropolitaine de Paris ; mais cette troisième décision eût été comme les deux premières, sans valeur et sans force, puisqu'aussi bien, en cette occasion, les officialités étaient incompétentes.

Incompétentes, car la cause n'était pas en soi de leur ressort, et la délégation que leur confiait le Comité ecclésiastique, lui-même sans pouvoir, ne pouvait leur créer la moindre juridiction plausible.

Le mariage avec Joséphine étant régulier, la sentence qui le cassait étant invalide, une conclusion dès lors s'imposait : l'union avec Marie-Louise ne pouvait être approuvée par l'Eglise.

Ici commence le rôle des cardinaux qui font l'objet de la savante et consciencieuse étude de M. Geoffroy de Grandmaison.

II

Voulant réunir dans sa main tous les pouvoirs et faire de sa capitale le centre des affaires du monde, Napoléon, après l'emprisonnement du Saint-Père, avait fait transporter à Paris les archives apostoliques, et jusqu'à la tiare et l'anneau pontifical, il avait exigé en même temps que les membres du Sacré Collège y fixassent leur séjour.

Par ordre, chaque dimanche, ils se rendaient tous à la chapelle des Tuileries pour orner de leur pourpre la messe impériale. Napoléon avait eu bien soin de ne tenir aucun compte de leur présence auprès de lui pendant les procédures de la dissolution de son mariage. Il ne se souvint d'eux que pour les convier à parader aux cérémonies de son union avec une archiduchesse.

Les cardinaux reçurent quatre invitations officielles : pour la présentation à Saint-Cloud, le mariage civil, le mariage religieux et la réception solennelle aux Tuileries. Que feraient-ils? Consalvi leur proposa de se réunir chez lui, hôtel d'Elisée, 7, rue de Lille, pour conférer sur le parti à prendre. Vingt-sept cardinaux étaient présents. Quatorze estimèrent prudent de ne pas s'exposer au courroux de l'empereur. Treize décidèrent de ne pas assister au mariage, ni civil, ni religieux, pour ne pas laisser planer le moindre doute sur l'orthodoxie de leurs principes.

Le 2 avril 1810, le jour où fut célébré le mariage religieux, seize cardinaux manquaient à Notre-Dame et les sièges réservés pour eux à la droite de l'autel en demeurant inoccupés offraient un violent contraste avec l'entassement des invités qui se pressaient alentour. Ces seize fauteuils vides étaient comme une tache noire au milieu de l'éclat de la cérémonie. Beaucoup sans doute ne virent dans cette abstention de quelques prêtres qu'une protestation puérile et ridicule ; ils se trompaient. Cette protestation muette signifiait qu'il y a quelque chose au-dessus de la fortune, au dessus même de la gloire, — la conscience et le droit.

Des seize cardinaux absents, trois, Despuig, Dugnani et Eskine, retenus chez eux par l'âge et la maladie, avaient envoyé des lettres d'excuses. Les treize autres n'avaient fait parvenir aucune expression de regrets. C'étaient les cardinaux Consalvi, della Somaglia, Mattéi, Pignatelli, Scotti, Brancadoro, Saluzzo, Galeffi, Litta, Ruffo-Scilla, Oppizoni, Gabrielli, di Pietro.

M. Thiers n'hésite pas à condamner ces rebelles. Leur conduite aurait été dictée, selon lui, non par des raisons de conscience, mais par des motifs puremert politiques. Il les montre entraînés par « une minorité ardente du clergé qui avait repoussé le Concordat et partageait toutes les haines des anciens royalistes ». Ainsi ce serait aux gens de la *Petite Eglise* qu'auraient obéi, en cette circonstance, les cardinaux de l'Eglise romaine ! Ils se seraient ligués avec les ennemis du Concordat et les adversaires irréconciliables de l'Empire ! Malheureusement pour la thèse de M. Thiers, il se trouve que l'un de ces cardinaux, celui dont les autres suivaient surtout la direction, était précisément le cardinal Consalvi, qui avait conclu le Concordat et décidé Pie VII au voyage du sacre.

Le 4 avril, au matin, le ministre des cultes, Bigot de Préameneu, reçut de Napoléon la lettre que voici :

« Plusieurs cardinaux ne sont pas venus, quoique invités à la cérémonie de mon mariage. Ils m'ont par là, essentiellement manqué. Je désire connaître les noms de ces cardinaux et savoir quels sont ceux qui ont des évêchés en France, dans mon royaume d'Italie ou dans le royaume de Naples. Mon intention est de *donner à ces individus leur démission*, et de suspendre le paiement de leurs pensions, *ne les considérant plus comme cardinaux*. Vous me ferez un rapport là-dessus pour que je prenne un décret authentique. »

Dès qu'il eût reçu le rapport de son ministre, Napoléon dicta au duc de Bassano la note suivante :

« Le ministre des cultes enverra chercher et réunira ensemble dans son hôtel les cardinaux qui, sans empêchement résultant de cause de santé, ne se sont pas rendus à la cérémonie du mariage religieux. Le ministre leur dira que sans le Pape, ils ne sont rien, et que, dans le cas où ils auraient une juridiction, la minorité aurait dû obéir à la majorité, que Sa Majesté a vu dans leur conduite le même esprit de rébellion qu'ils ont manifesté depuis dix ans et qui *a obligé Sa Majesté à s'emparer de Rome*, et qui les a induits à porter le Pape à fulminer contre lui une excommunication qui est la risée des contemporains et ne le sera pas moins de la postérité. Sa Majesté avait méprisé leurs démarches et les avait interprétées *dans un esprit de charité*, voulant ainsi se dissimuler leurs mauvaises intentions ; mais ils ont présentement comblé la mesure par les discours tenus dans leurs conciliabules. Il était donc temps qu'ils se souvinssent que Sa Majesté tenait le glaive de la loi pour frapper les mauvais prêtres et les traîtres à l'Etat...

« On leur laissera entrevoir que, si on leur fait leur procès, comme on ne connaît pas de juridiction ecclésiastique en France, *il n'y a rien qui empêche qu'ils soient condamnés*. C'est parce qu'on les considère déjà comme condamnés qu'on ne veut plus qu'ils portent les dis-

tinctions ecclésiastiques ni le costume des cardinaux (1). »

Le même jour, un billet collectif signé de Bigot de
Préameneu convoqua les cardinaux au ministère des
cultes pour neuf heures du soir. Fouché était présent.
Bigot signifia les ordres de l'Empereur : défense de
revêtir la pourpre et porter aucun indice cardinalice ;
consignés dans leurs appartements, jusqu'à ce qu'il fût
statué sur leur sort ultérieur, ils étaient placés sous la
surveillance de la police, qui avait ordre de les arrêter
à la première infraction. Leurs pensions étaient supprimées et leurs biens étaient mis sous séquestre ; on
apposa immédiatement les scellés sur leurs meubles.

Un instant Napoléon eut l'idée d'envoyer les cardinaux devant une cour spéciale, idée dont s'épouvanta
Fouché lui-même, qui, du reste était à la veille d'être
remplacé par Savary. Le 10 juin 1810, huit jours après
la retraite forcée de Fouché, un arrêté de police, exécu-
table dans les vingt-quatre heures, dispersait les cardinaux noirs dans plusieurs villes de l'est de la France, où
ils devaient être internés. Le ministre leur alloua cinquante louis pour les frais du voyage et leur annonça
un traitement de de 250 francs par mois ; ils refusèrent
cette offre dérisoire et partirent chacun en silence pour
le lieu de leur exil.

(1) Cette note, ainsi que la lettre précitée de l'empereur,
manquent dans la *Correspondance de Napoléon Ier*.

III

Rethel était assigné comme résidence aux cardinaux Mattei et Pignatelli ; Mézières, aux cardinaux Scotti et della Somaglia ; Reims, aux cardinaux Consalvi et Brancadoro. Mgr Galeffi et Mgr Saluzzo séjournèrent à Sedan, puis furent transférés à Charleville ; Mgr Galeffi et Rupo et Mgr Litta durent habiter Saint-Quentin ; le cardinal Gabrielli, Montbard ; le cardinal Oppizoni, Saulieu ; après un certain temps, ces deux derniers reçurent l'ordre de partir pour Semur, où résidait déjà le cardinal di Pietro.

M. Geoffroy de Grandmaison a recueilli avec soin dans chacune de ces villes les souvenirs du séjour qu'y firent es cardinaux. Il y a eu du reste quelque peine ; pour quelques-uns il n'a rien retrouvé, pas même le nom de la rue, l'indication de la maison où ils logeaient. Les historiens locaux ont trop souvent le tort de ne pas comprendre que ce sont précisément ces détails qui donneraient à leurs publications l'intérêt et la vie.

Les proscrits menaient tous une vie fort retirée, n'ayant que des relations très rares avec les personnes notables de la ville, renfermés presque entièrement dans la prière et l'étude. A Saint-Quentin, le cardinal Litta passait de longues heures à sa table de travail : comme littérateur, il traduisait en italien les chants de l'*Iliade ;* comme théologien, il composa une série de *Lettres sur les quatre articles dits du clergé de France.* — A Rethel, le cardinal Mattei écrivait un livre qui fut très goûté du public religieux, quand il fut imprimé à Rome trois ans plus tard : « *Méditations des vérités éternelles* pour faire les exercices spirituels suivant la méthode de saint Ignace, distribuées en huit jours. »

Reims avait été assigné pour résidence au cardinal Consalvi. Il profita de ses longs jours de solitude pour écrire ses *Mémoires*. « J'ai rédigé, dit-il, ces mémoires dans des heures si critiques que, pour en donner une faible idée, il suffira de dire qu'aussitôt après avoir terminé une feuille, je devais la cacher en lieu sûr, afin de la soustraire aux recherches imprévues que nous avions toujours à redouter (1) ». Heureusement, il a pu mener son travail à bien, le soustraire aux regards des agents de police et nous laisser ainsi les plus intéressants souvenirs : *Mémoires sur diverses époques de ma vie* (écrits en octobre 1810) ; — *Mémoires sur mon ministère* (en février 1812) ; — *Mémoires sur le Conclave de Venise* pour l'élection de Pie VII (été de 1812) ; — *Mémoires sur le Concordat de* 1801 (fin de 1812).

Nous venons de voir quelle existence menaient les cardinaux noirs. Mais de quoi vivaient-ils? Sans traitements de l'Etat, sans revenus de leurs diocèses, sans la jouissance de leurs biens patrimoniaux, quelles pouvaient être leurs ressources?

Ce fut la charité des fidèles qui y pourvut et d'une manière si régulière que nous trouvons là l'organisation première des forces catholiques à notre époque.

Lorsque la police dans les premiers jours d'avril 1810, avait mis les scellés sur les meubles des cardinaux, ils avaient dû quitter leurs appartements. Leurs amis les plus intimes leur avaient procuré un gîte, les bourses

----

(1) *Mémoires du cardinal Consalvi*, t. II, p. 494.

s'étaient ouvertes, et quelques rouleaux d'or les avaient tirés d'un embarras si soudain. Après leur dispersion et leur internement en province, il était devenu nécessaire de régulariser ces aumônes du premier jour, de les faire naître, puis parvenir. C'est alors que fut créée l'œuvre qui prit le nom de *Caisse des Confesseurs de la foi*. L'honneur de cette création revient surtout à Mathieu de Montmorency et à l'abbé Legris-Duval. Les noms des hommes et des femmes de cœur qui répondirent à leur appel occupent à juste titre une place d'honneur dans le livre de M. Geoffroy de Grandmaison. Les voici : le chevalier de Thuisy, les abbés de Bonnefoi, Perreau, de Selve, d'Haulet, de la Palme, Rey, Turnefort, d'Astros et Desjardins ; — Adrien de Montmorency, Charles de Mazenod, Martial de Loménie, le comte de Roucy, M. de Grosbois ; — les princesses de Poix et de Chimay (1), la duchesse de Daras, Mmes de Paravicin, de Raffin, Leclerc et de Saint-Fargeau, les marquises de Croisy et de Cordoue (2), la comtesse de Saisseval, Mme de Choiseul et Mme de Quinsonas.

Comme Mathieu de Montmorency était l'âme de l'association et l'abbé Legris-Duval la tête, le chevalier de Thuisy en fut le bras. Il était revenu d'émigration avec quinze louis dans sa bourse, et son premier soin fut d'en user pour des amis malheureux. D'anciens serviteurs eurent la délicatesse de lui faciliter le rachat de quelques terres de famille. Le conseiller d'Etat Réal avait acquis — à bon compte — une de ces propriétés ;

(1) La princesse de Chimay (Laure de Fitz-James), ancienne dame d'honneur de Marie-Antoinette.
(2) Mlle de Montboissier.

« il ne la lui rendit pas, mais il lui rendit des services »,
comme il le disait lui-même assez naïvement, et le chevalier trouva dans ces « relations » un moyen de se soustraire et de soustraire beaucoup d'autres personnes aux
vexations de la police. Sa générosité rencontra un ali-
ment dans l'œuvre des Cardinaux noirs ; il la servit avec
passion. Il se fit quêteur volontaire, allant de porte en
porte, ingénieux à trouver des ressources ; dans une visite, il soufila une des bougies de la cheminée, disant
qu'une seule lumière suffisait, mais demandant pour ses
protégés le prix de l'autre (1).

Grâce au chevalier « quêteur », pendant les trois ans
et demi que dura l'exil, on put distribuer 150.000 francs.
Le 10 de chaque mois, M. de Thuisy remettait régulièrement 3.600 francs, dont bien souvent les derniers acompt-
tes sortaient de sa bourse. Le cardinal Consalvi, se con-
tentant des fonds que lui faisait parvenir de Rome le
banquier Torlonia, n'avait jamais voulu rien recevoir
de la *Caisse des Confesseurs de la foi*, pour ne pas augmenter les sacrifices des donateurs et *LL. EE.* Gabrielli
et Brancadoro, ayant seuls accepté la pension men-
suelle de 250 francs, les secours s'adressaient donc à dix
des Cardinaux noirs, puis à un cardinal « rouge » sans
ressources, Mgr Despuig, absent de la cérémonie du mariage impérial, excusé par sa maladie, et pour cela exilé

_____

(1) Charles de Thuisy était né en 1754 en Champagne. Page
de la comtesse de Provence et chevalier de Malte, il servit dans
les dragons de Noailles. Après une campagne dans l'armée de
Condé, il rejoignit sa famille en Angleterre. Il rentra en France
en 1802. Quand il mourut, à quatre-vingt-six ans, en 1840, il
laissait un nom respecté et le souvenir d'une charité que rien
ne lassait. Un concours énorme honora ses funérailles.

seulement à Modène, où il mourut. Et comme le champ de l'aumône s'élargit facilement, on fit passer au Souverain Pontife à Savone, aux prêtres flamands en Belgique, quelques secours indispensables. On n'oublia pas non plus, dans ces modestes largesses, un des persécutés les plus intéressants, le prisonnier de Fenestrelle, l'illustre cardinal Pacca, qui a consigné dans ses *Mémoires* le témoignage de sa reconnaissance. — Inutile de dire que l'œuvre de la *Caisse des Confesseurs de la foi* fonctionnait dans l'ombre ; les membres de l'association eurent l'heureuse chance de mettre en défaut la vigilance de la police.

IV

Les Cardinaux exilés n'étaient rien moins que les conspirateurs et les rebelles imaginés par M. Thiers et peints par lui sous de si *noires* couleurs. Ils ne demandaient qu'à vivre en paix dans la retraite et dans l'étude. Mais ni Savary ni son maître ne l'entendaient ainsi.

Quand, le 1ᵉʳ janvier 1811, Napoléon eut fait à l'abbé d'Astros la scène publique et scandaleuse que l'on sait, il ordonna de conduire le soir même en prison « pour toute sa vie », le prêtre fidèle. On saisit ses papiers, et, d'échelon en échelon, la police remonta jusqu'à ses correspondants : le Père Fontana et Mgr de Grégorio ; elle s'aperçut que tous trois géraient les affaires ecclésiastiques du diocèse de Paris, sous la direction du cardinal di Pietro, nommé par Pie VII délégué ecclésiastique éventuel, « afin que, dans les besoins extrêmes, il n'eût aucun scrupule à procurer, par lui-même et par ses collègues, le salut spirituel des fidèles. »

Sur l'heure, le Père Fontana, Mgr de Grégorio sont jetés dans un cachot infect ; le cardinal di Pietro (c'était on se le rappelle, un des Cardinaux noirs) est arrêté à Semur ; ses deux compagnons d'exil, les cardinaux Gabrielli et Oppizoni, deviennent ses compagnons de captivité, après avoir tous deux spontanément déclaré que « les sacrés canons, la dignité de cardinal, la conscience et l'honneur », les empêchaient de répondre aux questions de la police. L'un est enfermé à la Force avec deux condamnés à mort, l'autre au donjon de Vincennes, à côté de ce fossé où a péri le duc d'Enghien.

Deux ans après, au mois de janvier 1813, la situation est bien changée. Napoléon vient d'éprouver le plus terrible des désastres. Il pourra bien lutter encore, mais sa chute est désormais inévitable et l'heure en est déjà marquée. Pie VII, à ce moment, ne lui semble plus un adversaire qu'il faille dédaigner et que l'on puisse impunément laisser prisonnier à Savone. Il le fait transporter à Fontainebleau, et après avoir obtenu de lui qu'il signe un nouveau Concordat, il consent à ce que les cardinaux exilés soient mis en liberté et reviennent auprès du Saint-Père.

Le 26 janvier 1813, Savary adressait la lettre suivante aux préfets des départements où les cardinaux noirs étaient internés :

« Je viens d'envoyer, Monsieur, des ordres de S. Exc. le ministre des cultes à MM. les cardinaux tenus en surveillance dans votre département. Dès ce moment, toute surveillance cesse à leur égard ; et il leur sera délivré des passeports pour la destination qu'il leur plaira d'indiquer.

« Agréez, Monsieur, les assurances nouvelles de ma considération très distinguée.

« LE DUC DE ROVIGO. »

Les cardinaux persécutés recouvraient leur liberté, reprenaient leurs honneurs sans avoir rien cédé de leurs droits.

Bientôt tout le Sacré Collège fut réuni à Fontainebleau Pie VII choisit pour être logé avec lui au château, par conséquent comme conseillers intimes, Mattei di Pietro, della Somaglia, Gabrielli, Consalvi et Pacca. Ce dernier sortait des cachots de Fenestrelle ; les cinq autres étaient des cardinaux noirs. Ces choix faisaient présager la conduite que le Saint-Père voulait tenir. Le 24 mars 1813 il faisait remettre à Napoléon une lettre dans laquelle il déclarait inadmissibles et inexécutables les articles du Concordat signé le 25 janvier précédent. « Nous adresserons à Votre Majesté, disait-il en terminant, par rapport à cet écrit signé de notre main, les mêmes paroles que notre prédécesseur Paul II adressa dans un bref à Henri V : *Notre conscience reconnaissant notre écrit mauvais, nous le confessons mauvais, et, avec l'aide du Seigneur, nous désirons qu'il soit cassé tout à fait afin qu'il n'en résulte aucun dommage pour l'Église, ni aucun préjudice pour notre âme.* »

Napoléon, le premier moment de colère passé (1), s'avisa d'une ruse nouvelle prévue par le Pape : il affecta de garder le plus profond silence.

(1) « Si je ne fais sauter la tête de dessus le buste de quelques-uns de ces prêtres de Fontainebleau, les affaires ne s'arrangeront jamais. »

Mais Pie VII ne s'y méprit pas aux traitements dont il fut victime, il reconnut bien vite que sa lettre avait été remise et qu'elle avait porté ; les entrées sont supprimées, la foule des fidèles qui accourt chaque jour pour obtenir sa bénédiction, est consignée brutalement aux portes du palais ; défense aux cardinaux de voir le Pape pour lui « parler d'affaires ».

Dans la nuit du 5 avril, le cardinal di Pietro est enlevé de son lit, de nouveau dépouillé de la pourpre, conduit par un agent de police à Auxonne, où il est mis en surveillance. D'autre part, le Concordat de 1813, déclaré loi d'empire, était inséré au *Bulletin*, réputé obligatoire, sanctionné par des peines contre les contrevenants. On tenta de peser sur l'opinion en affectant de regarder comme légitime et définitif un acte essentiellement caduc, et de l'égarer en accusant le Pape de versalité, même de mauvaise foi. M. Thiers s'est fait, après cinquante ans, l'écho de ces calomnies (1). « On rencontre dans ces pages de M. Thiers, écrit ici M. Geoffroy de Grandmaison, de si graves erreurs que les rectifications, faciles cependant, décourageraient celui qui les entreprendrait. » Me sera-t-il permis de regretter cependant que M. Geoffroy de Grandmaison n'ait pas entrepris cette rectification? Rien n'est plus utile, rien n'est plus nécessaire, que de montrer avec quel sans-gêne les historiens révolutionnaires, depuis un demi-siècle ont travesti l'histoire de la Révolution et celle de l'Empire.

Aux désastres de 1812 avaient succédé les désastres de 1813. Déjà la France était envahie. Le génie de Napoléon allait jeter un dernier éclat, mais déjà sa puissance

____

(1) *Histoire du Consulat et de l'Empire*, t. XV, p. 386-388.

était irrémédiablement brisée, l'Empire était fini. Le
matin du 23 janvier 1814, le geôlier de Pie VII fit avertir son captif que la route de Rome lui était ouverte.
Dans la soirée, les cardinaux habitant Fontainebleau furent avisés qu'ils devaient avoir quitté la ville dans les
quatre jours ; ils partiraient à des heures différentes sous
l'escorte d'un officier de gendarmerie qui ne devait leur
faire connaître que pendant la route leur lieu de destination. Le 27 janvier, sous les ordres du commandement de
la gendarmerie d'élite, baron de Meckeneau, le mouvement commença.

Cette fois, ce fut dans le Midi que furent envoyés les
cardinaux, sauf Mgr Pignatelli que la maladie ne permettait pas de transporter hors de ses appartements :
Mgr Brancadora, à Orange ; Consalvi, à Béziers ; Gabrielli, au Vigan ; Galeffi à Lodève; Litta, à Nimes ; Mattei, à Alais ; Oppizoni, à Carpentras ; Louis Ruffo, à
Grasse ; Saluzzo, à Saint-Pons ; Scotti, à Toulon ; della
Somaglia, à Draguignan ; Pacca, à Uzès ; Dugnani, à
Brignoles près d'Aix.

Moins de trois mois après, la chute de l'Empire était
consommée ; l'Empereur signait son abdication dans ce
palais de Fontainebleau, d'où le Pape venait de sortir
pour rentrer dans sa capitale.

Le 9 avril, le gouvernement provisoire rendait l'arrêté suivant :

« Le Gouvernement provisoire instruit que Son Emi-
nence le cardinal Mattei, doyen du Sacré Collège est
détenu à Alais, et plusieurs autres cardinaux en plusieurs
autres villes de France, ordonne :

« Qu'ils soient tous mis en liberté. »

A la nouvelle de l'entrée du comte d'Artois à Paris
(12 avril) la joie fut universelle, mais nulle part elle ne
fut plus grande que dans les départements du Midi. A
Uzès, où était interné le cardinal Pacca, la population
tout entière se porta sous les fenêtres du prélat persécuté
pour célébrer la chute de son persécuteur, aux cris de :
Vive le Roi ! vive le Pape ! vive le cardinal ! Celui-ci remarqua un homme du peuple qui récitait une longue et
violente satire contre Napoléon ; la foule le saluait de ses
applaudissements. Il y eut illumination générale : ce
ne fut que danses, cris, acclamations ; on éleva, devant
la maison où Mgr Pacca recevait l'hospitalité, un petit
arc de triomphe sur lequel on lisait : « Au juste délivré
de l'oppression ». Quand il sortit, on dételo ses chevaux
pour le porter à la cathédrale, où il fut reçu sous un dais,
harangué par le clergé ; il célébra le Saint-Sacrifice a
milieu d'un peuple immense.

Il n'est bruit, depuis quelque temps déjà, que des gloires de l'Empire, de ses victoires et de ses conquêtes, et
quelque peu aussi — le moins possible — de ses désastres
et de ses ruines. Ce ne sont que Mémoires de maréchaux
et de généraux, de colonels, et même de sergents ou d'in-
tendants militaires. Je n'y vois pas grand mal, pour ma
part, et je n'ai garde de refuser à tous ces héros l'admiration qui leur est due. J'estime cependant que ceux-là
font une œuvre excellente entre toutes, qui nous rap-
pellent, comme vient de le faire si opportunément
M. Geoffroy de Grandmaison, qu'à côté de ces héros du
champ de bataille il y en a eu d'autres, plus admirables
encore, ceux qui ont maintenu en face de la force triomphante, les droits de la conscience opprimée, ceux qui
ont lutté pour le droit et ont souffert pour la justice.

X

LE ROI DES ARRIVISTES [1]

I

Bernadotte est le type le plus complet et le plus réussi du républicain, puisqu'aussi bien tout républicain n'est qu'un arriviste; et quel arriviste que ce Jean-Baptiste Bernadotte, fils d'un procureur de Paris, petit-fils d'un maître tailleur, qui, « républicain dans les entrailles », abjure, dès qu'il le faut, sa foi républicaine, et devient successivement maréchal d'Empire (18 mai 1804), prince et duc de Ponte-Corvo, avec le titre d'Altesse Sérénissime (5 juin 1806), prince royal de Suède, des Goths et des Vandales (21 août 1810), roi de Suède et de Norwège, sous le nom de Charles-Jean XIV (5 février 1818).

Un de ses contemporains, et qui l'avait bien connu, le général Philippe de Ségur, a tracé de lui ce portrait, d'une si parfaite ressemblance, que M. Léonce Pingaud n'a cru pouvoir mieux faire que de le placer, à titre de *préface*, en tête de son très intéressant volume :

[1] *Bernadotte, Napoléon et les Bourbons* (1797-1844), par Léonce PINGAUD, correspondant de l'Institut. Librairie Plon.

« Bernadotte était allié au frère aîné de Bonaparte...
Sujet dangereux, détestable compagnon d'armes, mauvais citoyen, excellent maître... C'était seulement quand il pouvait rapporter tout à lui que son cœur s'ouvrait. Dès lors ardeur, générosité, dévouement pour les siens, toutes les séductions, tous les entraînements des grandes âmes s'y retrouvaient...

« Certes, de toutes les biographies de nos contemporains, la plus curieuse, la plus singulière à étudier philosophiquement serait celle de ce soldat parvenu au rang de maréchal et resté guerrier renommé *quoiqu'il ait souvent manqué à la bataille ; de ce républicain farouche*, si obstiné, devenu continuateur par adoption d'une dynastie royale, l'une des plus célèbres par son héroïque bravoure et par l'ancienneté de son origine aristocratique, ce dont l'incroyable ambition, bien autrement prétentieuse, de ce soldat a été forcée de se contenter.

« Certes, jamais ce qu'on appelle ici-bas fortune et bonheur ne fut atteint plus complètement, mais par de tels moyens, que jamais, aussi, cette fortune et ce bonheur en ce monde n'ont si clairement prouvé que, nécessairement, il doit exister un autre monde ! (1) »

En 1826, Charles-Jean XIV disait au représentant du roi Charles X : « Moi aussi, je me suis cru républicain, mais je ne l'étais que tout juste pour exercer le patriciat dans une république, pour surpasser mes concitoyens et les gouverner. » Mais c'est précisément parce qu'il n'aimait ni la liberté ni l'égalité, parce qu'il voulait gouverner ses concitoyens et exercer sur eux une domina-

____

(1) Général comte DE SÉGUR, *Histoire et Mémoires*, I, 491-492 ; III, 36 ; *Mélanges*, 202-203.

tion arbitraire, que Bernadotte était, au temps de la République, un vrai républicain.

En l'an V, lorsque Barras et ses collègues préparèrent contre l'immense majorité de la nation et contre les membres du Conseil des Cinq-Cents et du Conseil des Anciens, le coup d'Etat du 18 fructidor ; lorsqu'ils sollicitèrent, le concours et, par avance, l'approbation des armées, Bernadotte, comme Hoche, Bonaparte et Augereau, se trouva prêt à aider les auteurs du coup d'Etat.

Deux ans plus tard, il songea à renverser la Constitution à son profit, mais l'audace lui manqua, et il se laissa devancer par Bonaparte. Durant les trois jours qui suivirent le 18 brumaire, il demeura invisible. Il était allé se cacher à la campagne, près de Paris. Il se croyait déjà proscrit, pour n'avoir pas été complice. En effet, sur les premières listes de déportation dressées par le nouveau pouvoir, son nom figurait d'abord. Non seulement, il n'y fut pas maintenu, mais presque aussitôt l'adversaire honteux de la veille se laissa enrôler parmi les serviteurs du régime consulaire. Il accepta d'être nommé conseiller d'Etat, en même temps qu'il recevait le commandement de l'armée de l'Ouest. Si important que fût ce commanment, ce n'était pas le « patriciat » qu'il avait rêvé ; il ne pouvait se résigner à ne pas « gouverner ses concitoyens » et à n'être qu'un des suivants de l'heureux Bonaparte. Aussi, le jour où une conspiration militaire se forma contre le Premier Consul, ne se refusa-t-il pas à l'encourager. C'était au mois de mai 1802. Le gouvernement venait d'ordonner la dissolution de l'armée de l'Ouest. Bernadotte en était toujours le commandant et il se trouvait alors à Rennes. Des officiers qui avaient les meilleures raisons de croire que, s'ils réussissaient, ils ne seraient pas désavoués par leur général, son chef d'état-major Simon, le colonel Pinoteau, le commandant Fourcart, se crurent en mesure de provoquer un *pronunciamiento* contre le régime consulaire. Leur laissant le champ libre, Bernadotte s'esquiva et gagna la capitale, afin d'y pousser à bout l'entreprise si elle réussissait ou de se dégager par un alibi commode si elle échouait.

La conspiration fut découverte. Des condamnations, des disgrâces frappèrent les coupables avérés ; les suspects entrèrent dans les cadres de l'armée envoyée à Saint-Domingue. Bernadotte fut invité à aller comme ministre de France aux Etats-Unis.

Grâce à son beau-frère, Joseph Bonaparte (le futur roi de Suède et le futur roi d'Espagne avaient épousé les sœurs, Désirée et Julie Clary, filles d'un négociant de Marseille), il parvint à rester en France. Le ressentiment du Premier Consul contre lui, si profond qu'il fût, s'exhala en vaines paroles. C'est alors qu'il s'écria, comme pour se reprocher d'avoir cédé à l'intervention généreuse de Joseph : « Si cette mauvaise tête méridionale continue à fronder les actes de mon gouvernement, je le ferai fusiller sur la place du Carrousel. — Il a mérité d'être fusillé », répéta-t-il à Rapp.

A Sémonville, qu'il reçoit dans son cabinet à la Malmaison, assis devant son bureau, il dit ces paroles : « Comment voulez-vous que je ne regarde pas cet homme comme le dernier des misérables? Lisez. Depuis un mois, nous nous étions rapprochés. Il s'était jeté à mes pieds par l'intermédiaire de Joseph. J'ai payé près de 400.000 francs pour le sauver d'une honteuse affaire de Bourse ; il m'a fait toutes ses confidences ; je l'en ai remercié, en

lui écrivant que sa demande me prouvait son amitié et
la fin de toutes ses intrigues contre moi. Voilà la copie
de ma lettre et la preuve de sa conspiration présente en
Bretagne... C'est un acteur en habit de Romain, qui dé-
bite au hasard quelques beaux vers de liberté, d'honneur et de gloire, et qui a toutes les inclinations d'un garçon de théâtre, il n'en sortira jamais. »

II

Bernadotte joua en effet intrépidement la comédie,
pendant la période de crise caractérisée par la conspiration Georges-Pichegru-Moreau. Il la jouera tant que durera l'Empire, du moins tant que Napoléon sera tout-
puissant. A l'heure des revers seulement, il jettera le
masque. Quand il apprend les désastres de l'armée française en Russie, il laisse libre cours à sa joie ; il écrit à
l'empereur Alexandre : « Je m'attendais, Sire qu'en
apprenant l'évacuation de vos Etats, j'aurais à vous fé-
liciter de la prise de sa personne (de Napoléon). L'occasion était belle, mais *c'eût été trop de bonheurs à la fois.* »
Le moment était venu pour Bernadotte de prendre
ouvertement parti contre l'Empereur vaincu et contre la
France désarmée. Depuis le mois d'août 1812, il était
allié secrètement à la Russie. A la fin de novembre, une
convention (changée en traité définitif le 19 mars 1813)
l'unit aux Cortès de Cadix, stipulant pour Ferdinand VII.
Le roi Joseph disparut de l'*Almanach de la Cour* et n'y
figura plus que comme frère de l'Empereur des Français. Bientôt après, on annonça l'arrivée en Suède de
soldats espagnols transportés sur des navires anglais et

destinés à recevoir dans leurs rangs les prisonniers de cette nation faits en Russie.

Le 30 novembre alors qu'on venait d'apprendre à Stockholm l'évacuation de Moscou par la Grande Armée, une proclamation royale ordonna la mise sur pied de guerre de toutes les forces nationales. Le 20 décembre, trois jours après la nouvelle reçue du passage de la Bérézina, le chargé d'affaires français reçoit ses passeports et s'entend menacer, pour avoir réclamé contre cette expulsion, d'être reconduit par la police jusqu'à la frontière ; puis le rapport de Kutusof sur les affaires de Krasnoé est traduit, imprimé, mis en brochure à l'usage des Allemands. Enfin, le 9 janvier 1913, un rapport du ministre d'Engestrom, solennellement publié, dénonce à l'Europe, avec motif à l'appui, la volte-face complète du gouvernement suédois.

Elle le devint surtout, le 3 mars 1813, par le traité d'Œrebro, signé entre le prince de Suède et la Grande-Bretagne. Bernadotte s'engageait à fournir pour la guerre continentale un contingent de trente mille hommes. En revanche, le gouvernement anglais lui octroyait un subside d'un million de livres sterling et lui concédait à titre de propriété personnelle, une colonie française récemment occupée, l'île de la Guadeloupe. Par ce traité, on le voit, l'Angleterre donnait à Bernadotte figure de mercenaire à ses gages ; de plus, elle le nantissait d'un morceau de terre française qu'un traité en due forme ne lui avait pas encore transférée à elle-même, de façon à compromettre irrévocablement le nouveau possesseur vis-à-vis de ses anciens compatriotes.

Dans les premiers jours de mai, Charles-Jean quitta Stockholm pour se rapprocher du théâtre des événements militaires. Le 6 juillet, il se rencontre au château de Trachenberg en Silésie, avec l'empereur de Russie et le roi de Prusse. Il trace avec eux le plan de la campagne qui va s'ouvrir, plan à la fois très prudent et très habile en face d'un adversaire tel que Napoléon, et facile à exécuter vu la supériorité numérique dont les alliés allaient disposer. On devait toujours refuser la bataille à l'Empereur, mais saisir toutes les occasions d'attaquer et de battre ses lieutenants, puis après l'avoir ainsi lassé et épuisé, resserrer le cercle autour de lui et l'accabler. C'était en même temps annuler le génie du chef et enlever sans peine à l'armée ennemie les troupes inexpérimentées ou prêtes à la défection qu'elle encadrait en trop grand nombre dans ses rangs. Un Français découvrait ainsi aux étrangers la seule tactique qu'ils n'eussent pas encore employée et qui devait les faire vaincre.

Bernadotte va donc tirer l'épée contre ses compatriotes ; contre ses anciens camarades, mais avec l'arrière-pensée de les gagner à sa cause et de régner sur eux. Ce « républicain dans les entrailles » ne rêve rien moins, en effet, à ce moment, que d'échanger la couronne de Suède contre la couronne de France.

L'armistice de Pesswitz cependant vient d'expirer. Le 16 août 1813, les hostilités recommencent. Charles-Jean est en fait, sinon en titre, généralissime de l'armée du Nord. N'ayant jamais commandé qu'à vingt mille hommes au plus et en sous-ordre, il se trouvait disposer de cent cinquante mille soldats, la majeure partie massée sur l'Elbe, le reste bloquant les places de l'Oder et de la Baltique, encore occupées par des garnisons françaises. Là, ses vingt-huit mille Suédois étaient encadrés entre les corps russes de Woronzof et de Winzingerode, les corps prussiens de Bülow et de Tanenzien et la légion dite allemande, à solde anglaise, commandée par l'Autrichien Walmoden, vaste rassemblement de vingt-cinq mille réfractaires de toutes nations.

Dès le 23 août, Bernadotte se trouva en face de ses anciens drapeaux, à Grossbeeren. Les circonstances, secondant ses intentions secrètes, firent que les Prussiens furent presque seuls engagés. Bülow marcha à l'ennemi sans ordres de l'état-major général, résista avec ténacité aux efforts, d'ailleurs mal combinés des généraux Bertrand et Régnier, et finalement gagna la bataille. Charles-Jean parut occupé plutôt à maintenir les Suédois hors de portée qu'à les amener au secours des Prussiens. De son propre aveu, une seule de ses batteries prit part à l'action. Lui-même caracola à distance du feu et prétendit plus tard que la poussière l'avait empêché de discerner les mouvements de son armée et de faire six mille prisonniers de plus. Ainsi victorieux, sans avoir fait acte de capitaine, il laissa échapper sur ce champ couvert de cadavres français, une exclamation étrange, révélatrice de sa constante pensée secrète : « La France au plus digne ! » L'envoyé russe, le spirituel Pozzo di Borgo, en ce moment à ses côtés, risqua, de manière à être entendu, cette glose ironique : « Alors elle est à moi ! »

Le 7 septembre, il dut de nouveau combattre. Ney chargé de réparer l'échec de Grossbeeren, attaqua l'armée du Nord à Dennewitz. Là encore, les Prussiens soutinrent le principal choc et remportèrent la victoire. Pozzo di Borgo, dans son rapport à l'empereur Alexandre, a noté en ces termes le conduite de Charles-Jean durant toute cette jourée : « L'armée prussienne fut laissée à son sort ; on paraissait préoccupé tout au plus à la re-

cueillir si elle venait à être battue. Le prince (Bernadotte) se tint presque continuellement avec les troupes
suédoises, qui furent mises tantôt en colonne, tantôt en
bataille, et plus souvent arrêtées à un mille du champ où
l'affaire se passait. Les ordres donnés au général Winzingerode étaient également incertains ; celui-ci s'en est
plaint à moi d'une manière réitérée... Pendant plus d'une
heure, on perdit le prince de vue ; il avait disparu au milieu d'un tourbillon de poussière pour aller voir les dernières troupes suédoises qui suivaient ; les généraux, les
officiers expédiés par le général Blücher, son chef d'état-
major même, le comte Lowenhielm, le cherchaient en
vain... La bataille fut gagnée sans l'intervention du général en chef, et l'ennemi préservé d'une ruine totale
par les retards apportés dans l'exécution des ordres que
le premier avait donnés lui-même ».

Le 4 octobre, Bernadotte franchit l'Elbe, et le 7, il
opérait sa jonction avec l'armée de Silésie. Pourtant il se
trouvait encore en arrière, hors du mouvement général,
une semaine après, lors de l'arrivée des masses alliées au
rendez-vous fixé par lui-même, à Leipzig.

Une première bataille, indécise, se livra le 16 autour
de la ville ; il n'y parut point. Lorsque la lutte recom-
mença le 18, il se tenait encore à distance, se refusant à
marcher à moins d'avoir trente mille soldats de plus sous
la main. Toutes les instances avaient échoué, lorsque
survint un jeune officier — c'était le futur homme d'Etat
hongrois, Etienne Széchény — qui arrivait du quartier
de Schwarzenberg, en passant par celui de Blücher. Il
s'était engagé à déterminer coûte que coûte le prince
royal à entrer en ligne. On l'introduisit auprès de lui ;
mais, à chacune de ses respectueuses objurgations,

Charles-Jean ripostait par une défaite nouvelle : « Eh bien, s'écria en désespoir de cause l'envoyé du généralissime, je prie votre Altesse de me certifier par écrit qu'elle a reçu des trois souverains alliés l'ordre de marcher au canon vers Leipzig. » Le prince écrivit et signa la pièce demandée, puis au moment où Schéchény se retirait, prenant soudain sa résolution, il le retint et le pria de servir de guide à lui et à son armée.

Vers midi, le 18 octobre, il apparut sur le champ de bataille pour fermer le cercle où se débattait l'armée de Napoléon. Les Français qui défendaient Probstheyda, clef de leur position, entendirent presque derrière eux des feux nouveaux. De rang en rang ce cri de colère courut : « C'est le canon de Bernadotte ! » Les premiers soldats que la bataille mit en présence du prince de Suède étaient justement les Saxons, ses subordonnés de Wagram, dont il venait par d'habiles proclamations de tenter la fidélité. En plein combat, leur artillerie et leur artillere légère coururent au-devant des coalisés prêts à les accueillir. A ces déserteurs saxons se joignit, pour tirer sur les Français, une compagnie de « raquetiers anglais qui maniaient l'invention nouvelle et redoutable des fusées à la Congrève. Derrière eux, Charles-Jean passait et ne leur ménageait pas les encouragements ; tandis qu'autour de lui tout ce qui n'était pas allemand qualifiait librement la défection des Saxons, il laissait échapper, d'après les on-dit militaires du temps, des paroles ironiquement cruelles, odieuses, s'adressant à d'anciens frères d'armes : « Braves Français, valeureux garçons ! Je les estime fort, mais pointez un peu plus bas, mes amis... Encore quelques coups à mitraille sur ces Français que j'aime tant ! »

Le 18 au soir, la bataille était définitivement perdue pour les Français. Le 19 au matin, tandis que leur retraite commençait, les alliés attaquèrent les faubourgs et les portes de Leipzig. Cette fois, les Suédois marchaient au premier rang, et ce furent leurs canons qui balayèrent les rues principales.

L'Empereur était irrémédiablement vaincu. Bernadotte se reprit à convoiter, comme au temps du Consulat, la succession de Napoléon. Il se flattait de remplacer Schwarzenberg comme généralissime, de passer le Rhin au moment choisi par lui, puis de diriger à son gré, toujours en vue de la pacification générale, l'occupation du sol français. Il fût devenu ainsi un arbitre entre ses compatriotes et ses alliés et se fût assuré, en dépit de sa situation fausse, la gratitude des vaincus. Malheureusement pour le prince royal de Suède, plus Gascon encore que Suédois, si l'empereur Alexandre n'est pas éloigné de servir ses ambitions, elles rencontrent une opposition irréductible de la part de l'Angleterre, de l'Autriche et de la Prusse. Sachant qu'il aura contre lui ces trois puissances, il se décide à ne plus servir qu'indirectement la coalition.

Il s'isole, se laisse oublier avec ses Suédois dans la région de la Basse Elbe, à l'arrière-garde, mais il ne perd pas pour cela de vue le constant objet de son ambition. Très fier d'être Béarnais, il rêve de devenir un second Henri IV. Seulement ce sera un Henri IV à rebours. A la différence du bon Henri, qui s'est converti au catholicisme, Charles-Jean, pour être nommé prince royal, s'est converti à la Réforme ; il a dit : « Stockholm vaut bien un prêche ! » Et maintenant il se présente aux Français avec cette formule, qui sera tout à l'heure celle

des *libéraux* de la Restauration : « Un souverain protestant, c'est ce qu'il faut à la France. » Rien de plus curieux que les trois chapitres dans lesquels son nouvel
historien a raconté les multiples intrigues auxquelles se
livre Charles-Jean, dans les premiers mois de 1814, pour
arriver à disposer de la France, ne fût-ce qu'un jour, à
satisfaire ainsi sa haine contre Napoléon, à imposer l'oubli de sa défection à ses compatriotes. C'est la partie la
plus neuve du livre de M. Léonce Pingaud, et qui suffirait à lui assigner un bon rang parmi nos meilleurs historiens.

Dans les premiers jours d'avril 1814, Charles-Jean arriva à Paris ; mais il était trop tard, l'heure était passée.
Il lui fallut bientôt repartir sans avoir rien obtenu :

> Jean s'en alla comme il était venu.

III

A la mort de Charles XIII, le 8 février 1818, Jean-
Baptiste Bernadotte, véritable souverain depuis 1810,
devint roi sous le nom de Charles-Jean XIV. Successivement couronné à Stockholm (11 mai) et à Trondhjem
(7 septembre), il fut unanimement reconnu par les cours
européennes. Sur le trône, il eut vite fait d'oublier son
républicanisme d'antan. Lors de l'avènement de Charles X, il dit au représentant du roi : « Faites savoir à Sa
Majesté que je n'oublie pas que je suis né Français et
surtout que j'ai été son sujet. » Puis, relevant cette
humble déclaration d'un grain de sel gascon : « Si j'avais
eu cinquante mille hommes à ma disposition au commencement de la Révolution, jamais, non, jamais les Bourbons n'auraient quitté la France. »

Malgré sa confiance apparentè dans les idées libérales, il applaudit à la lutte entamée par le ministère Polignac contre les constitutionnels de l'époque, devenus suspects à ses yeux de tendances républicaines. Ses serments officiels de haine à la royauté ne pesaient plus guère à sa conscience, car il s'étonnait de voir, dans le pays de Henri IV, des gens songeant à la République : « C'est la plus folle des utopies, déclara-t-il en mai 1830 à un de ses compatriotes du Béarn... La seule forme qui convienne aux sociétés modernes, c'est la monarchie constitutionnelle. »

Chez lui, du reste, sous le monarque constitutionnel reparaissait souvent le disciple de l'autocrate russe ou plutôt le jacobin enclin aux coups de force, dressant l'oreille au bord des flots calmes de la Baltique, comme s'il eût entendu se réveiller autour des Tuileries ou de Saint-Cloud, le canon de Fructidor et le tambour de Brumaire. Il lui plaisait de dire en 1828 : « Si le trône des Bourbons était menacé, je laisserais à mon fils cette couronne pour laquelle je l'ai instruit et, emportant mon épée, je volerais à la défense du roi de France. »

Il mourut le 3 mars 1844, âgé de plus de quatre-vingts ans, l'avant-dernier des maréchaux de 1804 et le dernier des rois de l'Europe.

Chose singulière, ce Français qui avait abandonné sa patrie, ce soldat qui avait combattu ses frères d'armes, ce maréchal d'Empire qui avait porté les derniers coups à l'Empereur dans les champs de Leipzig, le Waterloo de 1813, n'a pas cessé de jouir en France d'une sorte de popularité. Lorsque son nom fut inscrit sur l'arc de triomphe de l'Etoile, quand son portrait a été placé au Musée de Versailles consacré à toutes les gloires de la

France, pas une protestation ne s'est élevée. C'est que Charles-Jean était par-dessus tout un homme d'esprit ; il savait le parti que l'on peut tirer de la presse. Pendant trente ans il n'a cessé de fournir à un grand nombre d'écrivains français, touchant sa vie politique et militaire, des renseignements habilement choisis et présentés, des jugements qu'il rédigeait lui-même. En pareil cas, quoique fort économe, il payait largement.

Sous la Restauration, pendant que l'abbé de Pradt et Mme de Staël faisaient son panégyrique, le premier dans l'*Europe après le Congrès d'Aix-la-Chapelle*, la seconde dans les *Considérations sur la Révolution française*, Coupé, dit de Saint-Donat, publiait, en collaboration avec Bausset de Roquefort, les *Mémoires pour servir l'histoire de Charles-Jean XIV*. En même temps qu'il fournissait lui-même des notes aux rédacteurs des *Mémoires de Bourrienne*, Bernadotte prenait d'avance ses précautions contre le *Mémorial de Sainte-Hélène* et les autres récits de la captivité de Longwood ; il réussit à rendre à peu près anodine à son endroit la littérature de Sainte-Hélène. On retrouve son intervention, habile autant qu'intéressée, dans nombre d'autres écrits du temps : l'*Histoire des révolutions de Norwège*, par Catteau-Calleville ; — la *Correspondance de Bernadotte... avec Napoléon depuis* 1814, éditée par Bail en 1819 ; — l'*Histoire de France*, par Montgaillard. Mais ce sont surtout les écrits périodiques et principalement les *Biographies* qui éveillent son attention. Sa part de collaboration saute aux yeux dans la *Bibliothèque historique*, qui parut de 1817 à 1820, dans le *Dictionnaire des généraux français* de Courcelles (1821), dans la *Biographie universelle et portative des contemporains*, par Rabbe et Boisjolin, dans la *Biographie nouvelle des contemporains*, par les *libéraux* Jay, Jouy, Arnauld, etc.; dans la *Biographie nouvelle*, du royaliste Michaud.

Après 1830, l'*Encyclopédie des gens du monde*, le *Dictionnaire de la conversation*, la *Biographie des hommes du jour*, par le républicain Germain Sarrut, ne manquent pas de se renseigner, eux aussi, aux bonnes sources, c'est-à-dire auprès de Charles-Jean lui-même. Plus tard encore viendront les Histoires complètes et en plusieurs volumes, par Touchard-Lafosse et par Sarrans, ancien secrétaire de Lafayette.

Ces apologies ont produit leur effet ; grâce à elles, Bernadotte a fait jusqu'ici dans l'histoire presque figure de héros. Il n'en ira plus de même aujourd'hui. M. Léonce Pingaud a puisé aux vraies sources, et dans un livre, auquel rien ne manque pour être définitif, a remis à sa vraie place ce « républicain farouche » qui fut peut-être un assez bon roi... en Suède, mais qui fut à coup sûr un mauvais Français.

XI

LE ROMAN DE LA REINE HORTENSE [1]

I

Il y a quelques années, M. Albert Pulitzer a publié le *Roman du prince Eugène* (2). N'est-ce pas aussi un roman que la vie de la reine Hortense, sœur d'Eugène de Beauharnais? A dix ans, elle est placée en apprentissage chez une couturière pendant que son frère, le futur vice-roi d'Italie, entre comme apprenti chez un menuisier. C'était en 1793. L'année suivante, son père, le vicomte de Beauharnais, meurt sur l'échafaud, et moins de deux ans après, par le second mariage de sa mère, elle devient la belle-fille d'un autre général — le général Bonaparte. A dix-neuf-ans, elle épouse le frère du Premier Consul, si bien qu'après la proclamation de l'Empire, elle sera tout à la fois la belle-fille et la belle-sœur de l'empereur, du souverain maître de la

(1) *Hortense de Beauharnais*, par C. d'ARJUZON. Un volume in-18, Calmann-Lévy, éditeur, 1897.
(2) *Une idylle sous le premier Empire. Le roman du prince Eugène*, par M. Albert Pulitzer. Un volume in-8°, Plon et Cie, éditeurs, 1894.

France et de l'Europe. Ce n'est pas assez. A vingt-trois
ans, elle gravit à son tour les marches d'un trône, et
si elle cesse bientôt d'être reine de Hollande, c'est pour
devenir à Paris la reine des salons. Elle n'a plus de
sujets, mais sans doute elle ne songe guère à s'en
plaindre, puisqu'elle a maintenant toute une cour
d'adorateurs. Elle n'a plus de rôle à jouer, elle a
cessé d'être un personnage historique ; elle en profite
pour ajouter plusieurs chapitres à son roman. Malgré
tout, elle a gardé son titre de reine, mais voilà qu'avec
l'Empire tombé, son titre même périt : elle ne sera plus
que la duchesse de Saint-Leu. Elle ira alors se fixer, hors
de France, au château d'Arenenberg, près du lac de
Constance, au bord du Rhin, en face de l'île badoise de
Reichenau, dans un site délicieux et le plus romanesque
du monde. Le roman continuera donc. Bientôt même,
au roman de la reine Hortense viendra s'ajouter celui
de son fils, le prince Louis. Elle mourra jeune encore,
mais plus tard, sur son tombeau, à ses titres de reine,
de belle-fille et de belle-sœur de l'empereur Napoléon Ier,
on pourra ajouter cet autre titre : mère de l'empereur
Napoléon III (1).

De ce roman, Mlle d'Arjuzon ne nous a donné que le
premier chapitre, — un chapitre plein de grâce et d'innocence, tout imprégné des charmes de l'aurore et de
la fraîcheur du matin, avant les éclats et les ardeurs du
soleil à son midi :

> Tout le plaisir des jours est en leurs matinées.

(1) Sur les dernières années de la reine Hortense, voir le premier volume du remarquable ouvrage de M. H. THIRRIA, *Napoléon III avant l'Empire.*

Hortense-Eugénie de Beauharnais est née à Paris, rue de la Pépinière (1), le 10 août 1783. Son père, le vicomte Alexandre de Beauharnais, brillant capitaine au régiment de la Sarre-Infanterie, était alors en Amérique où il était allé défendre la cause de l'indépendance sous les ordres de La Fayette et de Rochambeau. Lorsqu'il revint en France, il refusa de se réunir à sa femme. Une séparation amiable intervint entre les deux époux, il fut convenu qu'Eugène, l'aîné des enfants, resterait au père, et qu'Hortense demeurerait sous la garde de sa mère.

Mme de Beauharnais était née à La Martinique ; ses parents M. et Mme Tascher de La Pagerie, y habitaient encore : elle prit le parti d'aller les rejoindre et emmena sa fille. Elle passa quatre ans aux Antilles d'où elle fut chassée par la révolte des noirs. Le 4 septembre 1790, elle s'embarqua pour revenir en France, sur la frégate la *Sensible*, dont le capitaine ne se doutait guère que son navire portait, à défaut de César et de sa fortune, une future impératrice et une future reine, mère d'empereur.

Le retour de Mme de Beauharnais n'amena point une réconciliation entre les deux époux. La prison seule devait plus tard les réunir. En attendant ils continuèrent à vivre sous des toits séparés ; le mari rue des Petits-Augustins, dans le petit hôtel de La Rochefoucauld ; la femme, rue Saint-Dominique, n° 43.

---

(1) Cette partie de la rue de la Pépinière prit, peu de temps après, le nom de rue Neuve-Saint-Charles. La rue Neuve-Saint-Charles était la partie de la rue actuellement de la Boëtie, située entre le faubourg Saint-Honoré et la rue de Courcelles.

Alexandre de Beauharnais faisait alors partie de l'Assemblée constituante. Bien qu'il y eût été envoyé comme député de la noblesse du bailliage de Blois, il siégeait au côté gauche et faisait partie de la Société des Jacobins. Ses opinions avancées lui valurent, à deux reprises, d'être nommé président de l'Assemblée. Quand la Constituante eut fait place à la Législative, il tourna son activité vers la carrière des armes. Au début de 1792, il est envoyé à l'armée du Nord, avec le grade d'adjudant-général-lieutenant-colonel. Au mois de septembre, nommé maréchal-chef d'état-major. Le 30 mai 1793, il devient général en chef de cette armée. N'ayant pas réussi à débloquer Mayence, et voyant venir le moment où, comme Custine et tant d'autres généraux, il sera accusé de trahison, il envoie sa démission à la Convention nationale qui l'accepte, le 21 août. Le 11 mars 1794, il est arrêté, par ordre du Comité de sûreté générale, et conduit à la prison des Carmes.

Quelques semaines plus tard, dans la soirée du dimanche de Pâques, — qui tombait, ce jour-là, le 20 avril, et non le 21, comme le dit Mlle d'Arjuzon, — deux membres du Comité révolutionnaire de la section des Tuileries, assistés d'un membre du Comité révolutionnaire de la section Fontaine-Grenelle, se présentaient rue Saint-Dominique, porteurs d'un arrêté du Comité de sûreté générale, ordonnant que « la nommée Beauharnois, femme du ci-devant général, rue Dominique, n° 43, la nommée Hosten (1), même maison, et le nommé Croisœuil (2), leur allié, demeurant à Croissy, près Chatou,

______

(1) Mme de Lamothe-Hosten.

(2) Jean-Henri de Croisœuil, gendre de Mme de Lamothe-Hosten.

seront saisis par les citoyens Lacombe et Georges... ; perquisitions seront faites, les scellés apposés, procès-verbal dressé, et les sus-nommés et tous autres chés eux trouvés suspects conduits dans des maisons de Paris, pour y rester détenus par mesure de sûreté générale. »

Après avoir été conduite rue de Lourcine, à la prison des Anglaises, où il n'y avait pas de place, Mme de Beauharnais fut écrouée aux Carmes, rue de Vaugirard, où elle allait retrouver son mari.

Rien de plus touchant que les deux lettres adressées à la Convention par « Eugène Beauharnois, âgé de douze ans » et « Hortense Beauharnois, âgée de onze ans », pour demander la liberté de leur mère. Rien de plus triste, en revanche, que le *tableau justificatif* adressé au Comité de sûreté générale par Alexandre de Beauharnais. Il affirme avoir « toujours été montagnard et républicain, même dans l'Assemblée constituante ». Au 10 août, il s'est prononcé fortement pour le Corps législatif contre la Cour. Plus tard il a applaudi à la mort du « tyran ». Bien avant le 31 mai, il s'est prononcé pour la Montagne de la Convention. Il termine par cette solennelle déclaration : « Si la liberté, que j'ai constamment servie, m'est rendue, je n'en veux faire usage que pour augmenter dans le cœur de mes enfants la *haine des rois*. » Sa fille sera reine, son fils sera roi. S'il avait pu les voir tous les deux sur le trône, comme il eût vite oublié son serment à la Brutus !

Il ne servit de rien au malheureux général de s'humilier ainsi devant ses bourreaux. Le 5 thermidor an II (23 juillet 1794), il fut guillotiné à la barrière du Trône. Il n'avait que trente-quatre ans.

Quatre jours après, Robespierre tombait, et les prisons ouvraient leurs portes. Le 19 thermidor (6 août), Mᵐᵉ de Beauharnais obtenait sa délivrance, grâce à l'entremise de Tallien.

II

Mᵐᵉ Campan, la première femme de chambre de la reine, était parvenue à se faire oublier par la Terreur. Se trouvant sans ressources, elle songea, après le 9 thermidor, à se servir des talents qu'elle avait acquis dans sa jeunesse. Elle avait toujours eu du goût pour l'enseignement ; elle pensa avec beaucoup de sens qu'après la chute de Robespierre, un rayon de sécurité commençant à luire, plus d'une famille en profiterait pour faire donner à ses filles l'éducation à laquelle force avait bien été de renoncer pendant les années qu'on venait de traverser. L'ouverture d'un pensionnat aurait donc des chances de succès : Mᵐᵉ Campan en ouvrit un, à Saint-Germain-en-Laye, d'abord rue de Poissy, puis rue de l'Unité « ci-devant des Ursulines », dans l'ancien hôtel de Rohan. La nouvelle pension ne tarda pas à devenir un établissement important et prit le titre d'*Institution nationale de Saint-Germain*. La citoyenne Beauharnais y plaça sa fille au mois de septembre 1795.

Cinq mois s'écoulèrent. Un jour, on vit Hortense rentrer toute triste à la pension, après un après-midi de congé passé à Paris. Ses amies l'entourèrent et lui demandèrent ce qui causait sa peine : « J'ai beaucoup de chagrin, répondit-elle, parce que ma mère va épouser le général Bonaparte ; il me fait peur, et je crains qu'il ne soit bien sévère pous moi et pour Eugène... » A quelques

jours de là, en effet, le 9 mars 1796, la *citoyenne Beauharnais* devenait la *citoyenne Bonaparte*.

Hortense de Beauharnais resta chez Mme Campan
jusqu'au Consulat, c'est-à-dire pendant cinq ans.
Mlle d'Arjuzon nous décrit avec de longs détails, l'intérieur du pensionnat de Saint-Germain, la vie des jeunes
élèves et l'éducation qu'elles recevaient. Ce n'est pas la
partie la moins intéressante de son aimable volume. En
plein Directoire, on trouvait, à Saint-Germain, avec
l'instruction, le goût des lettres et des arts, les traditions
de l'ancienne politesse française. Une tradition plus précieuse encore s'y conservait, celle de la religion. En fon-
dant sa maison, Mme Campan s'était adjoint une religieuse de l'Enfant-Jésus, Mme de La Gouttaye, appartenant à l'ordre de Saint-Thomas de Villeneuve (1). Dès
son entrée au pensionnat, Hortense fit sa première communion et reçut la confirmation dans une chapelle privée
annexée à l'établissement ; mais bientôt cette chapelle
fut fermée par ordre du gouvernement, malgré les réclamations de Mme Campan. « Citoyenne, lui fut-il répondu
la nation ne reconnaît que l'Etre suprême et l'immorta-
lité de l'âme, arrange-toi là-dessus ; des ordres s'exécu-
tent et ne se commentent pas. » La religieuse qu'elle
s'était associée à ses débuts, fut donc uniquement chargée d'enseigner le catéchisme et de diriger tout ce qui
regardait l'instruction religieuse. En un temps où le soleil du catholicisme n'éclairait plus l'horizon public,

---

(1) La communauté des Dames de Saint-Thomas de Villeneuve avait été établie à Saint-Germain-en-Laye, en 1691, par
lettres patentes de Louis XIV, pour l'éducation des jeunes filles
de la cour de Jacques II. Ce roi, réfugié à Saint-Germain, y mourut en 1701.

c'était encore quelque chose, c'était beaucoup que cette petite lampe qui répandait dans ce pensionnat de jeunes filles sa douce et timide lueur.

Malheureusement, à côté de la pension, il y avait le monde ; à côté de Saint-Germain, il y avait Paris, où la jeune Hortense allait passer ses jours de congé et ses vacances. Sa mère alors ne manquait pas de la mener, malgré son jeune âge, à ces réunions d'abonnés qui, depuis la fin de la Terreur, remplaçaient les réceptions des particuliers dont tous les hôtels étaient fermés. Elle alla donc aux bals de Tivoli, de Richelieu, de Marbeuf, de Thélusson, sortes de *casinos* où la bonne société se donnait rendez-vous et où se rencontrait aussi la mauvaise ; l'élève de Mme Campan dansait avec M. de Trénis, que l'on surnommait « le Vestris des salons », avec MM. Charles et Just de Noailles, Albert Dorsay, Charles de Gontaut, de L'Aigle, etc., les jeunes gens à la mode. Despréaux, le maître de danse, qui demeurait 17, rue du Mont-Blanc, se vante de l'avoir eue à ses soirées, où l'on « s'amusait à des jeux d'enfants et à faire mille folies ».

Mlle d'Arjuzon glisse ici légèrement, elle n'appuie pas, et elle a raison. Mais où elle glisse peut-être un peu trop, c'est sur la personne même et le rôle de la mère d'Hortense, de la générale Bonaparte. Elle en fait, ou peu s'en faut, la meilleure des mères, et la plus tendre, la plus fidèle des épouses. C'est aller un peu loin et, certes, dépasser le but. Que l'auteur évite de nous entretenir des légèretés de Joséphine, je le veux bien ; que les noms de Barras, de Rewbell, de l'adjudant Charles et de tant d'autres ne soient pas même prononcés, j'y consens volontiers. Encore fallait-il cependant rappeler, ne fût-ce que d'un mot, les exemples donnés à Hortense par Joséphine. Si les scandales de la mère n'excusent pas les fautes qui marqueront plus tard la conduite de la fille, elles servent du moins à les expliquer.

III

Bonaparte cependant est revenu d'Egypte ; il a tout pardonné à sa femme, dont il n'a tiré d'autre vengeance que ce joli mot adressé à Réal et que j'emprunte au récent et très remarquable volume de M. Frédéric Masson, *Napoléon et sa famille :* « Les guerriers d'Egypte, dit Bonaparte, sont comme ceux du siège de Troie, et leurs femmes leur ont gardé le même genre de fidélité (1). »

Le retour d'Egypte est bientôt suivi du 18 Brumaire. C'est à ce moment qu'Hortense quitte le pensionnat de Saint-Germain et va rejoindre le Premier Consul et Joséphine qui viennent de s'installer au Petit-Luxembourg. On n'y restera du reste que peu de temps. Bientôt trouvant le Luxembourg trop étroit, Bonaparte songe à transporter sa résidence aux Tuileries. « Il voulait, dit Mlle d'Arjuzon, en prendre possession le 2 pluviôse. Le citoyen Benezech (2) lui répondit que tout ne pouvait être prêt, et le pria, d'ailleurs, d'observer que ce jour-là correspondait au 21 janvier. « Que je vous remercie de m'avoir fait cette observation, lui répondit le Premier Consul ; non, je ne serais point entré ce jour-là aux Tuileries. » Le 2 pluviôse an VIII ne correspondait point au 21 janvier, mais au 22.

(1) *Napoléon et sa famille*, par Frédéric Masson, tome Ier, p. 280. Un vol. in-8º, Paul Ollendorff, éditeur, 28 *bis*, rue Richelieu, 1897.
(2) Conseiller d'État.

La translation solennelle du gouvernement aux Tuileries eut lieu le 19 février 1800. Le Premier Consul s'établit au premier étage, dans toute la partie comprise entre le pavillon de Flore et le pavillon de l'Horloge. Mme Bonaparte et ses enfants habitent au-dessous, les appartements du rez-de-chaussée ayant vue sur le jardin : le côté donnant sur le Carrousel était réservé aux bureaux. Hortense occupe un petit appartement contigu au cabinet de toilette de sa mère et composé de deux pièces : l'une est sa chambre à coucher, l'autre un salon assez exigu qui lui servira aussi de cabinet de travail et où elle placera son piano, ainsi que ses chevalets et ses couleurs.

Elle n'a pas encore dix-sept ans. Mlle d'Arjuzon trace de son héroïne, à ce moment, un portrait plein de charme mais peut-être un peu flatté : « L'ensemble de sa figure si délicatement teintée de blanc et de rose, éclairée par des yeux bleus d'une douceur si pénétrante, et si joliment encadrée dans la mousse légère de ses boucles blondes, est tellement enchanteur, qu'elle éclipsera parfois, les beautés grecques les plus irréprochables. »

En regard de ce portrait, plaçons celui d'un autre peintre, M. Frédéric Masson ; moins vaporeuse, moins idéalisée, la figure de l'élève de Mme Campan n'en garde pas moins toute sa séduction :

« A seize ans, Hortense était ce que les maîtresses de pension appellent *une jeune personne accomplie*. Plus agréable que régulièrement jolie, mais singulièrement plaisante par la sveltesse de la taille, l'élégance de sa tournure, la finesse de ses membres, la vivacité gracieuse de ses mouvements, elle eût paru de visage assez ordinaire si ses cheveux blonds n'avaient tout sauvé : le nez est gros, la bouche médiocrement dessinée est enlaidie par des dents déjà mauvaises ; mais un grand air de douceur chaste est répandu sur la physionomie ; les yeux d'un bleu violet léger ont, à des instants, une vivacité et une tendresse exquises. L'ensemble est d'une séduction très grande et qui s'exerce sur tous (1). »

Ce que dira plus tard Mlle Delphine Gay, Hortense de Beauharnais eût pu le dire, elle aussi, en cette année 1800 :

> Mon front était si fier de sa couronne blonde,
> Anneaux d'or et d'argent tant de fois caressés !
> Et j'avais tant d'espoir quand j'entrai dans le monde
> Orgueilleuse et les yeux baissés !

L'année 1800 et les deux années qui suivirent furent marquées par des fêtes sans nombre. La France, sous la main puissante de Bonaparte, renaissait à l'ordre, à la prospérité, à la paix. Elle retrouvait cette chose, depuis dix ans perdue, la sécurité du lendemain. Les modes et les fortunes se réveillaient ensemble. Ce ne fut bientôt dans Paris, surtout dans l'entourage de Bonaparte, que bals, soirées, concerts, spectacles de tout genre. Mlle d'Arjuzon, au livre III de son ouvrage, a fait revivre pour nous tout cet éclat des fêtes consulaires ; mais peut-être n'a-t-elle pas assez montré le revers de la brillante médaille.

La nouvelle cour était toute militaire. Le Premier Consul n'avait alors que trente et un ans. Ses aides de camp étaient plus jeunes encore. Couverts d'or et de broderies, fiers de leur passé déjà glorieux, de leur avenir

____

(1) Frédéric MASSON, *Napoléon et sa famille*, tome Ier, p. 367.

qui s'annonçait plus brillant encore, ils donnaient le ton aux Tuileries, et dans tous les autres salons, où généraux et officiers étaient décidément les maîtres et n'épargnaient rien pour ajouter de nouvelles pages au chapitre de leurs « Victoires et conquêtes ».

Jetée à seize ans dans ce monde de dissipations, Hortense de Beauharnais en fit naturellement ses premiers et uniques horizons. « Elle se plaît dans la société, dit M. Frédéric Masson, et elle aime les divertissements mondains ; si, pour sa danse, on la remarque au bal, on l'applaudit à tout rompre dans la salle de spectacle de la Malmaison ; elle s'amuse franchement aux charades et aux comédies de paravent, aux jeux de campagne même un peu garçonniers; elle monte à cheval en cassecou, ne cède sa part d'aucune de ces farces qui font alors l'agrément de la vie de château ; elle est rieuse, un peu moqueuse même, mais sans méchanceté ni aigreur (1). »

Ici encore, on lui pourrait appliquer cet autre vers de Delphine Gay — Mme Emile de Girardin — dans son poème de *Napoline* :

Naïve en sa gaieté, rieuse et point méchante.

Avant même qu'elle ne fût sortie de sa pension, sa mère avait songé à la marier. Un instant, paraît-il, Joséphine projeta de lui faire épouser le jeune Gohier, fils de l'un des membres du Directoire; puis le jeune Relwbell, fils d'un autre Directeur, mais ce dernier refusa, prétend Barras : « Nous sommes de bons Alsaciens, aurait-il dit, nous ne sommes pas de force à nous mesurer avec la fille de Mme de Beauharnais et un beau-père corse. » Hor-

(1) *Napoléon et sa famille*, p. 368.

tense, d'ailleurs, avait opposé la plus vive résistance à ce projet, invoquant comme prétexte « qu'une femme qui voulait être sage et heureuse ne pouvait épouser que l'homme qu'elle aimerait passionnément. »

Ses préférences ne tardèrent pas à se montrer. Dans les premiers bals qui suivirent l'inauguration du Consulat, on remarqua qu'elle accueillait avec une joie naïve les empressements de Charles de Gontaut, et qu'elle dansait avec lui plus volontiers qu'avec aucun autre. « Il était charmant, dit Mme de Chastenay, sa physionomie douce et aimable était ombragée de grosses boucles de cheveux blonds (1). » Malheureusement, les parents du jeune homme se mirent à la traverse de cet amour naissant; leur fils, trouvaient-ils, était trop jeune pour songer au mariage, ils jugèrent donc prudent de l'éloigner momentanément de Paris et l'envoyèrent à Londres.

Ce fut alors que se présenta le comte de Mun, émigré, qui venait d'obtenir sa radiation ; il avait tout pour lui : naissance, esprit, fortune ; sa recherche ne pouvait que flatter Mlle de Beauharnais ; mais Hortense, on le sait, était romanesque; elle s'imaginait que l'objet de son premier amour devait, lui aussi, n'avoir jamais aimé personne avant elle. Quelqu'un s'étant avisé de dire, en sa présence, que M. de Mun avait été amoureux, en Allemagne, de Mme de Staël, la jeune fille fut froissée jusqu'au fond de l'âme et ne voulut plus entendre parler de son prétendant. Mme Campan, mise dans la confidence, essaya de la faire revenir sur sa détermination ; rien n'y fit, Hortense s'entêta dans son refus. « Beaucoup de gens à Paris, ont su tout cela dans les plus petits détails, lui

____

(1) *Mémoires de Mme de Chastenay*, tome Ier, p. 418.

écrivit alors Mme Campan ; on vous a blâmée de ne pas avoir accepté. C'est une raison de plus pour que vous vous observiez sur tout, pour que votre choix à venir soit sage dans tous les points. »

Au milieu de ces projets divers, Joséphine n'avait cessé de caresser un secret dessein. Déjà Mme Bonaparte était hantée par le spectre du divorce : à mesure que s'élevait la fortune de Napoléon et que l'absence d'une postérité se faisait regretter, cette crainte grandissait et la torturait. Elle sentait le terrain d'autant moins solide sous ses pas que les membres de la famille Bonaparte, ses pires adversaires, se trouvaient au cœur même de la place et travaillaient contre elle sans relâche. Il lui fallait donc, à tout prix, se créer des intelligences dans le camp ennemi et pour cela, quel meilleur moyen que de marier sa fille à l'un des frères du Premier Consul? Jérôme était trop jeune, Joseph était marié ; il ne fallait pas songer à Lucien, animé contre sa belle-sœur d'une haine mortelle. Restait Louis, alors âgé de vingt-deux ans.

Lorsque son frère, cédant aux sollicitations de Joséphine, lui proposa Hortense pour femme, il refusa. Pressé de nouveau, après Marengo, de réaliser cette union, il s'en défendit encore, partit pour la Prusse et ne revint à Paris que pour gagner bientôt Bordeaux et de là le Portugal. Hortense, de son côté, n'était pas plus éprise ; elle pleurait à chaudes larmes, chaque fois que sa mère parlait de le lui donner pour époux. Louis, en effet, ne ressemblait guère au héros de roman que rêvait l'élève de Mme Campan. Il a « l'air niais ». C'est Napoléon qui dit cela quelque part, et qui ajoute : « Sa physionomie *inerte* ne traduit aucun sentiment ; son regard, habituellement *sans expression*, est à moins d'émotions vives si singulièrement *terne* que ses yeux semblent *éteints.* » Il est d'ailleurs, malgré sa jeunesse, passablement écloppé. « Il avait fait, dit-il lui-même, plusieurs chutes de cheval considérables, dont la plus forte lui laissa une grande cicatrice à l'œil gauche qu'il faillit perdre. » Une autre fois, il s'était démis le genou et déjà, à sa main droite, commencent les terribles symptômes de paralysie, qui, allant toujours croissant, réduiront un jour, ce membre à l'immobilité presque complète. Ces accidents ont eu pour résultat d'altérer profondément sa constitution et d'amener, dans l'économie des troubles organiques, des désordres nerveux qui en firent, avec le temps, un être déséquilibré, débile et souffreteux.

Rêveuse, mais non mélancolique, étourdie, mondaine et coquette même, Hortense, avec sa gaieté, son exubérance, ses fous rires et son fond d'espièglerie naturelle, n'est évidemment pas faite pour s'entendre avec cet homme morose et concentré, taciturne et malade.

Joséphine ne veut rien voir de tout cela. Hortense à ce moment aime Duroc : Mme Bonaparte fait donner à Duroc une mission pour Pétersbourg. Elle travaille si bien, aidée par Mme Campan, qui agit sur Hortense, par Napoléon, qui agit sur Louis, qu'enfin Louis *Buona-parte*, chef de brigade, âgé de vingt-trois ans, né à Ajaccio, demeurant à Paris, cour de l'Orangerie, district des Tuileries... », épouse « Hortense-Eugénie Beauharnais, âgée de dix-huit ans (1), née à Paris..., demeurant de droit et de fait au Palais du Gouvernement.. »

(1) Comme Joséphine s'était rajeunie dans son acte de mariage avec le général Bonaparte, elle rajeunit ici sa fille : Hortense avait, non dix-huit ans, mais dix-neuf ans et demi.

Le mariage civil eut lieu dans le salon des Tuileries. La chapelle du château n'ayant pas encore été rendue au culte, la cérémonie religieuse se fit dans l'ancien hôtel du général Bonaparte, rue de la Victoire, afin de se conformer à l'usage qui voulait, avant la promulgation du Concordat, que les prêtres *insermentés* officiassent dans des maisons particulières. Dans le grand salon, transformé en oratoire pour la circonstance, le cardinal Caprara, légat *a latere* du Saint-Siège et négociateur du Concordat, bénit l'union de Louis et d'Hortense.

Ici s'arrête le volume de Mlle d'Arjuzon. L'intérêt en est très vif, et très vif aussi l'agrément. C'est une page d'histoire, très documentée, comme on les veut aujourd'hui, mais qui fait songer aux quelques pages historiques de Mme de La Fayette. On y sent un fond solide, que recouvre une forme légère, élégante et gracieuse: la solidité se dérobe sous la fleur.

XII

MADAME LOUIS BONAPARTE [1]

Le 14 nivôse an X, 4 janvier 1802, avait eu lieu le mariage d'Hortense de Beauharnais et de Louis Bonaparte, le troisième frère du Premier Consul (2). Assez bien assortis par l'âge — Hortense avait 18 ans et Louis 23 — les deux jeunes époux avaient l'un pour l'autre une aversion profonde : *invitus invitam...* Ilne se pouvait guère que ce *Mariage forcé* ne fût le plus malheureux du monde.

Louis commença par emmener sa femme à Baillon, petite propriété qu'il avait achetée en Seine-et-Oise un an auparavant. Ce fut une étrange lune de miel. Hortense ne cessa de verser des larmes, tandis que Louis donnait déjà cours à son humeur bizarre, à sa mélancolie maladive et à son despotisme jaloux. Dans une lettre à sa femme, écrite plusieurs années plus tard, il rappellera lui-même en ces termes, ces débuts de leur mariage :

(1) *Madame Louis Bonaparte*, par Mme C. D'ARJUZON. Un beau volume in-8° avec portrait, Calmann Lévy, éditeur, 3, rue Auber, 1901.

(2) *Hortense de Beauharnais*, par Mme D'ARJUZON. 1900.

« Que de larmes, de plaintes et de tristesses signalèrent cette époque ! et tous les jours que nous fûmes contraints de vivre ensemble depuis (1) ! »

Au bout d'une semaine, Hortense et Louis s'installèrent rue de la Victoire, dans l'hôtel Bonaparte, qui a été mis à leur disposition par le Premier Consul. Les scènes de Baillon se renouvellent à Paris, d'autant plus douloureuses que Louis s'est fait un singulier devoir d'instruire Hortense des faiblesses, des scandales de Joséphine, qu'il déteste et dont il veut la détacher : « Vous êtes à présent une Bonaparte, avait-il ajouté (c'est Hortense qui l'a raconté à Mme de Rémusat), nos intérêts deviennent les vôtres, ceux de votre famille ne vous regardent plus. »

Hortense fut frappée de stupeur ; jamais, jusque-là, aucun soupçon touchant l'honneur de sa mère ne l'avait seulement effleurée. Elle accueillit donc avec une vive indignation, les odieuses révélations de son mari. De quel droit, en effet, cet homme osait-il porter une main sacrilège sur l'objet de son culte filial, sur cette mère qu'elle chérissait d'une tendresse aveugle et avec un dévouement sans bornes?

Désormais, le mal fut irréparable. Louis s'était fermé, sans retour, le cœur de sa femme qu'il avait blessée si cruellement, et dont les sentiments d'antipathie s'aggravèrent encore de méfiance et de farouche rancune.

Un mois s'est à peine passé, et déjà Louis délaisse sa femme pour retourner à Baillon et pour aller de là à Joigny, sous prétexte d'y rejoindre le régiment de dragons

(1) Lettre du roi Louis à la reine Hortense, 24 septembre 1826.

dont il a le commandement. En floréal, an X (mai 1802), la séparation entre les deux époux est complète. Le 8 mai, Louis part pour le Midi, visite Lyon, Valence, Nîmes, Avignon, arrive le 5 prairial (25 mai), à Barèges, où il s'installe pour prendre les eaux et essayer un traitement pour ses douleurs qu'il prend pour des rhumatismes chroniques et qui ne sont autres que les premières atteintes de la paralysie contre laquelle le malheureux homme aura à lutter jusqu'à la fin de sa vie.

Hortense cependant est enceinte. On est arrivé à la fin de septembre, le temps de la délivrance approche. Le Premier Consul ne peut pas tolérer que le mari soit absent, au moment des couches de sa femme. Il le peut d'autant moins que ses ennemis, depuis plusieurs mois déjà, font courir sur lui et sur sa jeune belle-sœur les bruits les plus outrageants (1). Il ordonne donc à Louis de revenir au plus vite.

Hortense, à ce moment, a quitté l'hôtel Bonaparte devenu trop mesquin pour la vie qu'elle est obligée de mener, pour les fêtes que, malgré sa tristesse, force lui est bien de donner. C'est au numéro 16 de la rue de la Victoire qu'elle est maintenant installée, dans l'hôtel construit par Brogniart et décoré par Bellanger, en 1774, pour Mlle Dervieux, actrice de l'Opéra. « C'est un temple, lit-on dans une chronique du dix-huitième siècle ; on n'a encore rien vu en ce genre, ni dans les maisons royales, ni ailleurs, d'aussi agréable et d'aussi magnifique : pour s'en faire une idée, il faut lire les féeries des *Mille et une*

(1) Sur ces bruits et sur les graves imprudences qui leur avaient donné naissance, voyez cette méchante langue de Thiébault, *Mémoires*, t. V, p. 303.

Nuits... » Située entre une vaste cour d'honneur et un jardin aux allées ombreuses, paré de pelouses verdoyantes et de massifs fleuris, la nouvelle demeure de Mme Bonaparte était une des plus belles habitations de Paris (1).

C'est là que, le 10 octobre 1802, elle accoucha d'un garçon qui reçut les noms de Napoléon-Charles. Louis était à Paris ; sa présence est officiellement attestée par l'acte de naissance daté du 15 octobre.

II

Louis reste quelque temps à Paris, peut-être par ordre du Premier Consul, mais il mène une vie de malade, confiné le plus souvent dans sa chambre, qu'un étage sépare de celle de sa femme, croyant soigner des rhumatismes à sa main droite dont la paralysie a tordu les doigts, et fort occupé de divers traitements que Corvisart essaie sur lui.

Un moment il avait projeté de passer l'hiver dans le Midi, et les journaux, à la fin de novembre 1802, annonçaient son prochain départ pour l'Italie, « où il se propose, dit la *Gazette de France,* d'aller rétablir sa santé altérée par *les fatigues de la guerre.* »

Ce dessein fut bientôt abandonné, et ce fut vers Montpellier que Louis se dirigea, au mois de mars 1803, afin de se mettre entre les mains de la Faculté de cette ville. Son absence, cette fois, ne devait pas durer moins de

(1) Cet hôtel, aujourd'hui détruit, s'élevait à peu près sur l'emplacement qu'occupe actuellement la synagogue de la rue de la Victoire.

six mois. Bien que Mme d'Arjuzon continue à nous représenter l'épouse délaissée comme plongée dans la plus noire tristesse, il semble cependant qu'elle porte assez allègrement son deuil. Elle est de toutes les réunions, de toutes les fêtes, — et elles sont aussi nombreuses que brillantes, — de tous les spectacles, de toutes les parties de plaisir. C'était la mode alors, pour beaucoup de jeunes femmes de la Cour consulaire, d'aller *incognito*, sous la conduite de mentors plus ou moins respectables, à la *Folie-Beaujon*, avenue des Champs-Elysées, *Hameau de Chantilly*, jardin de l'Elysée, à *Frascati*, boulevard des Italiens. La mauvaise compagnie ne laisse pas d'y fréquenter ; mais c'est un attrait de plus pour ces jeunes femmes dont les maris ont pour la plupart suivi le Premier Consul, qui fait alors une tournée dans les départements du Nord et en Belgique. Que ces escapades, auxquelles Mme Louis Bonaparte ne fut pas la dernière à prendre part, fussent parfaitement innocentes, Mme d'Arjuzon en est convaincue, et je n'ai garde d'y contredire. Elles ne laissaient pas pourtant de passer un peu la mesure et de prêter à la médisance. Le bruit s'en répand au loin, grossi sans doute par la malveillance ; il arrive au Premier Consul, inquiète les maris en voyage, et, parvenu jusqu'à Montpellier, y excite la colère de Louis Bonaparte. S'il n'était retenu par ses traitements multiples, sans doute il partirait, afin d'aller veiller sur son honneur qu'il croit menacé. Enfin, le 10 septembre, les journaux annoncent son retour à Paris. Le voyage n'a pas calmé son irritation. Les scènes les plus pénibles éclatent dans le ménage. Louis parle en maître, il se déclare prêt à user des moyens les plus énergiques « pour échapper au sort commun à tous les maris ». Il dresse une longue liste de prohibitions : défense d'aller fréquemment à Saint-Cloud, résidence du Premier Consul ; défense surtout d'y passer la nuit, défense d'avoir des liaisons intimes, etc. Engagé sur cette pente, il en arrive vite aux mesures vexatoires, écoute aux portes, ouvre les lettres, prescrit l'espionnage aux valets...

Au fond, pourtant, Louis n'est pas un méchant homme mais aigri par de fréquentes souffrances, il est nerveux, fantasque, maniaque. Ses sautes d'humeur sont continuelles : tantôt il se montre impérieux, violent, colère, tantôt affectueux, doux, et poli.

Il recherche les impressions tristes avec le même empressement que d'autres mettent à les éviter. Ses peines réelles ne peuvent suffire, et il se forge encore des chagrins romanesques qu'il promène avec volupté, dans quelque endroit solitaire et propre à entretenir sa mélancolie.

Hortense, au contraire, aime passionnément le monde et ses plaisirs, le mouvement et le bruit. L'incompatibilité d'humeurs est donc complète, et dès lors il ne servira de rien à Hortense d'avoir un bon cœur, d'être capable de tendresse et de dévouement, de posséder un esprit fin, délicat et aimable. Ces qualités, Louis ne les voit pas. Il n'aperçoit chez sa femme que des goûts qui le choquent, tant ils sont l'opposé des siens. « Nous n'avons jamais été une seule fois d'accord » (1), avouera-t-il, lui-même, en parlant de son temps de ménage.

Dans les derniers mois de 1803, il trouve fort opportunément une occasion de soustraire la jeune femme à l'influence de sa famille et de ses amis. Le 5ᵉ régiment de

____

(1) Lettre du roi Louis à sa femme (1616).

dragons, dont il a conservé le commandement bien qu'il ait été nommé chef de brigade, quitte Joigny pour venir à Compiègne, où un camp se forme sous les ordres du général Baraguey-d'Hilliers. Louis et sa femme s'installèrent à Compiègne, et ils *y* étaient encore au mois de mars 1804, lorsque le duc d'Enghien, dans la nuit du 20 au 21 fut fusillé dans les fossés du donjon de Vincennes.

Nombre de légendes ont circulé sur le rôle que joua Hortense lors de cet événement.

Instruite de l'arrestation du prince, elle se jeta, prétend-on, avec sa mère, aux pieds de Bonaparte pour lui demander la grâce du condamné. Le témoignage très net et très formel de Louis Bonaparte réduit à néant cette scène pathétique. « Louis, écrit-il, dans ses *Documents historiques*, ne put rien faire pour empêcher cette catastrophe. Il était alors à Compiègne... Il vint de suite à Paris avec Hortense, lorsqu'il apprit, à Compiègne, ce malheur, mais il était trop tard ; d'ailleurs il n'aurait pu l'empêcher. »

Peu de temps après (juin 1804), eut lieu le procès de Georges Cadoudal et de Moreau. Hortense, cette fois, eut la consolation d'obtenir la grâce de l'un des condamnés, Lajolais, dont la fille avait imploré sa protection.

III

Bonaparte, cependant, marchait à grands pas vers l'Empire. Au mois d'avril 1804, il s'était décidé à user des droits que le Consulat à vie lui avait déjà conférés, de se choisir un successeur. Ecartant tous ses frères, il voulait que son héritier fût son neveu Napoléon-Charles, le fils d'Hortense. Louis s'opposa avec colère à ce projet d'adoption, craignant sans doute qu'il n'eût pour conséquence d'accréditer les bruits qui avaient couru lors de la naissance de l'enfant : « Je n'y consentirai jamais, dit-il à son frère ; je quitterai plutôt la France, j'emmènerai Napoléon et nous verrons, si, à la face de l'Europe, vous oserez ravir un enfant à son père ». Bonaparte dut céder. Pendant ce temps, Louis accablait sa femme de reproches et de menaces : « Si vous suivez les intérêts de votre mère aux dépens des miens, lui avait-il dit durement, je vous déclare que je saurai vous en faire repentir ; je vous séparerai de votre fils, je vous claquemurerai dans quelque retraite éloignée dont aucune puisance humaine ne pourra vous tirer, et vous payerez du malheur de votre vie entière votre condescendance pour votre famille. Et surtout gardez qu'aucune de mes menaces parvienne aux oreilles de mon frère ! Sa puissance ne vous défendrait pas de mon courroux. »

L'Empire se fait, et pendant qu'Hortense est plongée dans l'abîme du désespoir, sa fortune semble plus brillante que jamais. Son mari est nommé connétable et reçoit le titre de prince français, auquel vient s'ajouter celui d'Altesse Impériale. Elle quitte alors l'hôtel de la rue de la Victoire pour aller habiter l'ancien hôtel Saint-Julien, qui a son entrée rue Cerutti (actuellement rue Laffitte) et dont le jardin bordé par une terrasse, s'étend jusqu'à la rue Taitbout (1). Cet hôtel prendra bientôt le

(1) Cet hôtel portait, il y a encore peu de temps, le n° 17 de la rue Laffitte, il était la propriété de M. Salomon de Rothschild et avait eu pour dernier locataire l'ambassadeur de Turquie. Il a été démoli en 1899 ; à sa place une rue aujourd'hui est percée, et la Banque Internationale de Paris y a élevé des immeubles.

nom de palais, et c'est là que Louis et Hortense habiteront pendant leurs séjours à Paris, tant que durera l'Empire.

Le prince et la princesse Louis étaient Altesses Impérales. Comme l'Empereur et l'Impératrice, il leur fallait avoir un service d'honneur. Leur *Maison*, au début, fut ainsi composée :

Aumônier : Mgr d'Osmond, évêque de Nancy.

Dame d'honneur : Mme de Vary.

Quatre dames pour accompagner : Mme de Boubers, Mme Vallet de Villeneuve, Mme Mollien, Mme d'Estienne de Chaussegros de Léry, fille du maréchal Kellermann.

Premier chambellan : M. Gabriel d'Arjuzon.

Chambellan ordinaire . M. René Vallet de Villeneuve, propriétaire du château de Chenonceaux, que lui a laissé le fermier général Claude Dupin, son bisaïeul.

Premier écuyer : le colonel Auguste de Caulaincourt.

Écuyer cavaldour de la princesse : M. Anne-Etienne-Michel Turgot, neveu du minstre de Louis XVI.

Secrétaire des commandements : M. Desprès, esprit distingué et fin, vaudevilliste à ses heures.

Intendant : M. Dalichoux de Sénégra.

Médecin ordinaire : M. Jean-Jacques Leroux du Tillet.

Chirurgien ordinaire : M. Assaliny.

Pharmacien ordinaire : M. Dufau.

Pour compléter son installation princière, Louis, le 16 juillet 1804, achète à Saint-Leu, à cinq lieues de Paris, deux belles propriétés, admirablement situées, qu'il réunira en un seul tenant, et qui possèdent chacune un château, dont l'un, le plus important, a été construit par le banquier de Laborde.

Le 11 octobre 1804, la princesse Louise mit au monde, dans son nouvel hôtel, rue Cerutti, son second enfant, Napoléon-Louis.

Au mois d'octobre 1805, au moment de partir pour la campagne d'Austerlitz, et en remplacement de Murat qui allait le suivre, l'Empereur nomme son frère Louis, gouverneur de Paris. Il commandera la Garde Impériale, la Garde municipale, la Garde nationale de Paris, celle des villes et départements de la première division militaire, et aussi toutes les troupes qui se trouveront dans l'étendue de ladite division.

Pour Hortense aussi, il y avait un *ordre de service*, mais verbal celui-là, c'était d'ouvrir son hôtel, d'y recevoir et d'amuser les Parisiens très déconcertés par le départ de la Cour, centre, pour eux, du luxe et des plaisirs.

Rien ne manqué donc, en apparence, au bonheur de Mme Louis Bonaparte, à l'éclat de sa fortune et de sa vie. Jamais existence ne parut plus brillante. Malheureusement, il y a des ombres à ces rayons, une tache au moins à ce soleil, et quelle tache !

Nous sommes au printemps de 1806. Hortense est réinstallée à Saint-Leu. Elle paraît si changée, si pâle , si défaite, que son entourage s'en émeut et que l'on appelle le docteur Corvisart.

Celui-ci soignait en même temps le prince Louis, et venait de lui ordonner un traitement des plus étranges : espérant provoquer sur la peau de son malade une éruption salutaire, et par ce moyen appeler au dehors l'irritation intérieure, il lui donna la gale, en le faisant coucher dans les draps et en lui passant la chemise d'un des galeux de l'hôpital.

Corvisart examina avec soin la princesse et s'étonna de ce dépérissement dont la cause lui échappait. Pressée de questions, la malheureuse femme finit par avouer que, pour cacher son mal à tous les yeux, Louis avait exigé qu'elle ne changeât rien aux habitudes prises par lui pour rendre sa surveillance plus étroite, et qu'elle continuât à coucher sur un petit lit dissimulé dans son alcôve, sous ses rideaux. Corvisart crut devoir avertir l'Impératrice du monstrueux abus d'autorité conjugale dont sa fille était la victime, et ne lui cacha pas que celle-ci se trouvait au point de vue sanitaire, dans les conditions les plus mauvaises.

Joséphine, aussitôt, voulut intervenir auprès de son gendre, mais Hortense la supplia de n'en rien faire, dans la crainte de quelque nouvelle scène de violence de la part de celui-ci. L'Empereur fut moins discret et témoigna son mécontentement à son frère. Louis répondit par son habituelle menace d'emmener hors de France femme et enfants, si l'on voulait s'occuper de son ménage. Force fut donc à tout le monde de se taire et à Hortense de patienter, tout en ayant à subir le contre-coup de la mauvaise humeur de son irascible mari.

C'est justement à ce moment que l'on commence à parler, pour le prince et la princesse Louis, du trône de Hollande. Peu à peu le bruit se confirme. Le 25 juin 1806, aux Tuileries, dans la salle du Trône, Louis est proclamé roi.

Pour Hortense, cette royauté, c'est « l'exil »; or, l'exil avec Louis, c'est ce qu'elle redoute le plus au monde. Elle est épouvantée à l'idée du tête-à-tête qui l'attend dans un pays étranger, avec ce mari détesté, sans aucune des compensations qu'elle trouvait ici, près de l'Empereur et de sa mère, dans la société de ses amies et avec les mille distractions de la vie de Paris. Dans son désespoir, elle va trouver l'Empereur, lui confie ses chagrins et, après lui avoir demandé sa protection pour l'avenir, lui fait promettre de ne jamais la juger sans l'entendre. Son parti est pris, dit-elle ; lorsque sa patience sera à bout, elle descendra du trône et ira s'enfermer dans un couvent.

L'Empereur, ému de pitié, cherche à la calmer, lui promet son appui, l'exhorte au courage et lui recommande de ne prendre aucun parti extrême sans le consulter.

Le dimanche 15 juin 1806, elle quitte Saint-Leu et prend le chemin de « l'exil ».

IV

Ici s'arrête le nouveau volume de Mme d'Arjuzon. Le prochain — qui ne sera pas le dernier, heureusement, — aura pour titre : *La Reine de Hollande*, et deux autres au moins suivront. Ce n'est pas moi qui m'en plaindrai. A mon sens, les biographies les plus longues sont les meilleures.

Le volume que nous avons aujourd'hui sous les yeux comprend quatre année seulement, du 4 janvier 1802 au 15 juin 1806. Sans perdre un instant de vue son héroïne, mais en la replaçant dans son véritable cadre, l'auteur a fait revivre pour nous tout un côté, et non le moins intéressant, de l'histoire napoléonienne. C'est la vie du Paris consulaire et impérial, à laquelle nous assistons, avec ses fêtes, ses spectacles, ses splendeurs et ses deuils. Mme d'Arjuzon a traité son sujet avec un soin infini, avec un rare souci d'exactitude, avec une recherche de détails qu'on ne saurait trop louer. Certes, elle n'y a pas mis plus d'érudition, plus d'abondance, plus de découvertes et de trouvailles que M. Frédéric Masson dans ses copieuses et fortes Etudes sur la Famille de Napoléon ; c'était impossible. Mais elle y a mis plus de grâce et de fraîcheur. Il y a dans son livre plus d'air et de clarté.

Je lui ferai pourtant un reproche. Sauf ce pauvre Louis Bonaparte, il n'y a pas un seul loup dans sa bergerie. Dans ce brillant tableau de la Cour impériale, dans cette longue théorie de jeunes et jolies femmes qui passent tour à tour sous nos yeux avec leurs charmes et leurs sourires,

Tout est joie, *innocence*, espoir, bonheur, bonté.

Voilà qui est parfait ; mais, malgré soi, on se prend à songer à ces terribles *Mémoires* du général Thiébault, une mauvaise langue, je l'ai déjà dit, mais un témoin singulièrement éveillé. Précisément à cette date de 1806, à laquelle nous sommes arrivés, n'écrit-il pas ce qui suit :

« Cette cour impériale, si réputée pour le resplendissement de sa gloire, n'était pas aussi célèbre par les vertus pudiques ; il y était admis en principe et Joséphine, aidant, que rien ne devait résister au vainqueur des vainqueurs de la terre, et plus une foule de dames attachaient de prix à leurs personnes plus elles se croyaient obligées de s'offrir en holocauste. Il était également admis par les sœurs et parentes du grand homme (et je recule ici devant des détails inabordables) que leurs défaites étaient des conquêtes, et qu'à l'exemple du maître, elles ne pouvaient se montrer trop insatiables en fait de triomphes.

Tant qu'elles étaient à Paris et au sein de la paix, elles n'avaient qu'à choisir les prédestinés qu'elles dévouaient au bonheur ; le seul état-major du prince Berthier pouvait à lui seul, passer pour un harem capable de servir aux caprices de dix sultanes... (1). »

Mme d'Arjuzon a consacré tout un chapitre au mariage de Mlle Stéphanie de Beauharnais, cousine d'Hortense, avec le prince héréditaire de Bade. Le mariage eut lieu à Paris, dans la chapelle des Tuileries, le 8 avril 1806. A peu de temps de là, Thiébault, signale la présence à Francfort de l'impératrice Joséphine, de la nouvelle princesse de Bade et de Mme Louis Bonaparte, et le malin général en profite pour conter une anecdote qui, si elle est exacte, ne serait guère à l'honneur de cette dernière.

Mme d'Arjuzon, qui a noté avec un soin extrême tous les déplacements de Madame Louis, n'a rien dit de cette excursion à Francfort. Il y a là un point à éclaircir.

Dans cet aimable et très consciencieux volume, je ne vois guère à relever qu'une toute petite inexactitude. Parlant d'une visite de Chateaubriand chez Lucien Bonaparte, au château du Plessis-Chamant, en 1802, Mme d'Arjuzon écrit, page 51 : « Au premier rang, brille Chateaubriand, dont la gloire naissante s'est révélée, il y a seulement quelques mois, avec la publication d'*Atala* dans le *Mercure de France*... » *Atala* n'avait point paru dans le *Mercure*. Elle fut publiée pour la première fois et sous sa première forme, chez Migneret et à l'ancienne librairie Dupont, en un volume petit in-12, de XXVI et 210 pages de texte, avec ce titre : *Atala ou les amours de deux sauvages dans le désert.*

(1) *Mémoires*, tome IV, page 40.

XIII

LA SOCIÉTÉ FRANÇAISE PENDANT LE CONSULAT [1]

I

Certains demandent surtout à l'historien des idées générales sur l'époque dont il s'occupe ; mais ils ne réflé-
chissent pas que ces *idées générales* sont tout simplement
les *idées particulières* de l'historien lui-même. C'est fort
bien, lorsque l'historien s'appelle Bossuet ou Montes-
quieu, mais si j'ai affaire, non plus à un homme de génie,
mais à M. *X*..., à M. *Y*... ou à M. *Z*..., que m'importent
ses théories et ses vues personnelles? J'ai tout à gagner,
au contraire, avec un historien qui entre dans le détail
des faits, qui sous le personnage nous montre l'homme,
qui derrière la scène nous introduit dans les coulisses, et
qui nous fait voir le dessous des cartes. Ainsi a procédé
M. Gilbert Stenger, et je lui en sais pour ma part un gré
infini.

Les premiers temps du Consulat furent fertiles en
complots. On était au lendemain d'une révolution qui

---

(1) *La Société française pendant le Consulat*, par Gilbert STEN-
GER, deuxième et troisième séries. Deux volumes in-8° écu. Librairie académique Perrin et Cie (1905).

n'avait été été qu'une longue suite d'émeutes et de conspirations, où l'on jouait chaque jour sa tête où, si l'on faisait bon marché de sa vie, on n'était guère disposé à respecter la vie de l'adversaire. Bonaparte lui-même, en plein succès et en pleine gloire, n'était arrêté par aucun scrupule quand il s'agissait de détruire ceux qu'il redoutait. Il mettait à prix la tête de Georges Cadoudal et le faisait traquer comme une bête fauve. Après avoir accordé un sauf-conduit à Louis de Frotté et à ses principaux lieutenants, il les faisait fusiller au coin d'un champ. Si tel était l'état d'esprit du Premier Consul, comment s'étonner que ses ennemis républicains et royalistes, aient multiplié contre lui les attentats les plus audacieux, les tentatives les plus désespérées?

Les républicains commencèrent. Aux premiers jours du Consulat, les royalistes demeuraient tranquilles, persuadés qu'ils étaient que Bonaparte ne s'était emparé du pouvoir que pour le remettre aux Bourbons, quand la Révolution serait mâtée, quand l'administration serait réorganisée et toutes les ruines réparées. La radiation de milliers d'émigrés, la restitution à leurs anciens propriétés des biens nationaux invendus, les églises rouvertes, les prêtres protégés, autant de faits dont les royalistes auguraient une prochaine restauration de la monarchie. Ils ne faisaient donc plus parler d'eux.

Les républicains, au contraire, sentaient leur haine contre le Premier Consul grandir chaque jour. Ils étaient d'autant plus violents qu'ils se savaient moins nombreux, l'immense majorité du pays ayant accueilli avec enthousiasme la chute de la République. En réalité, le parti ne comptait plus guère, même à Paris, que quelques centaines d'individus exaltés par les souvenirs de la Révolution, tombés dans la misère, et qu'un coup de main devait combler d'aise. L'un d'eux, Gombault-Lachaize, avait inventé un fusil à vent, qui, à une distance de 300 mètres, pouvait envoyer une balle meurtrière. Il voulait en user à l'inauguration du monument, élevé sur la place des Victoires, à Desaix et à Kléber. D'une fenêtre de la place, il aurait tiré sur le Premier Consul ; les échafaudages de la fête, en masquant la vue, empêchèrent le crime.

Bientôt ils cherchèrent à s'introduire aux Tuileries en descellant des barreaux en fer à une ouverture de cave. Ils réussirent à une première grille. Une seconde, qu'il fallait briser, résista. A la Malmaison, existaient des carrières correspondantes à d'autres dont l'orifice débouchait à l'extérieur du parc. La police fut avertie des projets des conjurés qui devaient y descendre. Les carrières furent protégées solidement par une porte de fer. Toutes ces tentatives et d'autres semblables, mal conçues, mal dirigées, échouèrent avant l'exécution.

Et puis, Fouché veillait. Il connaissait le nom des conspirateurs, formés en *compagnie de tyrannicides* : Desforges, Arénon, Pépin d'Yverchelt, Talon, Jumillard, Laiguelot, Cerrochi, Gombault-Lachaize. En l'an VIII, ils avaient voulu faire tuer le Premier Consul par un de ses grenadiers au moment d'une « parade » ; mais la parade eut lieu sans accident. A la guerre d'Italie, avant Marengo, les mêmes hommes s'étaient flattés de l'espoir qu'une balle les délivrerait de leur ennemi. Et alors, si le général succombait, Paris serait livré au pillage ; les principaux royalistes, les plus hauts fonctionnaires seraient massacrés et les conspirateurs se partageraient les dépouilles du gouvernement. Aucun de leurs désirs ne se réalisant, ils songèrent au poignard, auquel jamais n'échappa la victime désignée. Ils cherchèrent un Brutus. Un ancien conventionnel, Moyse Bayle, se chargea de le trouver. Il leur amena un pauvre hère, appelé Metgen, qu'ils habillèrent proprement, payèrent bien et armèrent. Puis ils l'envoyèrent au théâtre, à une représentation de *Britannicus*, où l'acteur Lafon, devait remplir le rôle de Néron. Ce soir-là, le Premier Consul ne parut pas dans sa loge et le complot n'eut point de suite.

Cependant, un ancien artificier, Chevalier, travaillait depuis longtemps à la confection d'une machine dont l'explosion devait causer la mort de tous ceux qui en seraient voisins. Il l'avait expérimentée, en des terrains vagues, près de la Salpêtrière, et l'effet terrible avait démontré la grande puissance de son invention. Chevalier avait pour complice un nommé Veycer, cordonnier, qu'il avait initié à ses projets. Ils se voyaient souvent, couchaient quelquefois l'un chez l'autre, quand ils devaient travailler à leurs combinaisons chimiques, Chevalier demeurant rue Saint-Dominique, et Veycer dans la rue des Blancs-Manteaux. Ce dernier détenait dans sa chambre la foudroyante machine. C'est chez ce dernier que fut arrêté Chevalier. Avec la machine, on découvrit une grande quantité de pièces d'artifice et des papiers qui ne laissaient aucun doute sur ses projets criminels. Tourmenté de son idéal révolutionnaire, il disait souvent : « Comment les faubourgs prendront-ils la chose? Les imbéciles! Avec deux victoires, ils sont contents ». Lui et ses complices, tous ceux qu'on désignait alors sous le nom d'*enragés* : Bousquet, qui avait fourni l'argent pour Metgen, l'assassin ; Gombault-Lachaize, Desforges, septembriseurs trop connus ; Burloy, la femme Bacquet, chez qui demeurait Veycer, et d'autres encore qui avaient essayé de cacher les affidés sous les matelas de leur lit, tous furent conduits au Temple où ils trouvèrent des royalistes enfermés avant eux ; les royalistes apprirent là, de ces « enragés », le secret de la machine dont ils devaient se servir plus tard dans la rue Saint-Nicaise.

Sur l'affaire de la rue Saint-Nicaise, — la *machine infernale* du 3 nivôse, — M. Gilbert Stenger a d'intéressants détails, celui-ci par exemple : Fouché déclare formellement en son rapport, « que l'incertitude des conspirateurs cessa sur l'avis des royalistes, *qui avaient connu au Temple l'invention de Chevalier.* » D'après M. Stenger, le loyal Hyde de Neuville aurait été un des « membres actifs » du complot. C'est une erreur.

Limoëlan (et non Limoléan, comme l'écrit partout M. Stenger) fut bien l'un de ceux qui participèrent directement à l'attentat du 3 nivôse ; mais suffit-il de dire de lui, après Fouché, qu'il fut un « brigand parmi des brigands », et d'ajouter qu'étant parvenu à s'échapper, il passa au Canada et se fit moine? Picot de Limoëlan était un gentilhomme breton, d'un courage héroïque et l'un des principaux officiers de Georges Cadoudal. Il passa, non au Canada, mais aux Etats-Unis, où il se fit prêtre et non moine, sous le nom d'abbé de *Larivière*, qui était un des noms de sa famille. Il créa des œuvres d'éducation, mena une vie de sacrifices et de charité et mourut, laissant dans la libre Amérique la réputation d'un saint et d'un bienfaiteur de l'humanité.

On a écrit la *Vie de l'abbé de Larivière*, et elle ne se lit pas sans admiration. Sainte-Beuve, de son côté, dans son roman de *Volupté*, qui se passe sous le Consulat,

parle longuement de Limoëlan, qui, bien plus que le
mélancolique Amaury, est son véritable héros, et les pages qu'il lui consacre sont les plus belles de son livre.

II

Après l'étude sur les complots, sur la conspiration de
Cerrochi et Topino-Lebrun et celle de Georges Cadoudal,
sur le guet-apens d'Ettenheim et l'exécution du duc
d'Enghien, viennent les chapitres sur les hommes du
Consulat. Quelques-uns de ces chapitres sont de véritables monographies, ceux notamment sur les hommes de
premier plan, le consul Cambacérès, Fouché, Talleyrand.

Au lendemain du 18 Brumaire, les républicains s'é-
taient divisés en deux parts : les uns, les moins nombreux
étaient restés fidèles à la République et cherchaient, nous
l'avons vu, par tous les moyens, même les plus criminels,
à se défaire du nouveau César. Les autres, et c'était
l'immense majorité, se ruaient avec enthousiasme à la
servitude. Les anciens conventionnels leur donnaient
l'exemple. Ces hommes, si arrogants devant le plus doux
des monarques, si implacables contre des femmes, des
jeunes filles, des enfants, des vieillards, se prêtaient,
avec une complaisance que ne lassait aucun excès, à tous
les caprices de leur nouveau maitre. Ces prétendus
« géants » ne sont plus que des valets, [s'efforçant de cacher sous la pourpre sénatoriale le sang dont ils sont couverts.

Cambacérès est le plus parfait exemplaire de ces républicains convertis au despotisme. Sans doute, il avait été
l'un des plus modérés parmi les conventionnels. Mais ce

« modéré » n'en avait pas moins voté — comme tous les autres modérés, du reste — toutes les lois de sang. Ce législe, ce grand jurisconsulte, avait voté cette abominable loi du 22 prairial an II, qui supprimait l'instruction écrite, qui supprimait la défense, qui déclarait inutile la preuve de la culpabilité, et qui n'admettait qu'une seule peine, la mort. En attendant de servir Bonaparte, il mettait tout son soin à ne pas déplaire à Robespierre. Je trouve dans les *Mémoires* de son collègue Baudot un petit fait bien significatif, que n'a pas cité M. Stenger. Un jour, Robespierre, assis sur un banc dans le jardin des Tuileries entre Couthon et Cambacérès, voyait se succéder devant lui les représentants qui se rendaient à la séance ; à mesure qu'ils passaient, il les jugeait d'un mot. Il aperçoit Mailhe (1) et dit de lui : « Mailhe est le plus immoral des hommes. » Cambacérès était l'ami de Mailhe ; il tremble à ces paroles. Mais bien loin de chercher à couvrir son ami, il lui fait signifier qu'il ne peut plus le voir ; et dès ce jour, il rompt avec Mailhe toute relation (2).

Devenu second consul, en attendant de devenir prince, Cambacérès eut vite fait de dépouiller la défroque républicaine. Il commença par se loger à l'ancien hôtel d'Elbeuf, près des Tuileries. L'hôtel, on peut le croire, fut meublé avec luxe ; les salons furent somptueux, l'étiquette irréductible. Le domestique devint tout de suite nombreux et porta la livrée. Des sentinelles veillèrent

(1) Représentant de la Haute-Garonne. Ce fut lui qui, dans le procès de Louis XVI, fut appelé le premier à émettre son vote.

(2) Mémoires inédits du conventionnel cités par QUINET, *La Révolution*, tome II, p. 205.

à la porte de l'hôtel, et d'anciens amis, aristocrates du Midi (1), lui servirent de maîtres des cérémonies. S'il sortait pour se rendre chez le Premier Consul, à la Malmaison ou à Saint-Cloud, ce n'était qu'avec l'escorte indiquée par le protocole, une escouade de grenadiers à cheval autour de sa voiture, où il s'étalait ceint d'une épée courte inoffensive, à la garde ornée de diamants.

Les mardis et les samedis étaient ses jours de dîner et de réception. Au début, il ne se faisait annoncer que sous le titre de « citoyen second Consul » ; plus tard, ce fut « Monseigneur » tout court, et ensuite « Son Altesse », lorsque Bonaparte l'eût créé prince de Parme; d'où cette phrase légendaire : « Lorsque nous serons seuls, disait-il à ses secrétaires, Monvel et Lavollée, vous pouvez m'appeler Monseigneur ; en public appelez-moi toujours Altesse. » Il était insatiable de titres, de décorations, d'honneurs, ne trouvant jamais une courbette devant lui trop flatteuse, ni trop basse.

La carmagnole de 93 avait fait place, dans les grandes occasions, à un habit de drap d'or qui rutilait comme un soleil. Ce drap était expédié des fabriques de Lyon, que Bonaparte s'efforçait de relever de leurs ruines en mettant leurs tissus à la mode.

Il ne quittait jamais Paris où l'entourait la foule de ses complaisants et de ses thuriféraires. En eût il été de même en un déplacement en province? Il lui fallait maintenant une existence de grand seigneur, le luxe des salons, le service empressé de valets dont il avait embelli la livrée ; il lui fallait surtout une chère exquise à ses repas, dans une confortable salle à manger, et Paris lui

(1) Cambacérès était né à Montpellier, en 1757.

offrait seul, la ressource de ces jouissances. Ses cuisines étaient dirigées par un habile maître-queux, qui s'ingéniait à créer pour lui chaque semaine, un plat nouveau, inconnu ailleurs. Les serviteurs de l'office, en habit de drap marron, orné de boutons d'or guilloché, se pressaient en nombre autour des convives ; et le repas se poursuivait, méthodique, compassé, silencieux, l'amphitryon ne voulant point être distrait dans la dégustation de son copieux menu.

Les courriers apportaient de tous les pays de France, les gibiers, les poissons, les salaisons, les primeurs destinés à ce moderne Lucullus, mais avec tant d'abondance qu'ils empiétaient sur la place affectée aux dépêches. Bonaparte mit ordre à cet abus. Coup terrible, frappé sur la gourmandise du second Consul. Le chef des cuisines se lamentait, et le maître n'était pas moins triste de cette rigueur, qui diminuait son plus grand plaisir. Désolé, Cambacérès vint prier Bonaparte d'avoir pitié de lui et de rapporter cette ordonnance, qui lui causait tant de peine. Le Premier Consul se laissa toucher et les recherches délicates de cette table célèbre reprirent leur ancienne splendeur.

Voici, à titre de document historique, le menu d'un dîner *maigre* donné par le ci-devant conventionnel, qui, depuis le Concordat, ne manquait plus un seul dimanche à la messe paroissiale de Saint-Germain-l'Auxerrois, dont la grosse cloche, en son honneur, était mise en branle, dès qu'il apparaissait au porche de l'église :

Potage au lait d'amandes ;
Potage au riz à la créole ;
Canapés d'anchois ;
Olives farcies à la marseillaise ;

Caisses d'œufs gratinés aux morilles et au parmesan ;

Canalonis italien à la morue truffée avec coulis de tomates ;

Vol-au-vent de laitances de carpes au vin blanc ;

Sorbets au marasquin ;

Saumon à la broche,

Truffes sous la serviette ;

Salades d'émincés de fonds d'artichauts crus ;

Mousse à la pistache ;

Fromage de Hollande côte grasse ;

Poires beurré Clergeau ;

Confitures de roses de Smyrne ;

Haut-Sauternes. — Clos Vougeot ;

Champagne frappé — Café ;

Vieil Armagnac — Liqueur des Iles.

Malgré les prodigieuses dépenses de sa table, Cambacérès ne laissa pas de faire une grosse fortune. Il accumulait ses dotations, ses gros traitements, et se concertait avec son notaire Noël, pour les placer d'une manière solide. Il amassa ainsi un nombre très respectable de millions.

III

Fouché sut en amasser davantage encore. Il est vrai que celui-là ne faisait pas de dépenses inutiles. Pendant son proconsulat de Lyon, il avait donné des dîners fameux, mais qui ne lui avaient pas coûté cher. Les pièces principales de ces « agapes fraternelles » étaient des poulets servis avec leur tête. Devant chaque convive, une petite guillotine, afin de couper la tête au volatile. Et qui ne s'en acquittait pas de bonne grâce pouvait expier, sur l'instrument mis à la mode, ce refus réactionnaire de jouer au bourreau. Après le repas, Fouché appelait ses invités sur le balcon et les faisait assister à la mitraillade de quelques centaines d'aristocrates ; fin de soirée agréable autant qu'économique.

Sous le Consulat et sous l'Empire, quand celui que Chateaubriand appelle, comme un bourreau : *Monsieur de Nantes*, fut devenu vingt fois millionnaire, possesseur d'un superbe hôtel à Paris, de la terre de Pont-Carré et du château de Ferrières, il se tint terré en son ministère de la police. Il ne recevait à sa table, toujours frugalement servie, que deux ou trois familiers, ses secrétaires. Il avait, comme ministre, une excellente loge à l'Opéra : il n'y allait presque jamais, sa femme non plus. Les soirs en ses salons, où ses trois enfants jouaient entre eux, quelques intimes se réunissaient autour d'une table de boston. Fouché les conseillait et les poussait aux tricheries ; pour lui, il ne touchait point aux cartes.

Sa femme, très laide, et qu'il adorait, l'aidait de son côté, à faire une bonne maison. Lorsqu'elle avait quitté Lyon, après les fusillades et les mitraillades de son mari, elle avait bourré sa voiture de soieries précieuses et de riches dentelles : femme admirable et digne de son époux !

> Plutôt que de rentrer au logis les mains nettes,
> Elle eût du buvetier emporté les serviettes.

Mais je m'attarde et je ne puis que signaler les portraits de Talleyrand, de Rœderer, de Joseph de Chénier, de Benjamin Constant et de vingt autres. Je ne terminerai pas sans donner encore un bon point à M. Gilbert Stenger. En maint endroit, il cite, et il a bien raison, Lacretelle le jeune et son *Histoire du Consulat*. Lacretelle était un contemporain et un royaliste, et son témoi-

gnage vaut mieux que celui de M. Thiers. Son *Histoire
du Consulat* fait suite à ses *Dix années d'épreuves pendant la Révolution*, volume de l'intérêt le plus vif et que
l'on devrait bien réimprimer.

XIV

LE COLONEL DE SUCKOW [1]

I

Même lorsqu'ils nous viennent de l'étranger, les mémoires méritent d'être lus. Ceux du colonel de Suckow
ont d'ailleurs ce mérite d'être écrits sans prétention,
sine irâ et studio, sans nul désir de la part de l'auteur,
de se faire valoir, sans autre but, et on le voit bien dès
les premières pages, que de revivre un moment ses années de jeunesse, et de raconter, avec une simplicité
pleine de bonne humeur, les épreuves et les misères qu'il
a traversées.

Le colonel de Suckow a pris part à de mémorables
campagnes, à des batailles fameuses. Il était à Iéna
dans les rangs prussiens, à la Moskowa dans les rangs
de l'armée française ; il se garde bien de tirer parti de
ces rencontres pour faire de la stratégie ou pour se met-

(1) D'*Iéna à Moscou*. — *Fragments de ma vie*, par le colonel
DE SUCKOW, de l'armée wurtembourgeoise. — Traduit de l'allemand, par le commandant VELING. Plon-Nourrit et Cie, éditeurs, 10, rue Garancière, 1901.

tre en vue. « Je n'ai, dit-il en commençant — et jusqu'à la fin il restera fidèle à son programme, — je n'ai ni l'intention d'écrire une histoire militaire, ni le talent voulu pour cela. Je me bornerai donc simplement à raconter ce que j'ai vu, ce que j'ai éprouvé. »

Né le 15 mars 1787, à Goldberg (Mecklembourg-Schwerin), le jeune de Suckow avait treize ans seulement lorsque, grâce aux bons soins d'un de ses cousins, il fut admis, en qualité de cadet-gentilhomme, au régiment de Goetz, alors en garnison à Berlin. En 1804, il était nommé officier. « C'est, écrit-il, le plus beau moment de la vie pour un jeune soldat. On a plus de plaisir à être promu enseigne à seize ans, que feld-maréchal à soixante-dix. »

 On se rappelle le curieux récit de la bataille de Waterloo dans le roman de Stendhal, la *Chartreuse de Parme*. Le héros, le jeune Fabrice, assiste à la grande journée où s'effondra l'Empire en se demandant si c'est bien à une bataille qu'il s'est trouvé et s'il peut dire qu'il se soit réellement battu. De même, le 14 octobre 1806, le jeune de Suckow, alors officier prussien, assiste à la bataille d'Iéna sans y comprendre grand'chose, et, quand arriva la fin de la journée, il n'a à peu près rien vu.

« Nous restâmes là, dit-il, de mortelles heures à attendre les ordres qui devaient nous assigner enfin un rôle dans cette action décisive. Chaque fois qu'un aide de camp passait ventre à terre près de nous, nous supposions qu'il nous cherchait et nous apportait l'ordre d'avancer et d'entrer en ligne à notre tour.

« Enfin, vers midi, notre général, M. de Rüchel, qui, dès le matin, s'était rapproché du champ de bataille afin d'être plus à même d'observer les phases du combat, accourut à bride abattue, poussant de très loin le commandement : « En avant ! en avant ! »

« Nos supérieurs donnèrent aussitôt les ordres de détail pour l'exécution de ce mouvement. Je fus frappé de voir qu'ils n'avaient pas ce calme qui inspire confiance aux jeunes officiers et aux soldats, et qui fait passer dans leurs veines le sang-froid et la réflexion indispensables en un moment aussi grave... Au milieu de ces cris répétés de nos supérieurs affolés : « En avant ! En avant ! Avancez donc ! » il me semblait percevoir comme une rumeur sinistre ; je croyais entendre commander : « En retraite ! En retraite ! »

« En ma qualité de plus jeune lieutenant, je reçus, conformément au règlement, l'ordre de garder les convois avec un détachement. J'en fus consterné ; car je m'étais infiniment réjoui de prendre enfin part à un combat, à la lutte pour laquelle le soldat est fait et que je connaissais par ouï-dire seulement.

« Je tentai mille efforts infructueux pour obtenir qu'un autre fût désigné à ma place. Je tournai à maintes reprises autour de mon colonel. Sachant qu'il m'aimait bien, je le suppliai de me relever d'un emploi aussi peu honorable en pareil jour ; mais il ne voulut rien entendre.

« Pour être véridique, j'ajouterai que, malgré tous mes efforts, je ne parvins pas à lui dire autre chose que ces mots : « Excellence..., Excellence... »

« Le vieux soldat était si rempli de son devoir et si désireux d'aller au-devant de l'ennemi, qu'il ne prêtait pas la mondre attention à ce que je lui disais. Je n'eus plus d'autre ressource que d'obéir... Conformément aux ordres reçus je me dirigeai vers Schlossvippach... La

canonnade augmentait d'intensité et me semblait petit à petit se rapprocher. Ceci commença à m'inspirer
des craintes sérieuses pour le succès des armes prussien-
nes, craintes qui, malheureusement, allaient être con-
firmées trop tôt ; car, à peine avais-je atteint Vippach
avec mon détachement, que déjà des fuyards appartenant à divers régiments et au mien propre, y accou-
raient.

« Nous apprîmes par eux l'issue fatale de la journée
et les pertes considérables que mon régiment avait su-
bies... »

A la bonne heure ! voilà un lieutenant qui ne s'en fait
pas accroire, et nous savons déjà que ce Mecklembour-
geois n'est pas un Gascon.

Il réussit à gagner Magdebourg, puis Lübeck, où le
général Blücher, au corps duquel il s'était joint, espérait rencontrer un nombre suffisant de navires suédois,
sur lesquels il embarquerait ses troupes pour les transporter sur les côtes de la Prusse orientale. Cet espoir fut
trompé, et le 7 novembre 1806, Blücher dut capituler,
faute de pain, de munitions et de fourrage. La veille,
il avait livré un combat aux corps réunis de Bernadotte
et de Soult et à la cavalerie de Murat. Cette fois encore,
malgré ses appétits de gloire, le lieutenant de Suckow avait
dû se contenter de la fumée du combat. A Lübeck, comme
à Iéna, on s'était battu sans lui. Son régiment (ou mieux
les débris de son régiment) avait été désigné pour occuper des cantonnements dans une grande ferme située
à quelque distance de la ville et qui s'appelait Danschenburg. « Pour des raisons inexpliquées, dit-il, et contrairement à notre attente, l'ennemi ne s'occupa nullement
du petit groupe installé à Danschenburg. Nous étions

si rapprochés du lieu de l'action que nous pouvions compter les coups de fusil, et cela nous faisait mal au cœur de ne pouvoir prendre part à la lutte. De temps à autre, des patrouilles de chasseurs à cheval se rapprochaient de nous jusqu'à une portée de mousquet, mais n'allaient pas plus loin, tenues à distance par des salves bien ajustées. Vers midi, le combat sembla s'éloigner de plus en plus ; les canons tonnèrent plus rarement et finalement se turent. »

II

Mais alors si, dans les batailles auxquelles il a assisté, il n'a rien vu, s'il ne lui est rien advenu d'extraordinaire, quel besoin avait-il d'écrire ses Mémoires? Lui-même nous l'a déjà dit ; il voulait raconter les épreuves et les misères qu'il a traversées. Il a eu raison de croire que ses récits ne seraient pas sans intérêt. Rien de ce qui est vrai, vivant, humain, ne saurait nous laisser indifférents.

Ses hommes et lui n'avaient pas été compris dans la capitulation de Lübeck ; ils furent par suite considérés comme prisonniers de guerre.

Depuis son entrée au service, le lieutenant Suckow avait pris l'habitude de prendre par le bon côté les choses les plus fâcheuses. Sa gaieté naturelle était inaltérable, et c'est à peine si les affreuses misères de la retraite de Russie purent la lui faire perdre. En attendant, il supporta très allègrement sa captivité, fort adoucie au surplus par les honnêtes procédés des officiers français, dont il ne se fait pas faute de faire l'éloge ; il ne tarda pas d'ailleurs à être renvoyé sur parole dans ses foyers.

Après la conclusion du traité de Tilsitt (9 juillet 1807), il se trouva sur le pavé. Obligée de réduire considérablement son armée, la Prusse avait pris à ce moment le parti de congédier en masse les officiers qui n'étaient pas ses sujets directs. Suckow fit alors des démarches pour être admis avec son grade dans l'armée russe qui, à cette époque, formait une quantité d'unités nouvelles, et avait, en outre, grand besoin de monde, pour remplacer les officiers tués dans la campagne précédente.

Sur ces entrefaites, ayant appris que le roi de Wurtemberg, Frédéric II, dont le domaine s'était considérablement arrondi en ces derniers temps, augmentait son armée, il s'adressa à lui. Moins d'un mois plus tard, il apprenait que sa demande était agréée et qu'il était nommé, à la date du 25 mai 1808, sous-lieutenant au régiment d'infanterie de la garde.

La garde était toujours en garnison dans l'une des deux résidences royales : l'hiver à Stuttgard, l'été au château de Ludwigsburg, un Postdam en miniature : on n'y voyait que le ciel et des soldats.

A Stuttgard, Suckow eut la bonne fortune de connaître le célèbre compositeur Carl-Maria de Weber, qui remplissait alors les fonctions de secrétaire auprès du frère du roi. Il en parle en ces termes :

« Fort aimable et modeste, grand ami des soldats, il recherchait la société des jeunes officiers (1), et en revanche ceux-ci éprouvaient pour lui la plus grande sym-

(1) Weber était alors lui-même fort jeune. En 1808, il n'avait encore que 22 ans étant né en 1786 à Eutin (Holstein).

pathie. Souvent nous nous groupions autour de lui, quand il se mettait au piano pour nous jouer les mélodies les plus exquises. Je suis persuadé que, dans le nombre, il en est plusieurs qui figurent aujourd'hui dans *Freys-chütz*, *Obéron* ... dans une autre de ses œuvres, si goûtées du monde musical. Même en faisant abstention de son génie, Weber était né pour être musicien, ou plutôt pianiste. Je n'ai jamais revu de main aussi longue que la sienne. Plus d'une fois, en s'amusant, il prenait deux octaves entières, ou peu s'en faut, avec ses doigts interminables. »

Allié de Napoléon, le Wurtemberg eut à prendre part, en 1809, à la guerre contre l'Autriche ; mais cette part fut tout à fait insignifiante. Suckow n'était ni à Essling, ni à Wagram, et il n'a guère à raconter ici que des marches et des contremarches militaires.

Le 14 octobre, la paix était signée à Vienne, et Napoléon reprenait le chemin de la France. Il s'arrêta un jour à Ludwigsburg et assista, dans la loge royale, à la représentation d'un nouvel opéra : le *Jugement de Salomon*. Il était entouré du roi, de la reine, de la cour et de sa propre suite, où figuraient Duroc et Berthier. Suckow n'a garde de se mettre en scène, et il raconte ainsi la représentation :

« On joua l'ouverture de l'opéra, mais personne ne l'écouta. L'assistance entière ne s'occupait que de l'empereur ; elle se disait qu'elle aurait bien le temps de revoir le sage roi des Hébreux, tandis que Napoléon partait le lendemain. Celui-ci, probablement fatigué de son long voyage, ne s'occupait pas plus de la représentation que du public ; au bout d'un instant, il s'était endormi.

« Les généraux se conformant à l'exemple du maître,

ici comme sur le champ de bataille, fermèrent aussi les yeux.

« Tout à coup l'orchestre entonne la marche triomphale qui accompagne le passage de la princesse orientale sur la scène, et l'entourage impérial sommeille toujours.

« Une vieille dame de la cour, pénétrée de l'importance de ce moment, secoue le maréchal Duroc, son voisin.

« — Général !

« Duroc se réveille et répond aimablement :

« — Madame !

« — Ce sont des chameaux vivants ! fait-elle avec une mine satisfaite.

« — Est-ce possible? madame, répond le galant Français, à moitié endormi qui aurait pu dire à sa voisine qu'il avait vu des troupeaux de chameaux en Egypte.

« L'empereur repartit dès le lendemain pour Paris. »

III

Les années qui suivirent furent des années paisibles, du moins pour les Wurtembergeois. Tandis que leurs voisins, Badois, Nassauviens et autres, étaient employés par Napoléon en Espagne, ils restaient dans leurs foyers, grâce à l'énergique opposition de leur souverain. Suckow, cette fois, ne paraît pas regretter de n'avoir point pris part à cette guerre lointaine. Ces années de calme pendant lesquelles il ne laissa pas de faire provision de nombreuses et agréables anecdotes, durèrent trois ans, jusqu'au mois de mars 1812. Il était alors en garnison dans la petite ville de Schorndorf, à quelques lieues de

Stuttgard. Un matin, il était assis dans la petite chambre qu'il occupait chez un boulanger et il lisait, quand tout à coup il est interrompu par des coups répétés frappés à sa porte. C'était le sous-officier de semaine qui venait lui annoncer que tous les hommes en congé étaient rappelés et qu'on allait faire campagne.

La guerre de Russie était décidée. L'infanterie wurtembergeoise fut affectée, en qualité de 25e division de la grande armée, au 3e corps, sous les ordres du maréchal Ney.

Ce corps d'armée se composait de Français, de Wurtembergeois, d'Illyriens et de Portugais. Les Wurtembergeois étaient placés sous les ordres du général Marchand, l'un des meilleurs divisionnaires de l'empereur.

On n'est encore qu'au début de la campagne, en territoire ami, chez les Lithuaniens, et déjà les troupes commencent à souffrir. « Pas de magasins et pas de vivres, écrit Suckow... Il est incroyable que l'on ait pu conduire une si belle armée en Russie, tout en négligeant de prendre les dispositions voulues pour assurer son alimentation. Nous manquions de tout, et cependant nous nous trouvions encore en pays allié, que dis-je? au milieu des alliés les plus fidèles que Napoléon ait eus. »

Bientôt, et avant même qu'on ait eu à livrer un seul combat, la situation de l'armée devient déplorable : « Ces marches extraordinaires, jointes aux grandes privations que nous avions à endurer, éclaircirent nos rangs dans des proportions inattendues. Des milliers de gens disparurent en fort peu de temps. Des centaines se donnèrent la mort, ne se sentant plus capables de supporter une pareille misère. Chaque jour on entendait des coups de fusil partir isolément dans les bois situés à proximité

de la route. On envoyait des patrouilles pour avoir des
renseignements, et régulièrement elles revenaient en
disant : — C'est un cuirassier, un hussard ou un fantassin, un Français ou un allié qui vient de se suicider (1).

Voilà de ces choses qu'on ne rencontre point chez les
historiens comme M. Thiers, et que cependant il est bon
d'inscrire sur le revers des médailles, même les plus glo-
rieuses.

Le 2 septembre 1812, la division du général Marchand
arrivait à Gschatzk. Des fatigues surhumaines, des privations de toute espèce et les maladies qu'elles avaient
entraînées à leur suite, les combats sanglants auxquels
elle avait pris part avaient tellement réduit l'effectif de
cette division qu'il était impossible de lui conserver son
organisation primitive. Les compagnies ne pouvaient
plus guère mettre en ligne que sept ou huit fusils, tandis
que l'effectif en officiers était presque au complet, c'est-
à-dire tout à fait disproportionné avec la troupe. Ceux-ci
avaient pu quelquefois se procurer un surcroît de nourriture qui leur revenait, il est vrai, à des sommes fan-
tastiques. De plus, ils ne portaient pas le sac, ils faisaient presque toutes leurs marches à cheval et, enfin,
ils avaient encore pour eux le facteur moral.

Le général Marchand prit le parti de fondre toute la
division (12 bataillons) en trois de ces unités. Naturellement ces trois bataillons ainsi reconstitués ne devaient
avoir que leur nombre réglementaire d'officiers. Suckow
eut la bonne fortune d'être affecté à l'un des bataillons
conservés. Les officiers non employés reçurent l'ordre de

(1) Page 156.

marcher avec l'un des généraux devenus disponibles et de suivre l'armée à une distance déterminée.

Cette division en miniature, comptant 1.456 hommes en tout, partit de Gschatzk le 4 septembre et se dirigea vers le célèbre champ de bataille de la Moskowa.

La bataille eut lieu le 7 septembre. Suckow, ce jour-là, fut détaché auprès du maréchal Ney, en qualité d'officier d'ordonnance. Son récit de la bataille est très simple et très émouvant. Il le termine du reste par des chiffres singulièrement éloquents. Le corps wurtembergeois, parti quelques mois auparavant à l'effectif de 17.000 hommes et 3.510 chevaux, n'avait pu mettre en ligne, le 7 septembre que 1300 combattants. Ses pertes, dans cette journée, avaient été de 59 sous-officiers et soldats tués, 580 blessés ; 5 officiers morts et 40 blessés. Des *dix-sept mille* hommes du début, il n'en restait plus que *sept cents* en état de porter les armes !

Comme on l'avait fait à Gschatzk, il fallut de nouveau à Moscou, réduire le nombre des officiers. Cette fois, Suckow fut rangé parmi les officiers *amateurs*. Ce fut à ce titre qu'il partit de Moscou, le 19 octobre, pour faire à pied son long voyage de retour jusqu'au Niémen. Voici en quel équipage : un habit usé, jusqu'à la corde, une seule épaulette et une robe de chambre en velours rouge doublé de peau de lapin. Ayant perdu son shako, il s'était coiffé d'une casquette.

IV

Comme il n'a plus d'hommes à commander, ce sont ses aventures personnelles qu'il nous racontera, et ses récits n'en auront que plus d'intérêt. J'en relèverai seulement quelques traits.

Un soir, — c'était au commencement de la retraite, — se trouvant complètement seul, il se mit à la recherche d'un abri quelconque pour y passer la nuit, et, contrairement à ses prévisions, il réussit à en trouver un. Quelques grenadiers de la garde qui avaient installé un grand feu de bivouac près d'un mur à moitié démoli, apitoyés par son air aimable, lui permirent de prendre place à côté d'eux. Il venait à peine de s'installer, qu'un officier d'état-major, en belle tenue, — un uniforme bleu avec le gilet rouge et des tresses en argent à la hussarde, — s'approcha des grenadiers et les invita à quitter leur place bien chaude et à la céder au général N... et aux officiers de son état-major. L'un des grenadiers se redressa et dit à haute voix : — *Mon officier, maintenant il n'y a plus de généraux, il n'y a plus que des malheureux. Nous restons.* — L'autre ne répondit pas un mot, se retira et ne revint pas.

Ce n'est pas seulement la discipline qui disparaissait. Les souffrances sans nom qui accablaient l'armée, ces souffrances dont Napoléon portait la responsabilité, avaient détruit, chez nos héroïques soldats les qualités les plus françaises, et jusqu'au sentiment même de l'humanité.

« J'ai bien souvent, dit le colonel de Suckow, j'ai bien souvent entendu dire : « Les malheurs supportés en commun cimentent des amitiés solides » ; mais rien, pendant toute cette campagne, ne m'a démontré la vérité de ce dicton. Je n'ai jamais vu d'exemples d'égoïsme plus féroce et d'indifférence plus complète à l'égard des camarades et même des amis. Chacun ne pensait qu'à son cher *moi* et n'avait d'autre préoccupation que de le sauvegarder le plus vite possible. »

Suckow, du reste, ne se fait pas meilleur que les camarades. « Je l'avoue en toute sincérité, ajoute-t-il, j'étais à cette époque aussi égoïste que les autres. »

Le 26 novembre, il arriva sur les bords de la Bérézina, qu'il traversa le surlendemain. Le récit qu'il a tracé des horribles scènes dont il fut témoin pendant ces trois jours est véritablement tragique, et il le faut lire en entier. Je n'en puis détacher qu'une page.

« Enfin, j'atteignis la cohue énorme qui se pressait à l'entrée du pont, et je réussis à prendre rang dans la colonne des fuyards. Elle s'allongeait à vue d'œil derrière moi, renforcée à chaque minute par de nouveaux arrivants. Bientôt je me vis entouré de tous côtés, pris dans un véritable étau humain. Les moments que j'ai passés depuis mon entrée dans cette *société close* jusqu'à l'instant où j'ai posé le pied sur la rive droite ont été les plus terribles de mon existence. Rien ne peut dépeindre les angoisses que j'ai éprouvées là. Tout le monde vociférait, jurait, pleurait et cherchait à frapper ses voisins.

« Un fantassin asséna, sous mes yeux, un formidable coup de crosse à un de mes bons camarades...

« Je me vis donc entraîné, bousculé, même emporté par moments. A différentes reprises, je me sentis soulever de terre par la masse humaine, qui me broyait comme dans un étau. Le sol était jonché d'hommes et d'animaux vivants ou morts... Je ne connais pas de sensation plus affreuse que celle que l'on éprouve en marchant sur des êtres vivants qui se cramponnent à vos jambes et paralysent vos mouvements en essayant de se relever.

« Je me rappelle encore aujourd'hui ce que je ressentis ce jour-là en mettant le pied sur une femme qui vivait encore. Je sentais les mouvements de son corps, et en même temps, je l'entendais crier, râler : « Oh ! ayez pitié de moi ! » Elle se cramponnait à mes jambes, lorsque tout à coup, à la suite d'une poussée venue de derrière moi, je fus soulevé de terre et me dégageai de ses étreintes... »

Ce récit, je le répète, est à lire tout entier. Il n'est pas indigne d'être placé à côté de celui de Balzac dans la nouvelle intitulée : *Adieu*, « Lire le passage de la Bérézina dans *Adieu*, dit très bien M. Marcel Barrière, produit le même effet que regarder le *Naufrage de la Méduse* de Géricault. Comme chef-d'œuvre, le récit de l'un vaut le tableau de l'autre (1) ». M. Thiers n'a pas consacré moins de trois cents pages au tableau de la retraite de Moscou. Sa narration est claire, méthodique, exacte ; elle nous émeut tout juste autant que l'*Anabase* de Xénophon, le récit de l'expédition de Cyrus le Jeune dans la haute Asie et de la retraite des dix mille. Honoré de Balzac, avec vingt pages nous en apprend plus sur les derniers jours de la grande armée que l'historien du *Consulat et de l'Empire*.

Au passage de la Bérézina, dans *Adieu*, le major Philippe de Sucy s'efforce d'assurer le salut de la comtesse Stéphanie de Vandières qui essaie de traverser le pont en calèche. Il échoue dans sa tentative ; la comtesse disparaît, et c'est seulement quelques années plus tard qu'il la retrouvera, devenue folle, dans la maison du docteur Fanjat, à l'Isle-Adam. Qui sait si ce n'est pas l'héroïne de Balzac que le colonel de Suckow a rencontrée à l'entrée du pont sur la rive fatale ?

(1) *L'Œuvre de H. de Balzac*, par Marcel BARRIÈRE, p. 383.

« Une voiture, dit-il, que dans les circonstances actuelles, on pouvait qualifier d'élégante, attelée de deux chevaux, arrivait à fond de train et essayait de traverser. Il y avait à l'intérieur une femme et deux enfants. Tout à coup, un boulet russe, tombant au milieu de l'attelage, met les deux bêtes en pièces. La mère saute en bas de la chaise de poste et, tenant les deux petits dans ses bras, supplie les passants de venir à son secours ; elle prie, elle pleure, mais aucun de ces êtres fuyant, en proie à une terreur panique, ne s'occupe d'elle, ne veut l'entendre. Je l'ai seulement dépassée de quelques pas, lorsque je n'entends plus sa voix gémissante ; je me retourne mais je ne la vois plus ; elle a disparu avec ses enfants, ou plutôt a été renversée par le flot humain, écrasée et broyée par lui. »

La rivière traversée, les épreuves de Suckow n'étaient pas finies. « Tous ceux, dit-il, qui sont revenus de cette campagne sont d'accord avec moi pour constater que le trajet de la Bérézina à Vilna fut de beaucoup plus pénible que le reste. »

Le 15 décembre, il put enfin traverser le Niémen et, d'étape en étape, regagner Schorndorf, son ancienne garnison. « De tous côtés, écrit-il, les bons habitants de cette petite ville accoururent pour me souhaiter la bienvenue et me serrer la main. Ils étaient heureux de revoir un quatrième officier du bataillon qui, depuis tant d'années, vivait au milieu d'eux. Je dis un *quatrième*, parce qu'à part moi, il n'existait plus de ce bataillon que les capitaines de Brecht et de Klapp, et le lieutenant Baumann. Du deuxième bataillon de mon régiment, c'est-à-dire de celui qui était jadis en garnison à Gmünd, il ne restait plus personne, *plus personne*. »

Ici s'arrêtent les récits de Suckow. Capitaine en février 1813, il prit part à la campagne d'Allemagne, au cours de laquelle il fut décoré de la Légion d'honneur, puis à la campagne de France ; colonel en 1842, il prit sa retraite en 1848. Après avoir publié en 1862 les Mémoires que je viens d'analyser, il se proposait d'écrire ses deux campagnes de 1813 et de 1814, lorsqu'il fut surpris par la mort le 7 janvier 1863.

Son livre méritait d'être connu en France, puisque aussi bien il brille par des qualités toutes françaises, la clarté, le naturel, la franchise, la bonne humeur. La traduction que vient d'en donner le commandant Veling est de tous points excellente.

XV

LE GÉNÉRAL DE SUREMAIN [1]

I

C'est Chateaubriand qui a dit, dans son *Congrès de Vérone* : « Le génie militaire, génie particulier de notre patrie, est si fort, qu'il renferme pour nous le génie de tous les autres talents : l'art d'écrire et de parler appartient naturellement à nos hommes d'armes. »

Depuis Villehardouin, maréchal de Champagne, dont les *Mémoires* sont les premiers que nous ayons, jusqu'au général de Marbot ; depuis Blaise de Montluc jusqu'au général Thiébault, il n'est pas un de nos écrivains militaires qui n'ait montré que manier l'épée était un bon apprentissage pour manier la plume, et à qui l'on ne puisse appliquer le mot d'Horace :

> *Dextra tenet calamum,*
> *Strictum tenet altera ferrum.*

[1] *Mémoires du lieutenant-général de Suremain* (1794-1815), publiés par un de ses petits-neveux. Un vol. in-8º, librairie Plon, 1902.

Mais je me reproche de citer Horace en telle rencontre, lui qui fut un si piètre soldat, et se débarrassa un jour si médiocrement de son bouclier : *parmula non bene relicta*. Mieux vaut rappeler le mot de Cervantès, le glorieux mutilé de Lépante : « *Nunca la lanza emboto la pluma*. Jamais la lance n'émoussa la plume. »

Les *Mémoires* du lieutenant général de Suremain nous en fournissent une nouvelle preuve.

Né le 9 octobre 1762, d'une famille noble de Bourgogne, J.-B. de Suremain était entré comme élève au corps royal de l'artillerie en 1780 et se trouvait capitaine au 1er régiment de cette arme (c'était le régiment de La Fère, où Bonaparte avait été nommé lieutenant en second en 1785) lorsque les progrès de la Révolution le déterminèrent à émigrer.

C'était au commencement de 1792. Après avoir fait une malheureuse et pénible campagne à l'armée des princes, il était en Suisse, inquiet de son avenir, lorsqu'au mois de février 1794, il fut appelé à Reinsberg, où le prince Henri de Prusse, frère du grand Frédéric, tenait sa cour. Suremain avait dû cette faveur aux relations qu'il avait entretenues avec M. de Parseval, son ancien ami et camarade d'artillerie, qui était attaché au prince comme chambellan.

Son séjour à Reinsberg fut de courte durée. Il lui permit du moins de tracer d'une plume élégante et fine, de piquants portraits, ceux du prince Henri, du chevalier de Boufflers, de Mme de Saban et du baron, plus tard duc d'Escars. Voici celui du chevalier de Boufflers, qui fut en son temps un personnage à la fois membre de l'Académie française et député aux Etats généraux :

« Le chevalier de Boufflers séjournait alors à Reinsberg.
Cet homme, si connu par ses poésies, par leur gaieté, qui
semble annoncer dans l'auteur un caractère franc et aimable, n'était rien de tout cela dans la vie privée. Qu'on
se figure un homme de cinquante-cinq ans, d'une taille
moyenne, d'une structure désagréable, d'une figure commune, blonde et enluminée, à laquelle des yeux petits et
ouverts donnent une teinte de fausseté ; voilà le portrait
de l'auteur d'*Aline*. Il était impossible d'avoir une conversation plus tortueuse que la sienne. S'il contredisait
un instant le prince, c'était pour lui laisser, un moment
après, les honneurs de la conviction. S'il vous parlait,
c'était pour vous tourner et retourner dans tous les sens
et trouver le défaut de la cuirasse. Sa réputation d'esprit
et quelques jolis coups d'encensoir lui avaient valu la
conquête du prince, qui lui avait donné une terre de
50.000 livres nommée Mesgratz, tout près de Reinsberg,
et qui en avait fait arranger la maison. M. de Boufflers
cherchait à se soutenir en faveur par des louanges souvent fades, des jeux de mots qui n'étaient pas toujours
heureux et des vers qui n'étaient pas toujours bons ; il
haïssait toutes les comparaisons qui auraient pu lui nuire
et ne s'aventurait jamais qu'étant ferré à glace, rompant
avec adresse toutes les conversations où il ne pouvait fi-
gurer avec avantage. Cet homme me paraissait d'autant
plus dangereux qu'il semblait ne pas l'être. »

II

Après deux mois passés à Reinsberg, Suremain se rendit en Suède et y obtint du service sans le solliciter, grâce
à l'appui du comte de Saint-Priest. Nommé capitaine

dans l'artillerie à cheval le 30 novembre 1794, et attaché
au général Cedestrom, chef de cette arme, il fut bientôt
employé à l'instruction militaire du jeune roi Gustave IV.
Ce dernier étant encore mineur, son oncle, le duc de Sudermanie, était régent du royaume ; il prit en gré Suremain et lui témoigna une bienveillance toute particulière.
C'était un excellent prince, mais qui avait un faible singulier pour la franc-maçonnerie. Un jour il demanda à
notre émigré s'il était franc-maçon ; lui-même l'était
déjà. « N'auriez-vous pas envie de le devenir? lui dit-
il. — A quoi bon, sire, cela ne me rendrait pas meilleur
que je ne suis. — Pourquoi avez-vous cette opinion? —
Parce que, si j'ai vu en France de fort honnêtes gens
francs-maçons, j'ai vu aussi des francs-maçons n'être
pas d'honnêtes gens, quoiqu'ils fussent dans les plus
hauts grades. — Oh ! notre franc-maçonnerie est autre
chose que celle de France. — Cela se peut bien. — Au
reste, il vous en coûterait assez cher pour vous faire recevoir ici, et je pense que vous n'avez pas de l'argent de
reste. — Vraiment non, sire. » Et l'affaire en resta là.

En 1803, sur le conseil du chargé d'affaires de France
à Stockholm, M. de Bourgoing, Suremain sollicita du
premier consul sa radiation de la liste des émigrés, avec
permission de servir en Suède. « Ma radiation, dit-il, ne
se fit point attendre, je la reçus datée du 28 floréal an XI
(18 mai 1803), telle que je l'avais demandée, c'est-à-dire
avec l'autorisation de rester au service de la Suède ; et
je ne puis exprimer le plaisir qu'elle me fit. Elle ne changeait rien à ma fortune, mais elle me rendait ma patrie ;
je cessais d'être un proscrit, et si je restais en Suède,
c'était par choix, et non plus par nécessité. »

Le 1er mars 1805, il fut fait lieutenant-colonel d'état-major. Moins de trois ans après, il avait à défendre son pays d'adoption contre l'empereur Alexandre.

Lors de la paix de Tilsitt (8 juillet 1807), il avait été arrêté entre la France et la Russie que la Suède serait forcée d'adhérer au système du blocus continental, et, par conséquent, de fermer ses ports aux Anglais. Le ministre russe appuya en même temps cette prétention sur une ancienne convention des puissances du Nord de réunir leurs forces pour assurer la tranquillité de la Baltique. Gustave IV (1), qui regardait cette convention comme détruite par tous les événements qui l'avaient suivie, prétendait de son côté que les ports de la Baltique devaient rester ouverts au commerce des Anglais, se faisant fort d'obtenir de leur gouvernement qu'il n'enverrait dans ces parages aucun vaisseau de guerre.

La Russie maintint sa demande et, au commencement de 1808, ses troupes envahissaient la Finlande. Suremain fit la campagne comme sous-chef d'état-major. Blessé très grièvement à l'affaire d'Oravais, il fut nommé colonel d'état-major, le 5 octobre 1808. En même temps, le duc de Sudermanie obtenait qu'il revînt en Suède, afin d'y prendre un repos nécessaire, et il l'attachait à sa personne.

On était alors à la veille de graves événements : la révolution militaire du 13 mars 1809, la déposition de Gustave IV, la proclamation du duc de Sudermanie comme roi sous le nom de Charles XIII. Ces événements, Suremain les avait vus de près ; il y avait été mêlé et y avait joué le rôle le plus actif. Il leur consacre un récit très détaillé, très neuf et du plus vif intérêt.

---

(1) Le 1er novembre 1796, le duc de Sudermanie avait remis à son neveu les rênes du gouvernement.

Le duc de Sudermanie n'avait pas d'enfants. En lui conférant la couronne, le 6 juin 1809, la Diète avait désigné pour prince royal et futur héritier le prince Charles-Auguste de Holstein-Augustenbourg. Le prince était franc et loyal, et il eut vite fait de gagner la confiance du roi et celle du peuple. Malheureusement, il était d'une constitution apoplectique et sujet à des vertiges. Le 14 mai 1810, il quitta Stockholm pour aller inspecter des troupes. Plus d'une fois indisposé, pendant la route, mais dur à lui-même, à peine y avait-il fait attention et rien n'annonçait qu'il fût malade, lorsque, le 28 mai, étant monté à cheval après déjeuner pour passer en revue un régiment de cavalerie, il se détacha subitement de sa suite au grand galop, paraissant vouloir se porter à l'aile du régiment, et, l'instant d'après, on le vit chanceler et tomber. On le trouva sans connaissance. Tous les secours pour le rappeler à la vie furent inutiles. Sa mort avait été l'effet d'une apoplexie, que la chute de cheval avait rendue foudroyante.

Dès que Napoléon apprit la mort du prince de Holstein-Augustenbourg, voulant tirer de cet événement un parti conforme à ses intérêts, il forma le projet de donner pour héritier à Charles XIII le roi de Danemark Frédéric VI, et de préparer ainsi dans le Nord un contrepoids à la puissance de la Russie et même à celle de l'Angleterre.

Ce choix souriait peu à Chales XIII et à son principal conseiller, M. de Suremain. Ils crurent trouver dans la personne du prince Christian-Frédéric de Danemark, cousin du roi, un *mezzo termine* propre à résoudre parfaitement la difficulté. Il avait alors vingt-quatre ans, était très bel homme, marié, avait un fils. La reine de

Danemark, âgée de quarante-deux ans, n'avait que des
filles, de sorte que, d'après les lois de son pays, il était
l'héritier présomptif de la couronne, et c'était un avantage qu'il n'en fût pas encore en jouissance. Il paraîtrait
moins Danois aux habitants de la Suède ; rien ne l'em-
pêcherait d'y faire de longs séjours, de l'étudier, d'y gagner des cœurs et de préparer l'union par tous les moyens
qui pourraient la consolider.

Pendant ce temps, un parti à la tête duquel se trouvait
le comte Gustave Morner, chancelier privé du roi, mettait en avant l'idée de prendre un général français, Bernadotte, prince de Ponte-Corvo. Napoléon ne vit là d'a-
bord qu'une intrigue obscure et la jugea avec mépris.
Seulement puisque l'on paraissait vouloir un général
français, l'idée lui vint de substituer au maréchal qu'il
n'aimait point et dont il se défiait le vice-roi d'Italie,
dont il était sûr. Le prince Eugène était alors à Paris, à
l'Elysée. L'Empereur le manda à Saint-Cloud et lui proposa d'aller régner en Suède. Eugène refusa. Dans ces
conditions, ne voulant ni appuyer ostensiblement le projet du roi de Danemark, ni rejeter ouvertement celui du
roi de Suède, ni surtout protéger les espérances du prince
de Ponte-Corvo, Napoléon abandonna le Danemark à
l'impulsion qu'il lui avait donnée, et se borna à dire aux
partisans de Bernadotte que, si celui-ci était librement
élu, il ne mettrait pas d'opposition à ce choix : « J'ai depuis, dit ici M. de Suremain, acquis la certitude que Napoléon aurait vu avec grand plaisir le prince de Ponte-
Corvo trompé dans ses espérances. »

III

Bernadotte cependant allait être nommé. Il le fut dans des conditions singulières, véritablement étranges, et que nous font connaître les *Mémoires* de Suremain.

La Diète s'étant réunie à Œrebro le 20 juillet 1810. L'incertitude régnait dans tous'les esprits ; elle était à son comble, lorsque, le 11 août, peu après l'arrivée d'un courrier français, la nouvelle se répandit que non seulement Napoléon approuvait, mais désirait que l'on choisît le prince de Ponte-Corvo ! La foudre n'a pas un effet plus prompt. Toute idée d'opposition s'évanouit à l'instant. Les uns plièrent en silence. D'autres cherchèrent à se faire un titre d'une prompte adhésion, on n'entendit plus que ce cri : Il faut nommer Bernadotte ! Le roi presque seul résista à cet entraînement général.

Quel était donc ce courrier et de quelles importantes dépêches était-il chargé? Etait-ce un ambassadeur, un maréchal d'empire, un homme de la maison de l'empereur? — C'était un obscur personnage, nommé Fournier, qui jamais n'avait approché de Napoléon. Il avait été jadis consul de France à Gotheborg où il avait fait de mauvaises affaires. Pour toutes dépêches, il avait un passeport délivré par le ministre des relations extérieures, M. de Champagny, et avec cela quelques lettres de Bernadotte et un portrait de son fils Oscar. C'était peu de chose, mais Fournier était un habile homme et il fit merveilles. « Peu de jongleries politiques ont été aussi habilement exécutées », dit Suremain, dont je reproduis ici le récit.

M. Fournier dit au ministère : « L'empereur désire le prince de Ponte-Corvo. Sa politique ne lui permet pas de s'expliquer dans les formes ordinaires ; mais voyez mon passeport, il est en entier rempli par le ministre. S'il a pris cette peine, c'est pour que ce passeport me tienne lieu de lettres de créance. » L'on crut M. Fournier sur tous les points ; et l'on fit à peine attention à l'inconvenance du missionnaire et de la mission (1).

Il dit aux meneurs de l'ordre des paysans : « Bernadotte a des trésors, il les apportera ici. C'est un grand général : nul ennemi n'osera troubler votre repos ; vous vivrez désormais dans la paix et l'abondance. » Et l'on crut M. Fournier.

Il dit aux bourgeois : « Ne voyez-vous pas quel avantage vous offre le choix d'un prince né dans votre classe, ami de la liberté, protecteur du commerce? Vous n'aurez plus à souffrir du monopole de dignités et de cordons que s'est réservé la noblesse. » Et l'on crut M. Fournier.

Il dit aux pasteurs : « Le maréchal Bernadotte descend de parents protestants : il a hérité de leurs principes ; il se trouvera heureux de les professer publiquement ; vous pouvez compter sur une protection constante et éclairée de sa part. » Et l'on crut M. Fournier.

Il dit aux nobles : « Le prince de Ponte-Corvo, quoique enfant de la Révolution, connaît la nécessité des corps intermédiaires dans une monarchie. Il sait appré-

(1) « C'est sans doute le hasard qui a mis M. de Champagny dans le cas de remplir de sa main le passeport de Fournier, lequel, outre ce qu'il a pu recevoir en argent comptant, a touché de Bernadotte jusqu'à sa mort une pension de 5.000 francs pour ses bons et loyaux services. » (*Note de M. de Suremain.*)

cier une noblesse militaire par essence, qui a produit un grand nombre de guerriers illustres ; il lui rendra avec usure tout l'appui qu'il s'honorera d'en recevoir. » Et la noblesse, encore effrayée du meurtre récent de l'un des siens, le comte de Fersen, crut M. Fournier (1).

Tout cela fut l'affaire de moins de deux jours. Le roi lui-même finit par être obligé de céder. Le 18 août 1810, Bernadotte fut accepté comme prince royal, sans résistance par la noblesse et avec enthousiasme par les trois autres ordres.

« Je suis, je l'avoue, dit Suremain, resté quelque temps incertain de ce qu'il fallait penser du rôle joué par ce Fournier à qui je ne pouvais soupçonner la hardiesse d'agir au nom du gouvernement français sans y être plus ou moins autorisé. C'est bien après l'événement que j'ai acquis la certitude que l'empereur, loin de favoriser en rien les espérances du maréchal Bernadotte, désirait les voir trompées, et se serait réjoui du désappointement d'un homme qu'il haïssait d'autant plus qu'il croyait avoir à s'en plaindre et ne s'en était pas encore vengé. Tout ce que j'ai recueilli au sujet de l'élection du prince de Ponte-Corvo, outre ce que j'en ai déjà dit, concourt à prouver qu'au défaut du roi de Danemark, qui était sa première pensée, et du vice-roi d'Italie, sa seconde, Napoléon lui eût préféré le prince d'Agustenbourg, malgré sa médiocrité, le prince de Holstein-Oldenbourg, malgré ses rapports avec la Russie, et même le fils de Gustave IV que protégeaient la reine Hortense et la princesse Borghèse. Il reste donc bien avéré que Four-

(1) *Mémoires*, page 221.

nier ne fut que l'agent de Bernadotte... Ce fut un coup de partie des plus adroits et des plus heureux que de le faire arriver à point à Œrebro pour y produire l'effet que j'ai décrit.. »

Ainsi devenu prince royal, Bernadotte ne monta cependant sur le trône que dix ans plus tard, à la mort de Charles XIII. Tant que vécut le vieux roi, M. de Suremain ne cessa d'être honoré de son amitié et de jouir de sa faveur. Le 10 avril 1812, il fut fait inspecteur général de l'artillerie suédoise et, le 15 juillet de la même année, commandant en chef du personnel et du matériel de l'artillerie. Nommé général major le 29 janvier 1813, il fit, comme commandant en chef de l'artillerie suédoise à l'armée du Nord, sous les ordres de Bernadotte, la campagne de 1813. Il prit part à la bataille de Grossbeeren (23 août) et à la bataille de Leipzig (18-19 octobre).

L'armée suédoise reçut l'ordre de se porter sur les frontières de la France. Le général de Suremain écrivit aussitôt à Charles XIII pour lui rappeler la profonde répugnance qu'il lui avait toujours témoignée à porter les armes contre les Français, et supplier le roi de le dispenser de concourir à l'envahissement de leur territoire. Une demande si honorable ne pouvait être que favorablement accueillie. M. de Suremain fut nommé gouverneur de Lübeck ; il fit la campagne de Norvège et commanda en chef le siège de Frédéricksalt en août 1814.

En 1815, il rentrait en France, après un séjour de vingt et un ans en Suède. Après quelques mois d'attente, il fut nommé lieutenant du roi à Metz, avec le grade de lieutenant général qu'il avait en quittant la Suède. Le

27 mars 1817, il fut admis à la retraite ; il mourut à Dijon le 24 septembre 1835.

Au cours de ses récits, après avoir rapporté un entretien qu'il avait eu à Paris, en 1809, avec M. de Champagny, ministre des relations extérieures, Suremain ajoute : « Rentré chez moi, je m'empressai de mettre par écrit cet abrégé de ma première visite ; c'est à cette habitude de noter le jour même ce qui m'a fortement intéressé, que je dois de pouvoir raconter avec exactitude des choses passées depuis longtemps. »

Mais les *Mémoires* du lieutenant général de Suremain ne sont pas seulement d'une parfaite exactitude ; ils présentent un réel intérêt, à cause du pays et de l'époque où ils transportent le lecteur, des personnages qu'ils mettent en scène et des événements auxquels ils sont consacrés, événements qui se rattachent à l'histoire générale de l'Europe et qui touchent par beaucoup de côtés à la politique française.

XVI

LA CONJURATION DE PICHEGRU [1]

——

I

Un siècle écoulé n'a pas déchiré le voile dont furent enveloppées les circonstances de la mort de Pichegru. On sait qu'il paya de sa vie sa participation au complot de Georges Cadoudal. Mais nul n'a pu dire s'il périt assassiné ou s'il se donna la mort. En revanche, depuis un siècle, tous les historiens se sont accordés à représenter le vainqueur de la Hollande, le commandant de l'armée de Rhin-et-Moselle, comme s'étant rendu coupable, en 1795, d'une indéniable trahison. Tous l'ont accusé de s'être volontairement affaibli pour faciliter les victoires des Autrichiens ; d'avoir eu l'intention de leur livrer l'Alsace ; de leur avoir livré Manheim ; de leur avoir signalé les points où il leur serait aisé de le vaincre ; de leur avoir procuré de faciles succès en refusant de porter secours au général Jourdan et d'avoir retardé leur défaite définitive en consentant à l'armistice du 31 décembre 1795.

(1) *La conjuration de Pichegru et les complots royalistes du Midi et de l'Est,* d'après des documents inédits, par Ernest DAUDET. — Un volume in-8°. Librairie Plon, 1901.

Ces accusations se firent pour la première fois, le 18 fructidor an V — 4 septembre 1797. Pour justifier leur coup d'Etat, pour expliquer la proscription des principaux membres des Conseils et en particulier de Pichegru, président du Conseil des Cinq-Cents, les Directeurs — ces fleurs de vertu qui s'appelaient Barras, La Revellière-Lépeaux et Rewbell, — firent afficher sur les murs de Paris une lettre signée PICHEGRU, et dans laquelle, selon eux, le général répondant à une proposition du prince de Condé, avait écrit *de sa main* les lignes suivantes :

« ...J'offre de passer le Rhin où l'on me désignera, le jour et à l'heure fixés, et avec la quantité de soldats et de toutes les armes que l'on me désignera. Avant, je placerai dans les places fortes des officiers sûrs, pensant comme moi ; j'éloignerai les coquins et les placerai dans les lieux où ils ne peuvent nuire, et où leur position sera telle qu'ils ne pourront se réunir. Cela fait, dès que je serai de l'autre côté du Rhin, je proclame le Roi, j'arbore le drapeau blanc ; le corps de Condé et l'armée de l'Empereur s'unissent à nous. Aussitôt je passe le Rhin et je rentre en France. Les places fortes seront livrées et gardées, au nom du Roi, par les troupes impériales. »

Cette lettre, reproduite par les journaux à la dévotion du Directoire, constituait un faux. Pichegru n'en était pas l'auteur. C'est la police qui l'avait imaginée en présentant comme écrite sur le papier par le général une réponse verbale que lui avait attribuée, dans un document suspect, un aventurier politique, Roques de Montgaillard, l'homme taré, toujours à vendre au plus offrant et accoutumé au rôle de délateur.

Accusé de trahison, le général Pichegru aurait dû être traduit devant un Conseil de guerre. Mais on ne voulait pas lui donner des juges. Ce qu'on poursuivait en lui, plus encore que le sodat, c'était l'homme politique dont la popularité menaçait le Directoire. Barras et ses collègues trouvèrent plus commode de le déporter sans jugement. Un faux voilà donc ce qu'on trouve à l'origine de la légende sous laquelle, depuis plus d'un siècle, sa mémoire est restée écrasée.

Quelques jours après le 18 fructidor, il est vrai, se produisait un incident qui parut corroborer les dires de Montgaillard. Une lettre datée du 19 fructidor, et signée du général Moreau, successeur de Pichegru au commandement de l'armée de Rhin-et-Moselle, arriva à Paris, à l'adresse du directeur Barthélemy. Ce dernier, atteint, lui aussi, par la proscription, était déjà en route pour Sinnamari. La lettre fut remise au Directoire. Elle lui révéla que, le 21 avril précédent, après le passage du Rhin, les équipages du général de Klinglin, major général de l'armée autrichienne, ayant été capturés, on avait trouvé dans un fourgon des papiers très compromettants pour Pichegru.

Ces papiers ne renfermaient aucune lettre de Pichegru, et Moreau sans doute n'y avait pas attaché une bien grande importance, puisqu'il avait attendu plus de quatre mois avant d'en parler. Ils consistaient en un grand nombre de pièces épistolaires, chiffrées pour la plupart, ayant pour auteurs les nombreux émissaires qu'employait le prince de Condé à ses opérations diplomatiques. De leur aveu ou à leur insu, tous ces émissaires, en même temps qu'ils travaillaient pour Condé, travaillaient aussi pour l'Angleterre et l'Autriche. Ils émargeaient directement ou indirectement aux fonds secrets de ces puissances, dont Wickham et Crawford pour l'une et Klinglin pour l'autre étaient les distributeurs. Aux ressources qu'ils se procuraient ainsi, ils en ajoutaient d'autres en trompant leurs mandants.

« Lorsque aujourd'hui, dit M. Ernest Daudet, on examine ces fameux « papiers de Klinglin », l'esprit libre, uniquement animé du désir d'en faire jaillir la vérité, on reste confondu, tant sont inconsistantes et fragiles les preuves qu'on en retira contre Pichegru. Comme dans la relation de Montgaillard et comme dans les *Mémoires* de Fauche-Borel, publiés ultérieurement (1), le mensonge, dans ces lettres, coule à pleins bords. On a la sensation d'être entré dans une caverne où s'agite, nuit et jour, une bande d'aigrefins et d'escrocs, exploitant la crédulité de quelques naïfs qu'ils se sont adjoints et cherchant à se procurer, coûte que coûte, des ressources destinées, prétendent-ils, à payer le concours de Pichegru et à assurer des moyens d'action à cet illustre soldat du nom duquel ils usent et abusent à qui mieux mieux. Dans une instruction judiciaire sérieuse, ouverte contre lui par un magistrat consciencieux et désintéressé, aucune de ces pièces n'eût été admise. »

Les historiens de la Révolution n'ont pas été si difficiles. Ils n'ont point, d'ailleurs, pour habitude d'y regarder de si près. Sans hésitation, sans examen, ils se sont faits les échos du Directoire. M. Ernest Daudet est le premier qui ait étudié sérieusement la question ; — le premier et le seul qui ait essayé de la résoudre à l'aide de documents dont on ne saurait contester l'autorité :

(1) Ils parurent seulement en 1829.

les papiers de Condé conservés aux Archives de Chantilly et la correspondance militaire de Pichegru conservée au Dépôt des Archives de la guerre.

II

De l'armée de la Moselle et de celle du Rhin, le Comité de salut public, au mois de mai 1795, s'était décidé à n'en former qu'une seule dite de Rhin-et-Moselle. Il en avait donné le commandement à Pichegru, et tandis qu'il mettait Moreau à la tête de celle du Nord, il plaçait celle de Sambre-et-Meuse sous les ordres de Jourdan, le vainqueur de Fleurus. Le même décret stipulait que si la réunion des trois armées devenait nécessaire au cours de la campagne, c'est Pichegru qui en serait le général en chef.

Il avait alors trente-cinq ans. Il arrivait de Hollande, chargé de lauriers, objet de l'admiration universelle, et d'autant plus honoré qu'il venait de refuser la magnifique pension que les Etats généraux du pays qu'il avait uni à la République étaient disposés à lui voter. Chargé à son court passage à Paris, lors des émeutes de germinal (avril 1795), de la défense de la Convention, et l'ayant préservée des fureurs populaires, il avait reçu d'elle le titre de Sauveur de la patrie. C'est donc à l'apogée de la gloire et comme couronné d'une auréole qu'il prenait possession de son commandement.

L'armée de Sambre-et-Meuse opérait sur le Bas-Rhin, ayant en face d'elle, sur la rive droite du fleuve, le général autrichien Clairfayt dont les troupes s'échelonnaient de Dusseldorf à Manheim, leur centre à Mayence qu'assiégeaient les Français sur la rive gauche. L'armée de Rhin-et-Moselle avait pour théâtre le Haut-Rhin, de Manheim à Huningue ; elle était opposée à Wurmser, dont les effectifs se grossissaient du petit corps du prince de Condé.

D'après ses accusateurs, ce serait le 19 août 1795 que Pichegru aurait pris, envers les émissaires du prince de Condé, l'engagement de livrer son armée, de sacrifier celle de Jourdan et de faire en toute occasion, le jeu de l'armée autrichienne. Or, précisément à ce moment (sa correspondance avec le Comité de salut public et celle des représentants en mission à son quartier général le prouvent avec la dernière évidence), il préparait l'exécution d'un plan destiné à venir en aide aux opérations de Jourdan et à infliger aux Autrichiens un sérieux échec. Il écrit au Comité de salut public le 31 août :

« ...Le général Jourdan éprouve de très grandes difficultés pour son passage (le passage du Rhin). J'ai le projet de les diminuer par une diversion sur le centre où l'ennemi s'est singulièrement affaibli. J'ai en conséquence donné des ordres pour faire à Oppenheim les préparatifs d'un passage qui aura lieu incessamment si nous pouvons nous procurer les chevaux nécessaires pour le transport de l'équipage de pont ; et quand on ne parviendrait qu'à jeter douze ou quinze mille hommes sur le Darmstadt, il y en aurait assez pour s'y maintenir jusqu'à ce que l'ennemi eût détaché des forces de sa droite ou de sa gauche, ce qui remplirait parfaitement le but de la diversion. Nous pourrions d'ailleurs profiter de ce moment pour sommer la place de Manheim que nous serions dès lors dans le cas de bombarder, d'après les articles de la capitulation, de sa tête de pont. »

Jourdan, le 7 septembre, réussit à passer le Rhin non loin de Dusseldorf et à s'emparer de cette ville, Pichegru, de son côté, s'empare de Manheim le 20 septembre. Il y établit sur-le-champ son quartier général et les services de l'armée.

En envoyant au Comité le texte de la capitulation, il disait : « Elle ouvre aux troupes françaises un nouveau passage sur le Rhin et nous met en position d'intercepter de la gauche à la droite l'armée autrichienne que chasse devant lui le général Jourdan. Je vais profiter de cette occasion pour faire passer le plus de troupes sur la rive droite pour couper Clairfayt et Wurmser. »

Ainsi, par suite du double mouvement des armées de Sambre-et-Meuse, et de Rhin-et-Moselle, « les Français constate l'historien allemand Sybell, avaient pris possession de deux places fortes du Rhin et occupaient tout le pays compris entre le Rhin, le Mein et la ligne de démarcation établie avec la Prusse ». Après plusieurs mois durant lesquels, sur les deux rives, les belligérants étaient restés immobiles, la campagne s'ouvrait par un succès pour la République, succès auquel, pour sa part, Pichegru avait largement contribué. Comment, dès lors, au moins pour cette première partie de la campagne, pourrait-on parler de trahison ?

III

Après les succès sont venus les revers. Dans les seconds comme dans les premiers, les accusateurs de Pichegru voient une preuve de sa trahison. Mais ici encore les faits leur donnent un démenti.

En nommant Pichegru, Jourdan et Moreau au commandement des armées de Rhin-et-Moselle, de Sambre-et-Meuse et du Nord, le Comité de Salut public — on l'a vu plus haut — avait décidé que, si la réunion de ces trois armées devenait nécessaire, Pichegru en serait le général en chef et, à ce titre, aurait sous ses ordres ses deux camarades. A la fin de septembre, alors que nous tenions Manheim, que Mayence était assiégée et que le passage du Rhin effectué successivement par Jourdan et Pichegru semblait rendre possibles des opérations plus actives, le Comité de salut public pensant qu'elles seraient facilitées par la réunion des deux armées du Rhin, ordonna la mise à exécution de la décision qui les plaçait, le cas échéant, sous les ordres de Pichegru.

Si Pichegru était un traître, c'était pour lui une bonne fortune inespérée que cet accroissement de pouvoir, que cette mainmise sur l'armée de Jourdan. Il s'empressera donc d'accepter. Bien loin qu'il en soit ainsi, il refuse au contraire énergiquement le commandement suprême. Le 5 octobre, rendant compte au Comité d'une conférence qui avait eu lieu la veille à son quartier général entre lui, Jourdan et les représentants du peuple, à l'effet de se concerter sur les opérations en vertu des ordres reçus, le commandant de l'armée de Rhin-et-Moselle, s'exprimait comme suit :

« Quel que soit jamais le rapprochement des deux armées, je regarde comme impolitique d'en réunir le commandement tant que dureront surtout le concert et la bonne intelligence qui ont toujours régné entre le général Jourdan et moi. Au surplus si le Comité persiste dans son intention à cet égard, je déclare d'avance qu'il doit jeter les yeux sur un autre que moi pour exercer un

commandement qui se trouve infiniment au-dessus de
mes forces et de mes moyens. La guerre, en affaiblissant
les ressorts physiques de tous ceux qui la font, altère
aussi les facultés morales de ceux qui la dirigent par un
travail et une tension continuels que l'inquiétude et les
soucis rendent infiniment pénibles ».

Les Autrichiens cependant, n'étaient pas découragés.
Pressés de prendre leur revanche, Clairfayt et Wurmser,
chacun de son côté procédaient, dès les premiers jours
d'octobre, à des préparatifs formidables en vue d'une
attaque simultanée contre les lignes ennemies.

Pichegru ne commandait plus à ce moment, qu'à une
armée dispersée. Il occupait, avec trois divisions, la place
de Manheim. Quatre autres étaient postées entre Strasbourg et Huningue ; quatre campaient devant Mayence,
préposées à la garde des redoutes élevées sur la rive
gauche pour bloquer la place de ce côté. Ces redoutes ne
comptaient pas moins de cent cinquante pièces d'artillerie. C'est en vertu des plans envoyés de Paris, par le
Comité de salut public, que les choses avaient été dispo-
sées ainsi, et par sa volonté formelle qu'une partie de
l'armée se trouvait paralysée devant Mayence, dont le
siège sans utilité immédiate, s'annonçait comme une opération longue et difficile.

A l'improviste, Pichegru recevait, le 17 octobre, une
lettre de Jourdan lui annonçant que, « faute de subsistances et de chevaux », il s'était décidé à repasser sur la
rive gauche du Rhin, dans la crainte de compromettre,
en restant sur la rive droite, les troupes qu'il commandait. Clairfayt, par une manœuvre audacieuse et habile,
l'avait contraint à la retraite. Cette retraite avait bientôt dégénéré en une fuite désordonnée, aggravée par

l'hostilité des paysans qui s'étaient joints aux Autrichiens pour la rendre plus meurtrière.

Le lendemain, à quatre heures du matin, Pichegru est
attaqué à son tour, sous les murs de Manheim. A midi,
l'attaque durait encore. Finalement, il fallut céder le
terrain à des forces supérieures et se réfugier sous la ville.
Pour Pichegru comme pour Jourdan, le déplorable service de l'artillerie et des munitions était la cause de l'é-
chec. En en rendant compte au Comité, le commandant
de Rhin-et-Moselle proposait « pour parer à de plus
grands désavantages, de détacher des troupes de Jourdan qui n'a qu'à garder la défensive de quoi fortifier la
défense de Manheim que l'ennemi cherche à prendre ou
à brûler. » Il renonçait aussi à s'emparer de Kehl, trop
bien défendu par Wurmser, et rappelait les troupes qui
s'y trouvaient déjà afin de se rendre plus fort à Manheim.

Le 18 octobre, sous le feu de l'ennemi, le 19 encore, il
multiplie ses instances auprès de Jourdan pour en obtenir des renforts.

En présence de ces témoignages, des soins et des solli-
citudes de Pichegru, que devient le grief qu'on lui im-
pute d'avoir voulu livrer Manheim aux Autrichiens?
Singulier moyen de livrer cette place que celui qui con-
siste à solliciter des secours pour la défendre ! C'est du
reste l'avis du Comité de Salut public, que Jourdan doit,
en ces circonstances, venir en aide à Pichegru. Seulement Jourdan n'en fera rien.

Le 27 octobre, la situation subitement se complique.
Les Autrichiens qui, la veille, sont parvenus à jeter dans
Mayence, par la rive droite, plusieurs milliers d'hommes,
font, sous les ordres de Clairfayt, une sortie sur la rive

gauche. En une matinée, ils mettent en déroute l'armée assiégeante, s'emparent des retranchements qu'elle a élevés, de cent trente-huit canons qui les défendent ; ils font dix-sept cents prisonniers et obligent les Français à s'enfuir.

Pichegru accourt du haut Rhin avec des renforts, reconquiert une part du terrain perdu, prend position derrière la Pfrimm. Il s'y fortifie, appuyé à Worms et supplie Jourdan de venir défendre la Nahe qui est à découvert. Mais au même moment, son armée est attaquée à Manheim. Bien qu'elle se batte durant toute la nuit, elle ne peut empêcher la tête de pont du Neckar d'être emportée par les Autrichiens, qui la gardent durant quelques heures et à qui l'arrache enfin un héroïque effort de nos soldats.

Dans la situation si critique où se trouve Pichegru, il ne peut avoir d'espoir qu'en Jourdan. Il le lui a dit par trois fois ; il le lui répète avec plus de force le 6 novembre. Jourdan continue à ne pas lui venir en aide et à laisser Pichegru en tête-à-tête avec l'ennemi. Du 10 au 13 novembre, l'armée de Rhin-et-Moselle subit des attaques ininterrompues sous les murs de Manheim, que convoitent les Autrichiens commandés par Kray. Nos troupes accomplissent des prodiges Frankenthal, à Turkheim, dans les gorges de Kayserlautèn.

Dans une lettre saisie sur une estafette ennemie, et qui a pour auteur un officier autrichien, on lit ces lignes : « A Frankenthal, nous avions affaire à un grand général. La retraite fut un chef-d'œuvre d'art militaire. Notre cavalerie ne put en venir aux mains à cause des positions avantageuses que sut prendre l'ennemi. Il nous fait acheter cher tous les pas que nous faisons en avant... »

Mais que peut tant d'intrépidité et de science contre un ennemi qui se renouvelle sans cesse, alors qu'on ne peut lui opposer des troupes fraîches et qu'il rencontre tous jours devant lui les mêmes effectifs de plus en plus affaiblis par leur dénuement et les vides qui se font dans leurs rangs?

Le 21 novembre, la garnison que Pichegru avait laissée à Manheim était obligée de capituler.

Cette capitulation était le grand cheval de bataille de ses accusateurs ; elle constitue à leurs yeux la preuve inéluctable de la trahison : « Pichegru, disent-ils, opéra sa retraite sans être inquiété, abandonnant de propos délibéré dans Manheim un corps de neuf mille Français qui, investis dans une ville mal fortifiée par toute une armée victorieuse, trouvèrent là une mort glorieuse, mais inutile pour la patrie. »

Autant d'erreurs que de mots. La retraite de Pichegu fut, au contraire, terriblement inquiétée. Ce ne fut pas de propos délibéré qu'il laissa une garnison dans Manheim, mais sur *l'ordre formel du Comité de Salut public.* Cette garnison n'y trouva pas une mort glorieuse, puisqu'elle capitula après onze jours de siège.

Manheim avait capitulé le 21 novembre. Dès le 3 décembre, Pichegru reprenait l'offensive, malgré le mauvais temps qui régnait depuis quinze jours; cherchant à se rapprocher de l'armée de Sambre-et-Meuse et à contraindre l'ennemi à repasser le Rhin. Il lui faisait, en trois journées de combats quelques centaines de prisonniers, le délogeait des Deux-Ponts et de Hambourg, s'y établissant lui-même et ne cessait de le harceler, tandis que, par son ordre, le général Ferino entrait dans Landau.

Le 31 décembre 1795, un armistice est signé entre l'armée autrichienne et l'armée de Rhin-et-Moselle. Les accusateurs du général ne se font pas faute, on le pense bien, d'y voir une preuve nouvelle de trahison. Mais alors Jourdan, lui aussi, est un traître, puisqu'il a également signé l'armistice au nom de l'armée de Sambre-et-Meuse; puisque, dès le 18 décembre, il l'avait accepté en principe et avait vivement pressé Pichegru de s'y rallier. Traîtres aussi les représentants en mission, Merlin de Thionville et Rivaud, sur les instances desquels Pichegru a signé l'armistice, qu'il était personnellement d'avis de repousser.

Il ne cessait du reste de demander son remplacement. Le 15 mars 1796, sa démission est enfin acceptée. Preuve certaine qu'il ne trahissait pas. S'il l'eût voulu faire, il est bien évident qu'il ne serait pas rentré de lui-même dans les rangs des simples particuliers, ce qui le mettait hors d'état de livrer jamais une armée qu'il ne commandait plus.

Donc, pas de trahison. Ce qui est vrai, c'est que Pichegru, comme tous les hommes prévoyants, était pénétré des innombrables périls auxquels l'impéritie des gouvernants, la guerre civile déchaînée, le désarroi des esprits, la désorganisation générale et les incertitudes, quant à l'avenir, exposaient la France. Il ne voyait d'autre chance de salut pour son pays en danger que le rétablissement de la monarchie. C'est pourquoi il ne repoussa pas les émissaires de Condé.

Qu'il fût disposé, décidé même à faire défection à la République, cela n'est pas douteux ; mais qu'il ait essayé d'y employer la trahison, c'est une accusation à laquelle tous ses actes donnent le plus éclatant démenti.

Le Directoire, depuis plusieurs années, est le domaine

propre de M. Ernest Daudet. Sur cette période, si curieuse et si mal connue, nous lui devons déjà plus d'un
volume d'un vif et particulier intérêt. Celui qu'il nous
donne aujourd'hui sur la *Conjuration de Pichegru* ne
sera pas le moins remarquable de cette série. Il nous promet une histoire du 18 *Fructidor*. Nul n'est mieux que
lui préparé à l'écrire.

XVII

MÉMOIRES ET NOTES DE CHOUDIEU ⁽¹⁾

I

Pierre-René Choudieu, représentant du peuple à l'Assemblée législative, à la Convention et aux armées, fut le type du parfait Jacobin, du vrai Montagnard. Aussi m'étais-je réjoui à l'annonce de ses *Mémoires ;* car rien n'est plus rare que les Mémoires venus de ce côté. Dans la collection *des Mémoires relatifs à la Révolution Française* de MM. Berville, et Barrière, les Mémoires écrits par les députés girondins ou par leurs amis sont aussi nombreux qu'importants. On y rencontre ceux de Meillan, député des Basses-Pyrénées l'un des proscrits du 2 juin ; de Durand de Maillane, député des Bouches-du-Rhône, qui siégeait sur les bancs de la Plaine, mais qui avait été dénoncé comme fédéraliste après les journées des 31 mai, 1er et 2 juin, et dont toutes les sympathies étaient pour

---

(1) *Mémoires et Notes de Choudieu, représentant du peuple à l'Assemblée législative, à la Convention et aux armées* (1761-1838) publiés d'après les papiers de l'auteur, avec une Préface et de remarques par Victor BARRUCAND. Un volume in-8°, Plon-Nourrit et Cie, éditeurs, 10, rue Garancière, 1897.

la Gironde ; de Thibaudeau, député de la Vienne, qui avait pris place en arrivant à la Convention sur les bancs de la Montagne, mais qui avait vu, après le 31 mai, son père et son frère arrêtés comme partisans des Girondins, et qui se montre, dans les Mémoires très hostile à Robespierre et très favorable à Vergniaud et à ses collègues ; de Louvet, député du Loiret, qui avait été décrété d'arrestation le 2 juin, et qui, après avoir échappé à toutes les recherches pendant le règne de la Terreur, était rentré à la Convention en vertu du décret du 8 mars 1795 ; d'Honoré Riouffe, enfermé à la Conciergerie peu de temps avant la condamnation des Girondins et l'un des témoins de leurs dernières journées ; de Mme Roland enfin, le seul homme de la Gironde et son plus éloquent écrivain.

La collection Berville et Barrière a paru de 1820 à 1826. Nous avons eu depuis lors les *Mémoires* de Brissot, de Barbaroux, de Buzot, de Pétion, de Doulcet de Pontécoulant, tous girondins. Ni dans la collection Berville et Barrière, ni depuis il n'a été publié de *Mémoires* écrits par des membres de la Montagne. En 1829, on a bien fait paraître quatre volumes intitulés : *Mémoires de René Levasseur (de la Sarthe), ex-conventionnel ;* mais, dans le procès auquel donna lieu cette publication, il fut reconnu que leur véritable auteur était Achille Roche, ancien secrétaire de Benjamin Constant. Dans son livre sur la *Révolution*, Edgar Quinet parle, en maint endroit, des Mémoires *inédits* de Marc-Antoine Baudot, représentant de Saône-et-Loire, et comme René Levasseur, un des membres les plus exaltés de la Montagne. En attendant qu'ils paraissent, nous sommes réduits aux *Mémoires* de Choudieu.

Et tout d'abord sont-ce bien des mémoires? Après avoir projeté d'écrire les siens, Choudieu n'avait pas tardé, sinon à y renoncer, du moins à disperser ses souvenirs dans une vaste esquisse parlementaire de la Révolution, qu'il n'a point terminée et qui ne pouvait l'être. « Des ambitions historiques de Pierre-René Choudieu, dit son éditeur, M. Victor Barrucand, nous n'avons donc retenu que l'apport des faits qui lui sont personnels avec les considérations nécessaires à leur enchaînement. Sur ce point, ses papiers devaient encore être soigneusement révisés, car beaucoup de réflexions étrangères et des souvenirs de lecture sans citation d'origine s'y rencontraient : il avait coutume de relever pour lui-même les pensées qui l'avaient frappé, et, dans ces conditions, *on comprend avec quelle prudence ses notes et ses annotations devaient être épluchées*. Ses citations des auteurs qu'il se flatte de réfuter étaient souvent données trop légèrement et comme de mémoire; il a fallu aussi les contrôler et y apporter plus de rigueur. » — Et plus loin : « Choudieu ne laissait point d'héritiers directs ; ses papiers furent vendus et passèrent successivement aux mains de plusieurs propriétaires. Il y a quelques années, la ville d'Angers (1) les acquit dans une vente publique pour la somme de *cent francs*. Les feuillets en ont été numérotés mais non classés. J'en avais eu connaissance en recherchant dans les archives de l'Ouest des documents inédits sur Rossignol et la Vendée... En 1896, j'ai entrepris de tirer des papiers de Choudieu le livre que j'ap-

---

(1) Choudieu était né à Angers le 26 novembre 1761. Ce fut le département du Maine-et-Loire qui l'envoya à l'Assemblée législative, puis à la Convention.

porte aujourd'hui et j'ai dû pour cela aller me fixer à Angers pendant quelques mois. A lire mon auteur qui, à soixante-dix ans passés, s'était mis en tête d'écrire l'histoire après y avoir contribué en fait, à le *chercher dans le fatras d'écritures qu'il a laissées,* je m'affectionnais à lui... »

Ainsi donc de l'aveu de l'éditeur, ce que nous avons sous les yeux dans ce volume, ce ne sont pas les *Mémoires de Choudieu* ce sont des notes extraites de ses papiers, du *fatras d'écritures* qu'il a laissées. Ce n'est pas un livre, à proprement parler, mais un simple recueil documentaire. A ce titre, d'ailleurs, il n'est pas sans intérêt, et, pour ma part, je sais très grand gré à M. Victor Barrucand de nous l'avoir donné.

II

Ce qu'il y a peut-être de plus curieux dans ces notes, c'est l'état d'âme qu'elles nous révèlent chez leur auteur. Cet *ami des lumières*, cet adversaire de la *superstition* et du *fanatisme* se fait l'écho fidèle et empressé de toutes les erreurs, de tous les mensonges, de toutes les inepties révolutionnaires. Pas de bourde, si grossière soit-elle, qu'il n'accueille avec complaisance et qu'il ne répète avec une conviction qui semble sincère. D'après lui, c'est la Cour qui, le 10 août voulait assassiner les *patriotes* lesquels n'ont fait que se défendre. « Les chevaliers du poignard, dit-il, devaient massacrer tout ce qu'ils rencontreraient ; et, afin qu'il n'y eût pas de méprise, tous les membres du côté droit avaient été prévenus qu'ils ne devaient pas paraître à l'Assemblée avant que le combat

fût fini. Alors ils seraient venus en triomphateurs prendre séance sur les corps sanglants de leurs collègues en
ayant l'air de s'apitoyer sur le sort des victimes. » —
Ce sont les royalistes qui ont égorgé à Versailles, le
9 septembre 1792, les prisonniers d'Orléans, MM. de Bris-
sac, de Lessart, d'Abancourt, Larivière et les autres.
« Mon opinion, écrit-il, est que la responsabilité du massacre des prisonniers d'Orléans appartient tout entière
au parti royaliste, dont les chefs avaient un grand intérêt à ce que ces prisonniers ne fissent aucune révélation
qui pût les compromettre ». — Le 12 germinal an III
(1er avril 1795), l'émeute éclata de grand matin dans la
section de la Cité. Les émeutiers battirent la générale,
les sections du Temple et du Faubourg Saint-Antoine
descendirent dans la rue, puis l'on marcha sur les Tuileries en criant : « Du pain et la Constitution de 93. »

Une première colonne pénétra dans la salle d'attente,
força la porte de la Convention, y entra en tumulte, se
mêla aux députés, et interrompit la séance. Une seconde
grossit bientôt la première. Le tumulte dura plusieurs
heures. Enfin, le tocsin sonna, les sections voisines arrivèrent et dégagèrent la Convention. Elle décréta alors
la déportation au château de Ham de sept députés qui
avaient essayé de parler au nom du peuple et de soutenir les intrus. Choudieu était l'un des sept. La journée
du lendemain fut encore tumultueuse. Les émeutiers
continuaient de se défendre dans l'église Notre-Dame
et dans quelques sections. Ils voulurent arrêter aux bar-
rières les voitures qui emmenaient les représentants
proscrits. Mais, grâce à Pichegru, nommé la veille commandant de Paris, force resta à la loi. D'après Choudieu,
cette émeute du 12 germinal a eu pour auteurs... les

aristocrates ! Et ce sont eux encore, ce sont les royalistes, qui ont organisé l'insurrection du 1er prairial (20 mai 1795), dont le but était de forcer la Convention à chasser les députés modérés, à rappeler les montagnards exilés ou détenus, à refaire une commune de Paris, à mettre la constitution de 93 en vigueur, à revenir aux moyens révolutionnaires, tels que les réquisitions et le maximum ! De cette étrange affirmation, — que les journées de prairial ont été exclusivement l'œuvre des royalistes, M. Choudieu n'est pas embarrassé de fournir la preuve, et cette preuve la voici : en 1814, le roi Louis XVIII a félicité M. Boissy d'Anglas sur le courage qu'il avait montré dans ces horribles journées ! (1).

Un dernier trait achèvera de montrer que la crédulité de Choudieu n'avait pas de bornes, toutes les fois que sa passion et ses haines révolutionnaires étaient en jeu. Il n'hésite pas à dire que Louis XVI a versé un verre de poison au serrurier Gamain, qui l'avait aidé dans la construction de l'armoire de fer, et dont il craignait l'indiscrétion.

Pour M. Choudieu, le roi est un empoisonneur. Il donne des amants à Madame Elisabeth, la sainte et admirable sœur de Louis XVI. En revanche il ne veut pas que *Mademoiselle* Théroigne de Méricourt en ait eu. Il tient pour immaculée cette sanglante prostituée qui, dans la journée du 10 août, fit massacrer le journaliste François Suleau, coupable d'avoir dit qu'elle était « vieille » et « laide ». Et comme il s'est fait le chevalier de la *vertu*

----

(1) *Notice sur Choudieu*, par M. Bougler, conseiller à la Cour d'appel d'Angers, au tome I, de son excellent ouvrage sur *Les Députés de l'Anjou*, 1865.

de Théroigne, il se porte garant de la *justice* du Tribunal révolutionnaire. Il applaudit à l'exécution des généraux Houchard, Custine, Biron, Alexandre Beauharnais, Westermann, Beysser, Bailly, lui aussi, était coupable.

Maire de Paris, il avait, en exécution de la loi, fait proclamer la loi martiale, et c'était là, bien évidemment, un véritable crime. Malesherbes lui-même était-il donc innocent ? « J'ai ouï dire dans le temps, écrit Choudieu, qu'on avait trouvé chez lui une correspondance avec quelques émigrés de sa famille. *Si le fait est vrai*, la loi qui défendait sous peine de mort de semblables correspondances était sans doute trop rigoureuse, mais à qui peut-on reprocher cet excès de sévérité? Est-ce aux juges qui ont appliqué la loi ou aux législateurs qui l'ont faite ! »

Si le fait est vrai, — écrit Choudieu ; mais il lui était bien facile de se renseigner à cet égard d'une façon positive ; il n'avait qu'à ouvrir l'ouvrage de son ancien collègue, M. Boissy d'Anglas, sur la *Vie, les opinions et les écrits de M. de Malesherbes*. Il y aurait trouvé l'acte d'accusation et les interrogatoires de l'illustre vieillard, et il aurait vu alors qu'à aucun moment du procès on n'avait argué contre Malesherbes de l'existence d'une correspondance réprouvée par les lois.

III

Nous connaissons maintenant les opinions de Choudieu, ses principes et ses sentiments. Quels furent ses actes?

Membre de l'Assemblée législative, il rivalisa de vio-

lence avec les pires Jacobins ; il contribua de tous ses
efforts à la révolution du 10 août. Le 2 septembre, le
premier jour du massacre des prisons, il se rendit à l'Abbaye, et ici nous le laisserons parler lui-même : « Introduit, dit-il, avec mes deux gardes nationaux dans ce
qu'on appelle le préau de la prison, je demandai à parler au commandant. Il n'y en avait point d'autre que
celui qui présidait à ces sanglantes exécutions. Après
quelques minutes, je le vis venir. C'était un nommé Dufr...
comédien attaché au spectacle de la Montausier. Il ne
me donna pas le temps de placer un mot. « Que viens-tu
faire ici, me dit-il? Si tu viens pour arrêter la justice du
peuple, je dois te dire que tu ferais de vains efforts, et
que tu courrais même des risques, si tu cherchais à t'y
opposer. Le seul conseil que j'aie à te donner, c'est de te
retirer le plus promptement possible. *Il n'y avait rien à
répondre* ». — Choudieu est député. On égorge sous ses
yeux de malheureux prisonniers. Le chef des assassins
lui dit : « Retire-toi le plus promptement possible ». Et
le député, le représentant du peuple se retire au plus vite,
sans une protestation, sans un mot, sans un cri ; — et
quarante ans plus tard, le malheureux homme a le courage d'écrire : IL N'Y AVAIT RIEN A RÉPONDRE !

Il avait, dit-il, le cœur serré par tout ce qu'il avait vu.
Cette émotion, en tout cas, ne dura guère. Voici, en ef-
fet, ce que nous lisons dans le consciencieux travail de
M. Bougler :

« S'il en fut sincèrement affligé, il est à croire que
l'impression ne fut ni bien profonde, ni bien durable,
car nous tenons d'un vénérable vieillard (1) qui survit

----

(1) M. le docteur Laroche père, décédé depuis quelques années seulement. Note de M. Bougler, qui écrivit en 1865.

presque nonagénaire à cette terrible et lamentable époque, et qui, dans un âge si avancé, conserve encore toute la fidélité et toute la fraîcheur de ses souvenirs, nous tenons de lui que le 3 septembre au matin, il arriva tout effaré, et la mort dans l'âme, chez son compatriote Choudieu, auquel il annonça que le sang coulait à flots dans Paris. M. Choudieu, qui se trouvait en compagnie de son ami Pérard (1), n'en parut nullement surpris, et se borna à répondre d'un air riant et dégagé : « Ne vous occupez pas de tout cela, jeune homme; et déjeunez avec nous ! »

Avant même que la Convention ne se réunît, il fit circuler à Angers un modèle d'adresse aux députés pour demander la mise en jugement et la condamnation de Louis XVI. Ceux qui la colportaient ne se faisaient pas faute de dire que le refus n'était pas sans périls et que le représentant Choudieu saurait en tirer vengeance. Un jeune membre de l'ancienne magistrature, qui avait été le condisciple et le collègue de M. Choudieu (2) quoique plus jeune que lui de quelques années, alla le trouver à l'hôtel où il était descendu, lui fit part de son refus, et ajouta ne pas comprendre que l'on pût imposer ainsi l'obligation de provoquer une sentence de mort. Choudieu se prit à rire et répondit à son ancien collègue : « Tu as raison et j'estime ta franchise. Tu ne fais pas comme ces lâches qui ne signent que par peur, et dont pas un

_____

(1) Pérard, avocat à Angers, allait à quelques jours de là, être envoyé par le département de Maine-et-Loire, à la Convention, où il vota la mort du roi. Cela ne l'empêchera pas, plus tard de réclamer une pension du gouvernement royal (lettre du 2 mars 1819).

(2) Choudieu avait été en 1789, substitut des gens du roi au présidial d'Angers.

n'est vraiment à la hauteur de la Révolution, mais que veux-tu? Il nous faut absolument la tête de Louis XVI et nous l'aurons. Nous savons bien, toutefois, que ce ne sera pas sans peine ni sans obstacle et c'est pour faciliter l'accomplissement de cet acte révolutionnaire et de tout point indispensable que nous profitons du concours de toutes les lâchetés et de toutes les bassesses. »

Au jour du procès, il vota pour la mort, contre l'appel au peuple et contre le sursis. Au mois de mars 1793, il fut envoyé en mission, avec son collègue Richard (de la Sarthe), dans les départements de l'Ouest, où l'insurrection venait d'éclater. Plus tard, le conventionnel Bourbotte et d'autres représentants leur furent successivement adjoints ; mais Choudieu resta toujours l'âme et le bras de ce conseil où son audace et ses allures déterminées lui assuraient une influence à peu près exclusive. Cette influence, il ne cessa de l'exercer au profit des généraux sans-culottes, réservant toutes ses tendresses pour les Santerre, les Ronsin et les Rossignol. Ce dernier, ancien garçon orfèvre, d'une incapacité notoire et d'une férocité sans nom, fut l'un de ses protégés les plus chers. Dans son *Rapport sur la guerre de Vendée*, Choudieu présenta en ces termes la défense de ce misérable homme : «Quand on aurait eu à reprocher à *ce brave homme*, quelques fautes involontaires, ne vaut-il pas mieux cent fois nous exposer à l'inexpérience et aux erreurs des *sans-culottes* que de nous livrer aux talents et à la perfidie des hommes de l'ancien régime? »

Choudieu se défend, dans ses notes, d'avoir commis aucun acte de cruauté. Il ne veut pas, surtout, qu'on l'accuse d'avoir ordonné l'arrestation des administrateurs du département de Maine-et-Loire et d'avoir ainsi contribué à envoyer à l'échafaud des hommes qui avaient été ses amis, ses collègues, qui avaient vécu dans son intimité politique et « privée ». MM. de Dieusie, Brevet de Beaujour, Larevellière aîné, Couradieu et Tessié du Closeau. Il s'est borné, dit-il, à prononcer leur destitution ; si plus tard le comité révolutionnaire d'Angers les a fait incarcérer, c'était pour se conformer à une loi qui prescrivait cette mesure contre tous les fonctionnaires destitués. Ce qu'il ne dit pas, c'est que le président de l'administration départementale, M. de Dieusie, fut incarcéré le 15 septembre 1793, en vertu d'un arrêté signé Bourbotte et *Choudieu*, et « requérant le comité révolutionnaire de faire mettre sur-le-champ le *nommé* Dieusie en arrestation dans les prisons d'Angers, attendu que des circonstances nouvelles exigent que l'on s'assure plus rigoureusement de sa personne. » Ce qu'il ne dit pas, c'est que le malheureux Tessié du Closeau, qui à cette heure-là même combattait contre les Vendéens, sous les drapeaux de la République, fut arraché de la pièce qu'il servait à Noirmoutier, en vertu d'un autre arrêté, également signé *Choudieu*. Il affirme à plusieurs reprises, et jusqu'à satiété, dit M. Bougler, qui a eu entre les mains ses papiers, bien avant M. Barrucand, il affirme que c'est *au mois de juin* 1793 qu'il a prononcé la destitution des administrateurs de Maine-et-Loire ; si *plusieurs mois plus tard*, en octobre, ils ont été incarcérés, la responsabilité de cette arrestation ne saurait à aucun titre lui incomber.

Malheureusement, son affirmation est fausse. Son arrêté de destitution porte la date, non pas du mois de *juin*, mais du 6 *octobre* 1793, et *trois jours après*, le 9 octobre, le comité révolutionnaire faisait mettre en arrestation les fonctionnaires révoqués. Cette arrestation était-elle donc autre chose que la conséquence forcée, la suite immédiate et voulue de la révocation du 6 octobre? Et d'ailleurs, est-ce que le comité révolutionnaire n'avait pas été nommé par Choudieu lui-même et ses collègues? N'était-il pas composé de gens tout à sa dévotion? N'était-il pas notoire, enfin, que rien ne se faisait dans ce comité que de son ordre et de son assentiment (1) ?

Choudieu, dans sa mission en Vendée, où il fit du reste preuve d'un grand courage personnel, a encouru bien d'autres et non moins graves responsabilités. Il organisa sur tous les points de son territoire des Commissions militaires et des tribunaux exceptionnels, et il se reposait sur ces odieux tribunaux du soin de la vindicte publique avec une confiance et une quiétude effrayantes. Ainsi, après la reprise de Saumur par les Vendéens (juin 1793), Choudieu et son collègue Richard se retiraient à Tours, et, le 16 juin, ils instituaient la première Commission militaire. Il n'en dit pas un mot dans ses *Mémoires*, mais dans son *Rapport* à la Convention *sur la guerre de la Vendée*, il a été moins discret : « Nous proclamâmes, nous-mêmes dans les rues, dit-il, avec les autorités constituées, *la peine de mort* contre tous ceux qui se permettraient *les moindres* discours et *les moindres* actions tendant à favoriser les rebelles. Nous établîmes de suite une Commission militaire. »

Revenus à Saumur le 25 juin, puis à Angers, après l'évacuation de cette dernière ville par l'armée ven-

____

(1) BOURGLER, tome I, p. 414-418.

déenne, Richard et Choudieu y procédèrent comme à Tours. Son *Rapport* continue en ces termes : « Nous fîmes rechercher dans ces deux villes ceux qui avaient favorisé et accueilli les rebelles, et nous les avons livrés aux tribunaux *qui en ont fait justice.* Nous établîmes une commission militaire pour juger les coupables, et nous nous occupâmes à ranimer dans ce pays l'esprit public déjà corrompu par les manœuvres des fédéralistes, et que tant de malheurs avaient achevé d'éteindre. »

Choudieu et Richard sont restés à Angers jusqu'à la fin de janvier 1794. Représentants de la Convention, investis de pouvoirs illimités, ils étaient les véritables directeurs des comités et des commissions militaires et révolutionnaires. Ils sont donc responsables du sang que ces comités et ces commissions ont versé, et ce sang a coulé à flots. Du 22 juillet 1793 au 5 mai 1794, la commission Félix, ainsi nommée du nom de son président, le citoyen Félix, ancien commissaire de la Commune de Paris, a prononcé 1.158 condamnations à mort. Le chiffre des exécutions révolutionnaires d'Angers dépassa *deux mille* (1). Et certes, ces exécutions étaient hautement approuvées de Richard et de son collègue Choudieu, puisque les membres du comité révolutionnaire d'Angers pouvaient écrire « au montagnard Richard, représentant du peuple en mission » la lettre qu'on va lire :

« Citoyens, nous vous envoyons le nommé Henri Verdier, dit la Sorinière, copie de son interrogatoire, une suite d'interrogats qu'il a plu au département de lui faire subir, enfin une pièce qui le concerne et signée Garot ;

_____

(1) BERRIAT SAINT-PRIX, *la Justice révolutionnaire*, tome I, p. 140.

vous ne serez pas longtemps à voir que *c'est un présent que nous faisons à la guillotine.* Notre vœu sera rempli si la danse qu'il mérite suit de près l'envoi... Sous peu, vous en recevrez un autre d'aussi bon aloi ; c'est le sieur de la Haye de Hommes, qui vient de nous arriver... L'exemple est un motif si puissant sur le peuple que le comité vous demande de lui envoyer le *SACRAM SANCTAM GUILLOTINAM* et les *ministres républicains de son culte...* Il n'est pas d'heure dans la journée qu'il ne nous arrive des récipiendaires que nous désirons initier dans ses mystères. Jugez de la joie que nous éprouvons en songeant que les *autels* de cette DIVINITÉ (libératrice de la République) ne sont pas près d'être abandonnés. Pour que le service n'éprouve aucun retard, trouvez bon que nous en prévenions *SAINT-FÉLIX,* hiérophante du Sacré-Collège.

« Salut, fraternité, égalité, liberté, indivisibilité de la République française.

« *THIERRY*, président ; *ROBIN OBRUMIER* père ; *MAUCION ; LOUIS CHOUDIEU ; MARTIN ; CORDIER*, secrétaire (1). »

IV

En quittant la Vendée, Choudieu fut envoyé à l'armée du Nord (7 février 1794). Absent de Paris à l'époque du 9 Thermidor, il ne prit aucune part à la chute de Robes-

(1) Voir *Discours pononcé à la Société populaire d'Angers*, par Jean-Antoine Vial, citoyen de la commune de Chalonnes, district d'Angers, département de Maine-et-Loire (avec pièces justificatives), p. 151.

pierre. De retour à la Convention, il combattit la réaction thermidorienne avec une grande énergie. Il la combattit, non seulement à la tribune, mais jusque dans la rue. Plus d'une fois, il lui arriva de mettre l'épée à la main pour disperser et poursuivre la *jeunesse dorée* de Fréron, qui manquait rarement dans les spectacles et les lieux publics, de l'invectiver et de lui crier sus. Resté fidèle à ses opinions jacobines, il eut, dans la journée du 12 germinal an III, une attitude que ses ennemis ne pouvaient manquer d'exploiter contre lui. Au moment où la foule qui avait envahi l'Assemblée était la plus menaçante, il désigna du geste le fauteuil du président, et s'écria : *Le royalisme est là !*

Au milieu du tumulte, s'étant pris de discussion avec un membre de la majorité, Roussel (de la Meuse), il lui jeta à la face cette parole : « Ne me réplique pas, ou bien je te montrerais qui je suis et je te couperais en deux !... » Décrété d'arrestation avec quelques autres montagnards, Charles, Huguet, Foussedoise, Léonard Bourdon, il fut immédiatement conduit au château de Ham. L'amnistie décrétée le 4 brumaire an IV (24 octobre 1795) le rendit à la liberté. Peu de mois après, un arrêté du Directoire du 19 floréal (8 mai 1797), le comprenait parmi les complices de Babeuf. De nouveau délivré, il devint sous Bernadotte, chef de division au ministère de la guerre. Sous le Consulat, à la suite de l'attentat du 3 nivôse an IX (24 décembre 1800), il fut inscrit par Bonaparte sur une liste de déportation. Prévenu à temps, il put s'échapper en Hollande où, sous un nom supposé, il acquit un petit domaine sur la route de Harlem à Leyde. Sur la porte d'entrée de sa maison, ce doux berger, inscrivit ce vers de Virgile :

> *O fortunatos nimium, sua si bona norint,*
> *Agricolas !*

La Restauration le rendit à sa patrie. Pendant les Cent-Jours, il fut nommé lieutenant extraordinaire de police à Dunkerque. Atteint par la loi du 12 janvier 1816, sur les régicides qui avaient accepté des fonctions ou emplois de l'usurpateur, il se retira à Bruxelles, où il se fit connaître sous la désignation semi-aristocratique de *Choudieu du Verger.* Il accueillit avec enthousiasme la révolution de Juillet ; mais sa joie dura peu. Il ne voyait pas sans regrets que l'on s'était écarté des bonnes traditions et des vrais principes en ne guillotinant pas Charles X. Il couvrait de malédictions, dans ses notes, les ministres de Louis-Philippe, et surtout cet affreux Casimir Périer ! Ces objurgations n'empêchaient pas du reste Choudieu de toucher une pension du gouvernement de Juillet.

Il occupait alors un petit appartement rue Coquillière, n° 42, et c'est là qu'il est mort le 9 décembre 1838. Son nom était à peu près oublié. Il avait peu à peu disparu dans l'ombre des grands terroristes, les Carrier, les Fouché, les Joseph Le Bon, les Maignet, les Billaud-Varenne, les Collot d'Herbois. En essayant de le remettre en lumière, M. Victor Barrucand, qui est pourtant un homme d'esprit et de talent, lui a rendu un bien mauvais service.

XVIII

LE DUC DE ROVIGO ET LE DUC D'ENGHIEN [1]

I

Les Mémoires inédits deviennent rares ; tous les tiroirs, ou presque tous — se sont vidés. Que faire donc, puisque le public en demande encore? On rééditera les anciens, ceux qui, vieux de plus d'un demi-siècle, puiseront dans leur ancienneté même un air de nouveauté.

La librairie Garnier publie aujourd'hui les *Mémoires du duc de Rovigo pour servir à l'histoire de l'empereur Napoléon*. Ils ont paru, pour la première fois en 1828 et formaient alors huit volumes in-8°. On fit une seconde édition en 1829, également en huit volumes, mais avec des notes explicatives pour répondre au déchaînement de lettres, de protestations, de brochures, de pamphlets émanant de ceux que le duc de Rovigo avait mécontentés ou mal appréciés dans leurs actes.

---

[1] *Mémoires du duc de Rovigo, pour servir à l'histoire de l'empereur Napoléon*. Nouvelle édition, refondue et annotée par Désiré LACROIX, ancien attaché à la Commission de la correspondance de Napoléon Ier. Tome I. — Garnier frères, éditeurs, rue des Saints-Pères, 6. 1900.

C'est cette seconde édition que M. Désiré Lacroix a refondue en cinq volumes, mais sans en altérer le texte original et sans en supprimer un seul mot.

Savary (Anne-Marie-Jean), naquit à Marcq, dans le département des Ardennes, le 26 avril 1774. Il était le troisième fils de l'ancien major du château de Sedan. Admis en 1783, comme élève du roi, au collège de Saint-Louis, à Metz, il en sortit en 1789 et entra en 1790 comme volontaire dans le régiment de cavalerie Royal-Normandie, où son père avait été major avant la paix de 1764.

Sous-lieutenant le 15 septembre 1791, il fut envoyé à l'armée du Rhin, servit successivement sous Custine, Pichegru, Moreau et prit part à toutes les campagnes jusqu'à la paix de Campo-Formio (17 octobre 1797). Le général Desaix le prit à ce moment comme aide de camp ; appelé à Paris par le général Bonaparte, il ramena avec lui Savary et tous les deux firent partie de l'expédition d'Egypte (mai 1798). Deux ans plus tard, (en mai 1800), tous deux revenaient ensemble en France ; quelques mois auparavant, le 29 janvier, Savary avait été promu chef de brigade (colonel).

Lorsque le 14 juin 1800, sur le champ de bataille de Marengo, Desaix reçut le coup mortel, c'est Savary qui releva son corps, l'emporta jusqu'au quartier général, d'où le Premier Consul le fit transporter à Milan, et plus tard au mont Saint-Bernard. Bonaparte le prit aussitôt pour un de ses aides-de-camp ; mais, comme il eut vite fait de reconnaître que dans cet officier, d'ailleurs très brave, il y avait un homme de police, il lui donna des missions politiques et secrètes en Touraine, en Vendée, en Normandie, le chargea de dépister les complots, d'arrêter les conspirateurs, et le plaça, le 5 septembre 1801, à la tête de la légion des gendarmes d'élite destinée à la garde de sa personne.

Le 23 août 1803, Savary fut promu général de brigade, mais il n'en continua pas moins de rester avant tout homme de police, l'homme des missions secrètes et des louches besognes. Il joua un rôle important dans le procès de Georges Cadoudal, de Pichegru et de Moreau ; il fut de même mêlé de très près et prit une part considérable à l'exécution du duc d'Enghien.

Le tome premier de la nouvelle édition des *Mémoires* s'arrête précisément à cette date (21 mars 1804) ; c'est à cette date également que doivent s'arrêter, pour aujourd'hui, ces notes biographiques sur le duc de Rovigo.

II

Le duc de Rovigo termine ainsi la *Préface* de son ouvrage : « Je n'ai pas cherché à faire une œuvre littéraire ; le lecteur trouvera donc sans doute beaucoup de négligence dans mon style, on ne me le reprochera pas, car je raconte, je ne compose pas ; et d'ailleurs toutes les personnes dont j'ai été connu à l'armée savent que le talent d'écrire a toujours été chez moi la disposition la moins développée... » En effet, quand on lit ses *écritures*, on s'aperçoit aisément que l'on n'a affaire ni au cardinal de Retz, ni au duc de Saint-Simon, ni à Chateaubriand.

Pour mal écrits qu'ils soient, ses *Mémoires* n'en présentent pas moins un réel intérêt. Il raconte ce qu'il a vu, ce qu'il a entendu. C'est pour ainsi dire l'histoire au jour le jour de tout un côté, souvent le moins connu, des événements du Consulat et de l'Empire. Puisque nous n'avons pas les mémoires de Fouché, ce politicien de génie, sachons faire notre profit des *Mémoires* de Rovigo, ce policier de second ordre.

Analyser ce premier volume serait refaire, à la suite de l'auteur, l'histoire de l'expédition d'Egypte et celle des quatre années du Consulat. Je m'attacherai seulement à deux ou trois épisodes.

Le 23 septembre 1800 (1er vendémiaire an IX), le sénateur Clément de Ris, qui se trouvait alors presque seul dans sa maison de Beauvais, près de Tours, vit entrer chez lui, en plein jour, sur les deux à trois heures six hommes armés, habillés en hussards. Ils s'emparèrent de l'argent monnayé, de l'argenterie et des papiers, le forcèrent à monter avec eux dans sa propre voiture, le conduisirent dans un lieu inconnu, et l'enfermèrent dans un souterrain, où il resta dix-huit jours sans qu'on pût avoir de ses nouvelles. Enfin quelques personnes étrangères à la police, mais que le ministre Fouché avait cru devoir employer dans cette occasion, ayant fait rencontre du sénateur la nuit, dans la forêt de Loches, comme on le transférait dans une autre cachette, mirent en fuite son escorte et le ramenèrent au sein de sa famille.

Cette étrange affaire fit un bruit énorme. Dans l'entourage même du Premier Consul, on était persuadé que le complot avait été ourdi par Fouché. Pendant la campagne de 1800, l'énigmatique personnage s'était associé à des intrigues ayant pour objet de renverser Bonaparte, si la campagne contre l'Autriche aboutissait à un revers. La victoire de Marengo avait déjoué les plans du ministre de la police. Il s'était hâté de retirer ses ordres, d'en faire disparaître les preuves, ainsi que toute trace du complot. Mais, malgré tous ses efforts, il n'avait pu les détruire toutes. Des pièces écrites et signées, attestant sa trahison, étaient restées au pouvoir de Clément de Ris, à qui il les avait confiées, et c'est parce que celui-ci avait refusé de les restituer, qu'à l'effet de les reprendre Fouché avait simulé l'attentat du 23 septembre. Telles étaient du moins les affirmations de ses ennemis. Bonaparte résolut de tirer l'affaire au clair. Il expédia à Tours Savary, en le chargeant de recueillir, en dehors et à l'insu de la police et par ses moyens personnels, toutes les informations propres à dépouiller la vérité des ténèbres qui l'environnaient.

Dans son récit, d'ailleurs intéressant, Savary donne à entendre que si Clément de Ris fut retrouvé et si les ravisseurs furent arrêtés, ce fut grâce à lui. Cela n'est nullement exact. La vérité est qu'il dut rentrer à Paris sans avoir rien découvert, et c'est seulement plusieurs jours après son départ que le sénateur fut délivré.

L'affaire donna naturellement lieu à un procès qui se termina par plusieurs condamnations capitales. « Cet enlèvement, dit Savary, compromettait la tranquillité publique, le premier Consul fut inexorable pour ceux qui l'avaient commis : il voulut que justice fût faite. Plusieurs jeunes gens perdus par la fréquentation de la mauvaise compagnie, se virent conduits à l'échafaud (1). »

C'est très justement, d'après lui, que ces jeunes gens ont été condamnés et exécutés. Rien n'est moins certain pourtant que leur culpabilité.

Le 20 juillet 1801, les accusés au nombre de dix, comparurent devant le tribunal spécial, séant à Tours. A

(1) *Mémoires*, t. I, p. 254.

côté du marquis Dumoustier de Canchy et de son beau-père le comte de Mauduisson, avaient pris place un ancien émigré, Pierre Obereau, d'Orléans ; un ancien chouan Gaudin, dit Monte-au-Ciel, propriétaire à Baranton, département de la Manche ; Charles-Marie Leclerc, de Nérac (Gironde), ex sous-lieutenant au ci-devant régiment de Poitou ; Leménager, chirurgien à Condé, M. et Mme Lacroix, propriétaires du château de Lébeaupinais, aux abords duquel on avait trouvé des armes, et enfin Pierre Jourgeron et sa femme qui exploitaient la ferme du Portail, où Clément de Ris avait été séquestré.

Le *Moniteur* a consacré deux articles (23 et 28 juillet 1801), aux débats qui eurent lieu devant le tribunal spécial de Tours. On lit dans le second de ces articles :

«... Du tableau des délits passant à la recherche des coupables, le commissaire du gouvernement *n'a pu se dissimuler que les ALIBI proposés par Leclerc, Leménager et Obereau étaient établis par une réunion de témoins qui commandaient la confiance;* mais il a émis une opinion différente sur ceux invoqués par Canchy, Mauduisson et Gaudin. Il a reproché aux témoins par eux produits d'être peu nombreux (1) et il a observé que quelques motifs, quelques circonstances même de la vie de plusieurs d'entre eux n'offraient pas le caractère de véracité, d'indépendance et d'impartialité que recherche l'œil du juge...

« Le citoyen Chauveau-Lagarde a établi : 1º que Canchy et Mauduisson étaient innocents ; 2º que ne le fussent-ils pas, la preuve de leur culpabilité était impos-

____

(1) M. de Canchy produisait cependant *onze* témoins établissant son alibi, M. de Maudisson en produisait six.

sible ; 3° que dans cette hypothèse même, la justice, l'humanité, la politique s'opposaient à une condamnation...

« Dans le résumé général de l'affaire, le citoyen Chauveau-Lagarde a prétendu qu'avant d'être statué définitivement le citoyen Clément de Ris devait être entendu, *puisque lui seul devait connaître les ravisseurs plus qu'aucun de ceux qui avaient déposé.* »

Les conclusions de l'avocat furent adoptées par le tribunal.

Ainsi, le commissaire du gouvernement lui-même abandonna l'accusation contre plusieurs des prévenus, le tribunal refuse de condamner les autres, estimant que la preuve n'est point faite contre eux ; il ordonne un supplément d'enquête, et proclame que la confrontation des accusés avec Clément de Ris est absolument indispensable.

Or, cette confrontation *nécessaire* n'a jamais eu lieu. L'affaire avait été renvoyée devant le tribunal spécial d'Angers. Clément de Ris ne déposa pas plus à Angers qu'il n'avait déposé à Tours. Aussi tous ceux qui, dans la première de ces villes, avaient assisté aux débats, croyaient-ils à un acquittement. Dans son excellente *Biographie des députés de l'Anjou*, M. Bougler, conseiller à la Cour d'Angers, écrit ce qui suit :

« Des avocats d'un grand talent présentèrent la défense. Elle fut confiée concurremment à M. Duboys (1), alors à l'apogée de sa réputation et de son talent, le pu-

---

(1) M. Duboys, connu plus tard sous le nom de *Duboys d'Angers*, devient député, premier président de la Cour Royale d'Angers et pair de France.

blic se préoccupait vivement de cette affaire, d'abord en raison de la renommée des défenseurs et aussi à cause de l'intérêt qui s'attachait à la personne de ces malheureux jeunes gens, âgés de 20 à 30 ans, et appartenant à des familles honorables et distinguées... *A la grande stupéfaction de l'auditoire*, le tribunal condamna à la peine de mort Gaudin, Canchy et Mauduisson. Ce dernier avait à peine accompli sa vingtième année. Les trois condamnés furent exécutés dans le délai strict de 24 heures. En relisant aujourd'hui, à plus de soixante ans de date, cette longue et volumineuse procédure, *on a peine à s'expliquer comment les juges purent admettre comme prouvée l'identité des condamnés avec les brigands qui avaient arrêté le sénateur Clément de Ris, et il semble que rien n'a été moins prouvé que la présence des accusés sur les lieux du crime.* Le jugement de condamnation fut donc accueilli avec une expression de tristesse qui s'accrut encore par le scandale que donna l'un des juges, qui déclara hautement qu'il protestait contre la sentence et qui refusa d'y apposer sa signature (1).

Ce juge était le capitaine Viriot, commandant de place à Tours. Il a publié un *Mémoire* dans lequel il fournit des preuves de l'innocence des condamnés, et où il affirme que les juges avaient reconnu tout d'abord unanimement qu'il était impossible de motiver une condamnation ; les choses avaient tout à coup changé de face à la suite d'un déjeuner offert aux membres du tribunal par le président Delaunay : celui-ci avait représenté à ses collègues qu'il serait d'un exemple regrettable et dangereux au premier

(1) BOUGLER, t. II, p. 153.

chef de prononcer l'acquittement en masse d'un si grand
nombre de *chouans* et d'ennemis du gouvernement qui,
s'ils n'étaient pas coupables dans l'affaire présente, n'en
avaient pas moins cent fois mérité la mort dans d'autres
circonstances. Delaunay était un ancien conventionnel.
Il ne tarda pas à être nommé président de Chambre à
la Cour impériale d'Angers. Le capitaine Viriot fut rayé
des cadres de l'armée.

III

L'affaire du duc d'Enghien occupe une grande place
dans les mémoires du duc de Rovigo, et il n'en pouvait
être autrement puisque l'auteur y a joué un des principaux rôles. Il a été dans cette exécrable nuit du 20 au
21 mars 1804, l'homme de main de Bonaparte, l'exécuteur de ses œuvres.

Il plaide *non coupable* pour lui et pour son maître.
Dans la brochure qu'il publia, en 1823, sous le titre : *Extrait des Mémoires du duc de Rovigo, concernant la catastrophe de M. le duc d'Enghien*, il se plaît à raconter, à
la décharge du Premier Consul l'anecdote suivante :

« Après l'exécution du jugement, je repris le chemin
de Paris. J'approchais de la barrière, lorsque je rencon-
trai M. Réal qui se rendait à Vincennes en costume de
conseiller d'Etat. Je l'arrêtai pour lui demander où il allait : « A Vincennes, me répondit-il ; j'ai reçu hier au soir
l'ordre de m'y transporter pour interroger le duc d'Enghien. » Je lui racontai ce qui venait de se passer, et il
me parut aussi étonné de ce que je lui disais que je le pa-
raissais de ce qu'il m'avait dit. Je commençai à rêver.

La rencontre du ministre des relations extérieures (Talleyrand) chez le général Murat me revint à l'esprit, *je commençai à douter que la mort du duc d'Enghien fût l'ouvrage du Premier Consul.* »

M. Thiers qui plaide, lui aussi, *non coupable* pour le Premier Consul, s'est naturellement emparé de l'*anecdote* du duc de Rovigo, et il a échafaudé sur elle tout son système de défense :

« Cependant, écrit-il, tout n'était pas irrévocable dans les ordres du Premier Consul : il restait un moyen encore de sauver le prince infortuné. M. Réal devait se transporter à Vincennes pour l'interroger longuement et lui arracher ce qu'il savait sur le complot... M. Maret (secrétaire général et chef du cabinet du Premier Consul) avait lui-même dans la soirée, déposé chez le conseiller d'Etat Réal l'injonction écrite de se rendre à Vincennes pour voir le prisonnier... Si M. Réal voyait le prisonnier, se sentait touché par sa franchise... M. Réal pouvait communiquer son impression à celui qui tenait la vie du prince dans ses puissantes mains... M. Réal, exténué de fatigue par un travail de plusieurs jours et de plusieurs nuits, avait défendu à ses domestiques de l'éveiller. L'ordre du Premier Consul ne lui fut remis qu'à cinq heures du matin... »

Et M. Thiers ajoute :

« *C'était un accident, un pur accident* qui avait ôté au prince infortuné la seule chance de sauver sa vie et au Premier Consul une heureuse occasion de sauver une tache à sa gloire... On est à la merci d'un hasard, d'une légèreté ! La vie des accusés, l'honneur des gouvernements dépendent quelquefois de *la rencontre la plus fortuite !* »

Le hasard a bon dos ; mais il ne faudrait pourtant pas trop charger ses épaules.

A qui fera-t-on croire que le conseiller d'Etat Réal, dans des circonstances comme celles où l'on se trouvait, avait intimé à ses domestiques une défense de l'éveiller, qui se serait appliquée même au Premier Consul et au chef de son Cabinet? Comment admettre que Maret, fort de l'autorité de son maître et dans une occasion où la gloire de ce dernier était en jeu, n'aurait pas forcé la consigne?

M. Thiers a dit lui-même, à propos des ordres signés par Bonaparte et remis à Savary : « Ces ordres étaient *complets et positifs...* Ils contenaient l'injonction... de se réunir immédiatement *pour tout finir dans la nuit* et si, comme on ne pouvait en douter, la condamnation était une condamnation à mort, *de faire exécuter sur-le-champ le prisonnier.* » — On est au soir (c'est encore M. Thiers qui nous le dit), encore quelques heures, et le prince sera fusillé. Bonaparte, cependant, est revenu à d'autres sentiments : il veut essayer d'un moyen de sauver le prince, et c'est à M. Réal qu'il va confier cette mission. Comme il n'y a pas une minute à perdre, Maret, son envoyé, verra donc Réal, sur-le-champ, il le verra coûte que coûte il ne sortira pas de son hôtel qu'il ne l'ait vu partir pour Vincennes au galop de ses chevaux !... Maret arrive à l'hôtel du conseiller d'Etat.— Monsieur est couché, disent les domestiques... — Et discrètement Maret se retire, non pourtant sans laisser un pli chez le concierge ! ! !

La brochure du duc de Rovigo donna naissance en 1823, à plusieurs autres écrits, dont l'un, intitulé : *Extrait de Mémoires inédits sur la Révolution française,* avait pour auteur Méhée de la Touche, ancien chef de

division au ministère de relations extérieures et de la
guerre, qui avait joué, lui aussi, un rôle important dans
l'affaire du duc d'Enghien.

« Je déclare, écrivait Méhée, qu'il n'est pas vrai que
M. de Rovigo ait rencontré, le jour de l'assassinat, en habit de conseiller d'Etat, M. Réal, qui avait, dit-il, ordre
de Napoléon d'aller interroger le duc d'Enghien. Cette
journée était assez remarquable pour être restée dans la
mémoire de beaucoup de personnes qui sont, je n'en
doute pas, à même d'attester le même fait. Je défierais
de M. Réal de nier qu'ayant reçu de lui, de la part du
Premier Consul, l'ordre de me rendre le matin dans son
bureau, pour des affaires qui seront éclaircies dans une
autre occasion, je n'aie été le prendre dans sa maison,
et qu'après avoir assisté à sa toilette où il n'y avait rien
du costume de conseiller, nous nous soyons rendus ensemble dans ses bureaux, rue des Saints-Pères, où je
passai plusieurs heures à écrire des détails que Napoléon
lui avait ordonné de me demander. Je soutiendrai à quiconque voudrait donner le change à l'opinion, qu'à deux
heures après-midi, M. Réal n'était pas sorti et qu'il n'a
pu avoir d'entretien avec M. de Rovigo sur la route de
Vincennes, où il n'avait pas besoin d'aller pour savoir
ce qui se passait et où il n'y avait plus d'interrogatoire à
faire. »

Méhée, sans doute, n'est point de ceux dont le témoignage s'impose ; mais il faut bien croire que son démenti
n'était point ici sans valeur, puisque le duc de Rovigo
en 1828, reproduisant au tome II de ses *Mémoires*, sa
brochure de 1823, a eu bien soin de supprimer tout ce
qui avait trait à sa rencontre avec Réal sur la route de

Vincennes. De la fameuse *anecdote*, si bien exploitée par M. Thiers, il n'est plus dit un traître mot.

Dans ses *Témoignages historiques, ou Quinze ans de haute police sous Napoléon* (1833), Desmarets, le confident et le bras droit de Réal, a tout un chapitre sur l'*Enlèvement et la mort du duc d'Enghien*. Il n'y est point parlé de la mission que Bonaparte aurait confiée à Réal, ni de la visite de Maret, ni de la rencontre sur la route de Vincennes. Et de tout cela non plus il n'est rien dit dans les *Souvenirs* mêmes de Réal, publiés en 1838 sous ce titre : *Indiscrétions* (1798)-1830); *Souvenirs anecdotiques et politiques tirés du portefeuille d'un fonctionnaire de l'Empire*, mis en ordre par M. Desclozeaux.

L'histoire sérieuse n'a rien à voir avec l'*anecdote* contée par le duc de Rovigo, et elle tiendra pour « non recevable » l'argument qu'en ont voulu tirer les avocats de Bonaparte.

Savary, du reste, dans son long plaidoyer en faveur du Premier Consul, n'est pas toujours très adroit. Il lui est arrivé plus d'une fois de fournir lui-même des preuves contre son client. Dans un très curieux volume publié en 1828 par M. de Sevelinges sous ce titre : *Le duc de Rovigo en miniature, ou Abrégé critique de ses Mémoires*, je lis à la page 64 :

« La part de Napoléon est toute faite aux yeux de tout homme qui n'a pas renoncé à sa raison, ou abdiqué sa conscience. S'il se rencontrait encore quelques esprits assez faibles pour conserver des doutes, qu'ils s'arrêtent un instant devant ce trait de la relation de M. le duc de Rovigo : il a déjà rapporté que, lorsque le ministre des relations extérieures proposa d'enlever le duc d'Enghien et d'*en finir*, le consul Cambacérès s'opposa fortement à cet attentat, mais il ajoute, cette fois qu'il lui fut demandé *depuis quand il était devenu si avare du sang d'un Bourbon*, Or, qui se fût permis d'adresser, en plein conseil une aussi terrible apostrophe au consul Cambacérès, alors la seconde personne de l'Etat? qui, si ce n'est le Premier Consul lui-même? C'était donc lui qui voulait le répandre, ce sang d'un Bourbon !... M. le duc de Rovigo affirme tenir ces détails de Cambacérès lui-même, qui l'assura de plus qu'il les avait consignés dans ses *Mémoires*. Napoléon est donc jugé sans retour ; le débat n'est plus aujourd'hui qu'entre ses agents ou ses complices. »

Les *Mémoires* du duc de Rovigo ; malgré son parti pris d'admirer en tout Napoléon et de le défendre, même lorsqu'il n'est pas défendable, n'en sont pas moins un livre intéressant et curieux. L'édition nouvelle est accompagnée de notes et d'éclaircissements qui font honneur à l'érudition et à la sagacité de leur auteur, M. Désiré Lacroix.

Je lui signalerai, pour l'un des prochains volumes, deux lettres de Rovigo, qui ne se trouvent point, je le crois bien, dans les deux premières éditions, et qui méritent pourtant d'y trouver place.

Dans la première de ces lettres, datée de Paris, 29 juillet 1811 et signée du duc de Rovigo, alors ministre de la police générale, le duc demande aux préfets de l'Empire deux tableaux de statistique : le premier concernerait la levée des gardes d'honneur. Le second touchait à une matière plus délicate, la levée des héritières :

« L'autre tableau, écrivait-il, présentera les noms des

plus riches héritières de votre département dans l'âge de 14 ans et au-dessus non encore mariées. Il indiquera avec toute la précision possible, la dot présumée et les espérances d'héritages, la situation et la nature des biens, les noms et qualités des père et mère, l'époque de la naissance des jeunes personnes, l'éducation, les principes religieux, les talents acquis, les agréments naturels, de même la difformité ferait l'objet de votre colonne d'observations.

« Vous serez convaincu, Monsieur, que la statistique personnelle est le fruit d'une pensée bienveillante et libérale... Le gouvernement n'a en vue que de répandre des bienfaits... Ma lettre est confidentielle. Votre réponse devra l'être. »

Le 11 novembre suivant, le duc de Rovigo insistait sur son désir de voir pousser activement cette conscription d'un nouveau genre :

« Je désire que vous ne perdiez point de vue l'état qui vous a été demandé, par ma lettre du 29 juillet, des jeunes personnes non mariées et destinées à jouir d'une fortune considérable. Rien ne contribuera davantage à pousser votre zèle (1) ».

(1) *Les collections d'autographes de M. de Stessart. Notices et extraits* par le baron KERVYN DE LETTENYOVE, Bruxelles, 1870.

XIX

MÉMOIRES DE BOURRIENNE [1]

I

Les *Mémoires de M. de Bourrienne sur Napoléon, le Consulat et l'Empire*, dont la librairie Garnier a publié une édition nouvelle, ont paru, pour la première fois, en 1829. Leur succès fut très vif. Un demi-siècle plus tard, dans son livre sur *Napoléon et ses détracteurs*, le prince Napoléon écrivait : « L'apparition des *Mémoires de Bourrienne*, en 1829, produisit une assez vive sensation et excita la curiosité du public. C'était la veille de 1830. Le nom de l'auteur et les fonctions intimes qu'il avait remplies pendant si longtemps auprès de Napoléon donnaient à ses souvenirs une saveur et une importance particulières. On ne chercha pas d'abord à quel sentiment Bourrienne obéissait en écrivant son livre ; on ne s'inquiéta pas de savoir dans quelle disposition d'esprit et dans quel milieu politique il l'avait composé.

(1) *Mémoires de M. de Bourrienne (ministre d'Etat) sur Napoléon, le Directoire, le Consulat, l'Empire et la Restauration.* — Nouvelle édition, cinq volumes in-18. Librairie Garnier frères, 6, rue des Saints-Pères, 1900.

Ce livre était consacré à Napoléon. Napoléon semblait y revivre. C'était assez pour assurer aux *Mémoires de Bourrienne* de nombreux lecteurs. » Ce succès n'était pas pour plaire aux *fidèles* de l'empereur. Plusieurs d'entre eux se réunirent, et de leur collaboration sortit un livre, publié en 1830, en deux volumes et sous ce titre : *M. de Bourrienne et ses erreurs volontaires et involontaires ou Observations sur ses Mémoires*, par MM. le général Belliard, le général Gourgaud, le comte d'Aure, le comte de Survilliers (l'ex-roi Joseph-Napoléon), le baron de Méneval, le prince d'Eckmühl, etc., etc. Le résultat le plus clair de cette levée de boucliers impérialistes fut de donner aux *Mémoires* un regain de popularité. Et voilà qu'on les réimprime aujourd'hui, malgré leur étendue, puisque aussi bien ils ne forment pas moins de dix volumes.

Quelle en est la valeur? Et d'abord, qui était-ce que M. de Bourrienne?

Fauvelet de Bourrienne était né à Sens, le 9 juillet 1769. A dix ans, en 1779, il entre à l'école royale militaire de Brienne, où il rencontre « Napoléon de Buonaparte », d'un mois seulement plus jeune que lui, et avec lequel il se lie étroitement. En 1784, son camarade corse passe à l'Ecole militaire à Paris ; ils se promettent alors de s'écrire et, en effet, une correspondance active s'établit entre eux.

Sorti de Brienne en 1788, Bourrienne se destine à la carrière diplomatique. Sur la recommandation du ministre d'Argenteuil, M. de Montmorin, ministre des affaires étrangères, le fait partir pour Vienne, où il sera employé dans les bureaux de l'ambassade de France. Il n'y reste que deux mois, et se rend à Leipzick pour y étudier le droit public et les langues étrangères. Ses études terminées, il visite la Prusse, la Pologne et passe une partie de l'hiver de 1791-1792 à Varsovie, admis aux soirées intimes de la cour, lisant le *Moniteur* au roi Stanislas II, Poniatowski, le dernier roi de Pologne, lequel prenait naïvement un vif plaisir à entendre les discours prononcés à la tribune française et surtout ceux des Girondins.

Au mois d'avril 1792, Bourrienne est de retour à Paris, où il retrouve son ancien camarade de Brienne (1), qui était comme lui assez incertain sur son avenir. Ils assistent ensemble à la journée du 20 juin et à l'invasion des Tuileries par la population des Faubourgs. Peu de jours après, Bourrienne était nommé secrétaire d'ambassade à Stuttgard, et il partait de Paris, le 2 août, pour se rendre à son poste. Un décret de la Convention de mars 1793, enjoignit aux agents français de rentrer en France, dans le délai de trois mois, sous peine d'être considérés comme émigrés. Bourrienne, qui n'aimait pas la Révolution, et qui la craignait, se tint à l'écart et resta en Allemagne. Il ne rentra en France qu'en 1795 et se retira à Sens. Arrêté, au mois de février 1796, comme émigré, il fut presque aussitôt remis en liberté, grâce à l'intervention de Bonaparte, alors commandant en chef de l'armée de l'intérieur, dont Paris était le quartier général. Un an après, le général Bonaparte était en Italie et se disposait, à la suite d'une merveilleuse campagne, à se rendre à Léoben, pour y signer les préliminaires de la paix entre la

(1) Bonaparte passa à cette époque quatre mois à Paris (28 mai-novembre 1792).

France et l'Autriche, lorsque, se souvenant de son condisciple de Brienne, il lui fit envoyer un ordre ainsi conçu : « Le citoyen Bourrienne se rendra auprès de moi au reçu du présent ordre. » Quelques jours après, Bourrienne était à Léoben et prenait aussitôt, auprès de Bonaparte, les fonctions de secrétaire intime.

Après le traité de paix de Campo-Formio (17 octobre 1797), il revint à Paris avec le général ; et, en mai 1798, il partait avec lui pour l'expédition d'Egypte. Il fut du très petit nombre d'intimes qui, le 22 août 1799, s'embarquèrent avec Bonaparte sur le *Muiron*, pour revenir en France. Il conserva ses fonctions au 18 Brumaire, puis à l'avènement du Consulat.

Au mois d'octobre 1802, Bourrienne tomba dans la disgrâce du maître. Voici à quelle occasion : « Une maison, alors des plus notables (1), dit-il, dans ses *Mémoires*, avait, parmi ses spéculations, fait l'entreprise des fournitures de la guerre ; à la connaissance du ministre Berthier, avec lequel la maison avait traité, j'avais, avec mon argent, pris un intérêt dans cette opération. Malheureusement la maison dont il s'agit se livrait, à mon insu, aux dangereuses spéculations de la Bourse. L'inhabileté des agents de cette maison se joignant aux causes permanentes de ruine à ce jeu où les cartes sont trop chères, la maison se trouva en déficit à la Bourse de plusieurs millions. Cela causa une rumeur telle que le Premier Consul, qui a toujours eu une fausse idée des fonds publics, crut que la petite baisse qui eut lieu à cette époque était la suite de cette faillite. On lui représenta la place comme bouleversée.

____

(1) La maison des frères Coulon.

On insinua que j'étais accusé d'abuser de ma position
pour exciter au jeu de la hausse et de la baisse. Et quoique la vérité fût que je perdais non seulement ce que
j'avais versé dans la maison en faillite, mais au-delà de
ma mise, par suite d'un cautionnement que j'avais donné
pour aider la maison à augmenter ses affaires, je devins
l'objet de la colère du Premier Consul, qui me déclara
qu'il n'avait plus besoin de mes services. J'aurais pu, si
mon désir eût été de le faire revenir de cette irritation,
rappeler au Premier Consul qu'il ne pouvait me blâmer
d'avoir acheté un intérêt dans une fourniture, puisque
lui-même avait cru légitime de stipuler en faveur de
son frère Joseph un pot-de-vin de 1.500.000 fr.sur le
marché des vivres de la marine. Mais on a vu que, depuis quelque temps, M. Méneval avait commencé à me
remplacer. Il ne fallut donc que cette occasion pour déci-
der le Premier Consul à se passer tout à fait de mes services (1). »

En 1804, cependant, Napoléon, sans rendre entièrement s . bonnes grâces à son ancien secrétaire, lui donna
la mission d'assister chaque jour au procès de Georges
et de Moreau et de lui transmettre un bulletin des séances. En 1805, il le nomma ministre plénipotentiaire à
Hambourg. Bourrienne y était encore en 1813, lors de
l'invasion des villes hanséatiques par les alliés. Rentré
en France en 1814, il fut nommé par le gouvernement
provisoire directeur général des postes, mais il abandonna bientôt ces fonctions et reçut en échange une
place de conseiller d'Etat. Le 13 mars 1815, il fut nommé
préfet de police. Le second empire de Napoléon ne devait

(1) *Mémoires*, t. III, p. 118.

durer que cent jours ; la préfecture de police de Bourrienne ne durait qu'une semaine. Le 20 mars, il suivait Louis XVIII à Gand, puis revenait avec lui au mois de juillet, après la chute définitive de Napoléon. Nommé ministre d'Etat, puis député, de l'Yonne, il fit partie jusqu'en 1827 de la Chambre des députés. En 1828, il rentrait dans la vie privée, et l'année suivante, ses *Mémoires* commençaient de paraître.

Selon M. de Méneval, qui l'avait remplacé dans le cabinet du premier consul et qui fut, d'ailleurs, toujours son ennemi, Bourrienne n'a pas écrit lui-même ses *Mémoires* ; il n'y aurait coopéré que par des notes, tout en attachant son nom à l'œuvre entière. On nomme même l'écrivain qui les aurait rédigés, Charles de Villemarest, ancien attaché au cabinet de M. de Talleyrand et ancien secrétaire du prince Camille Borghèse, mari de Pauline Bonaparte.

Si Villemarest a tenu la plume (et la chose en effet, ne semble pas douteuse), il est certain, d'autre part, qu'il n'a écrit que sur les notes mêmes de Bourrienne, et du vivant de ce dernier (1) qui pouvait ainsi compléter par des communications verbales ses communications écrites. Beaucoup d'autres Mémoires, dont ni l'authenticité ni la valeur ne sont pour cela mises en suspicion, ont été composés dans des conditions semblables. Tels par exemple, les *Mémoires* du conventionnel *Levasseur* (de la Sarthe), rédigés par M. Achille Roche, qui avait été, lui aussi, secrétaire du prince de Talleyrand ; tels encore

____

(1) Bourrienne est mort le 17 février 1834. A la suite de la révolution de 1830, il avait été atteint dans sa raison.

les *Mémoires de Barras*, rédigés par M. Hortensius de Saint-Albin, l'un des fondateurs du *Constitutionnel*.

Aussi bien, les ennemis de Bourrienne ne contestent point que les *Mémoires* publiés sous son nom ne lui appartiennent en réalité et ne soient, au fond, véritablement son œuvre. Ce qu'ils leur reprochent surtout, en effet, c'est de trop refléter ses sentiments personnels. Ses *Mémoires*, disent-ils, doivent être tenus pour suspects, parce qu'il était l'ennemi de Napoléon. Il avait eu à se plaindre de lui ; il lui avait gardé rancune de sa disgrâce, de la perte de sa faveur et de la perte, plus cuisante encore, de sa fortune. On ne saurait donc, disent-ils, ajouter la moindre foi à ses récits.

C'est principalement M. de Méneval qui tient ce langage, sans s'apercevoir que l'argument qu'il invoque ainsi contre les Mémoires de M. de Bourrienne peut être retourné contre les siens.

M. de Méneval, qui remplaça Bourrienne comme secrétaire du Premier Consul, est resté auprès de Napoléon jusqu'à la fin, et ce dernier n'a cessé de le combler de ses dons. Créé baron de l'Empire en 1809, et pourvu d'une dotation dans l'ancienne province de Brabant, Méneval fut, en 1811, nommé maître des requêtes au Conseil d'Etat, en même temps qu'il recevait une augmentation de sa dotation. Il avait été successivement nommé chevalier, puis officier de la Légion d'honneur, enfin chevalier de la Couronne de fer, à l'époque de la création de cet ordre. Plus tard, à Sainte-Hélène, dans son testament, en date du 15 avril 1821, Napoléon lui légua cent mille francs, sur les deux millions à provenir de la liquidation de sa liste civile d'Italie.

M. de Méneval, — et de cela certes il doit être loué —

resta fidèle à la mémoire de son bienfaiteur. Ses *Mémoires* (1) ne sont pas seulement un plaidoyer en faveur de l'empereur, c'est le plus ardent, le plus enflammé des panégyriques. Napoléon, à ses yeux, n'est pas seulement le plus grand des hommes, c'est un être surhumain, presque un Dieu.

Victor Hugo, qui fut, lui aussi, un ultra-bonapartiste, explique, en cet termes, dans les *Misérables*, la défaite de Waterloo :

« Etait-il possible que Napoléon gagnât cette bataille? Nous répondons non. Pourquoi? A cause de Wellington? A cause de Blücher? Non, à cause de Dieu...

« Napoléon avait été dénoncé dans l'infini, et sa chute était décidée :

« IL GÊNAIT DIEU (2). »

Vingt ans avant Victor Hugo, Méneval écrivait à peu près la même chose.

« On pourrait, écrivait-il, faire des projets de réformes et d'améliorations que l'empereur méditait dans le système administratif, financier et judiciaire, un recueil d'immortelles décisions sur toutes les questions qui intéressent l'humanité en général et le gouvernement d'un grand empire. Avec son génie organisateur, son éminent esprit d'ordre, son amour du bien et de la France, que de grandes choses a réalisées cet être privilégié en si peu d'années et à travers tant d'obstacles !... Les prodiges accomplis par lui, pendant son règne, ne sont pas au-

---

(1) *Mémoires pour servir à l'histoire de Napoléon Ier depuis 1802 jusqu'à 1815.* — Trois volumes in-8.

(2) *Les Misérables*, deuxième partie, livre I, chapitre IX.

dessous de tous les songes dont il rêvait de faire des réalités et qu'il tenait en réserve dans sa tête puissante. Le souvenir de ce temps, des heures que j'ai passées auprès de cet homme extraordinaire, me paraît en ce moment un rêve. Dans le *sentiment exalté* que ce souvenir excite en moi, je ne puis que m'humilier devant les impénétrables décrets de la Providence qui, après avoir suscité ce merveilleux instrument de ses desseins, l'a sitôt enlevé à son œuvre imparfaite. *Peut-être le Divin Créateur de tou..s choses n'a-t-il pas voulu permettre que les temps marqués par l'ordre invariable qu'il a lui-même établi, fussent devancés par sa créature* (1). »

Il ne se pouvait pas que cet homme merveilleux commît une seule faute. Aussi n'en a-t-il commis aucune. M. de Méneval l'affirme, et il essaie de le démontrer. Il admire tout, il approuve tout, même l'assassinat du duc d'Enghien, même la guerre d'Espagne et le guet-apens de Bayonne, qu'il appelle la *transaction de Bayonne*, — ce qui est bien un des plus jolis euphémismes que je connaisse. Jamais la partialité favorable ne fût poussée plus loin. Est-ce à dire pour cela que son témoignage doive être écarté ? En aucune façon, Nous recevrons la déposition de Méneval, comme nous accueillerons celle de Bourrienne, quitte à les contrôler l'une et l'autre, et souvent l'une par l'autre. Nous entendrons le témoin favorable, mais à la condition de ne pas récuser le témoin hostile : *Et audiatur altera pars.*

Hostile, Bourrienne l'est sans doute mais beaucoup moins qu'on ne le croit généralement. Pour toute la partie de la vie de Bonaparte qui va de 1797 à 1805, nous

______

(1) *Mémoires du baron de Méneval*, t. III, p. 15.

n'avons rien d'aussi complet, d'aussi intéressant et, au demeurant, d'aussi impartial que les récits de Bourrienne. A partir de 1805, confiné au fond de l'Allemagne, il ne voit plus, il n'entend plus Napoléon ; les événements se passent loin de lui, hors de la portée de son regard ; ses *Mémoires* ne peuvent donc plus avoir et le même intérêt et la même valeur. Il n'en reste pas moins que, sur les dix volumes de Bourrienne, il en est six qui seront toujours lus avec curiosité, avec profit, et qui constituent un témoignage historique important.

II

Je viens de relire, dans Bourrienne et dans Méneval, l'affaire du duc d'Enghien. Le récit de Méneval fourmille d'erreurs, involontaires, je le veux bien, mais lamentables. Et il ne pouvait en être autrement du moment que l'auteur était résolu à approuver quand même son héros, à voir dans l'attentat de Vincennes un acte absolument légitime de la part de Bonaparte, un « acte de rigueur » peut-être, mais avant tout un « acte de justice ». Il ne se borne point à absoudre le Premier Consul, il veut encore qu'on le plaigne. « On est obligé de reconnaître, dit-il, que *Napoléon a rempli*, comme chef d'Etat, *un pénible devoir*, et qu'au lieu de le lui imputer à crime, *il faut plutôt le plaindre* de s'être trouvé dans la nécessité d'accepter l'odieux d'un acte dont sa perspicacité lui montrait pour l'avenir, les déplorables conséquences. La qualité du condamné et le *sentiment intéressé de pitié* dont la haine des ennemis de la France couvrit tout à coup le duc d'Enghien ont *trans-*

formé en crime d'une férocité sauvage *un acte de ri-gueur que les circonstances les plus impérieuses impo-saient à un chef de gouvernement* (1). »

Le récit de Bourrienne, au contraire, est très exact ; pas un de ses détails qui n'ait été confirmé par les publications qui ont suivi. Il s'est bien gardé notamment de parler, comme l'a fait longuement Méneval, de cette prétendue mission de Réal à Vincennes, que le duc de Rovigo avait le premier mise en avant dans sa brochure de 1823 (2) et dont M. Thiers qui plaide, lui aussi, *non coupable*, pour le premier Consul, a essayé plus tard de tirer parti. C'est même sur cette *anecdote* que le célèbre historien du Consulat et de l'Empire a échafaudé tout son système de défense.

« Cependant, écrit M. Thiers, qui reproduit ici presque textuellement le récit de Méneval, tout n'était pas irrévocable dans les ordres du Premier Consul ; il restait un moyen encore de sauver le prince infortuné. M. Réal devait se transporter à Vincennes pour l'interroger longuement et lui arracher ce qu'il savait sur le complot. M. Maret (le futur duc de Bassano), alors secrétaire général et chef du cabinet du Premier Consul) avait lui-même, dans la soirée, déposé chez le conseiller d'Etat Réal l'injonction écrite de se rendre à Vincennes pour voir le prisonnier. Si M. Réal voyait le prisonnier..., se sentait touché par sa franchise..., M. Réal pouvait communiquer ses impressions à celui qui tenait la vie du prince dans ses puissantes mains... M. Réal, exté-

(1) MÉNÉVAL, t. I, p. 300.
(2) *Extrait des Mémoires du duc de Rovigo, concernant la catastrophe de M. l. duc d'Enhgien. 1823.*

nué de fatigue par un travail de plusieurs jours et de plusieurs nuits, avait défendu à ses domestiques de l'éveiller. L'ordre du Premier Consul ne lui fut remis qu'à cinq heures du matin... Le colonel Savary (le futur duc de Rovigo), revenant de Vincennes pour rendre compte au Premier Consul de l'exécution de ses ordres, rencontra en route M. Réal. Celui-ci arrivait, mais trop tard... »

Et M. Thiers ajoute :

« *C'était un accident, un pur accident* qui avait ôté au prince infortuné la seule chance de sauver sa vie et au Premier Consul une heureuse occasion de sauver une tache à sa gloire... On est à la merci d'un *hasard*, d'une légèreté ! La vie des accusés, l'honneur des gouvernements dépendent quelquefois de *la rencontre la plus fortuite !* »

Le hasard a bon dos ; mais il ne faudrait pourtant pas trop charger ses épaules.

A qui fera-t-on croire que le conseiller d'Etat Réal, à cette date le véritable directeur de la police, dans des circonstances comme celles où l'on se trouvait, avait intimé à ses domestiques une défense de l'éveiller, qui se serait appliquée même au Premier Consul et au chef de son cabinet? Comment admettre que Maret, fort de l'autorité de son maître, et dans une occasion où la gloire de ce dernier était en jeu, n'aurait pas forcé la consigne?

M. Thiers a dit lui-même, à propos des ordres signés par Bonaparte et remis à Savary : « Ces ordres étaient *complets et positifs...* Ils contenaient l'injonction de se réunir immédiatement *pour tout finir dans la nuit,* et si comme on ne pouvait en douter, la condamnation était une condamnation à mort, *de faire exécuter sur-le-champ le prisonnier.* » On est au soir (c'est encore M. Thiers qui nous le dit) ; encore quelques heures, et le prince sera fusillé. Bonaparte, cependant est revenu à d'autres sentiments : il veut essayer d'un moyen de sauver le prince, et c'est à M. Réal qu'il va confier cette mission. Comme il n'y a pas une minute à perdre, Maret, son envoyé, verra donc Réal sur-le-champ, il le verra coûte que coûte, il ne sortira pas de son hôtel qu'il ne l'ait vu partir pour Vincennes au galop de ses chevaux !... Maret arrive à l'hôtel du conseiller d'Etat. — Monsieur est couché, disent les domestiques. — Et discrètement Maret se retire, non pourtant sans laisser un pli chez le concierge !

La brochure du duc de Rovigo donna naissance, en 1823, à plusieurs autres écrits, dont l'un, intitulé : *Extrait de Mémoires inédits sur la Révolution française,* avait pour auteur Méhée de la Touche, ancien chef de division aux ministères des relations extérieures et de la guerre, qui avait joué, lui aussi, un rôle important dans l'affaire du duc d'Enghien.

« Je déclare, écrivait Méhée, qu'il n'est pas vrai que M. de Rovigo ait rencontré, le jour de l'assassinat, en habit de conseiller d'Etat, M. Réal, qui avait, dit-il, l'ordre de Napoléon d'aller interroger le duc d'Enghien. Cette journée était assez remarquable pour être restée dans la mémoire de beaucoup de personnes qui sont, je n'en doute pas, à même d'attester le même fait. Je défierais M. Réal de nier qu'ayant reçu de lui, de la part du Premier Consul l'ordre de me rendre le matin dans son bureau, pour des affaires qui seront éclaircies dans une autre occasion, je n'aie été le prendre dans sa maison

et qu'après avoir assisté à sa toilette où il n'y avait rien
du costume de conseiller, nous nous soyons rendus ensemble dans ses bureaux, rue des Saints-Pères, où je
passai plusieurs heures à écrire des détails que Napoléon
lui avait ordonné de me demander. Je soutiendrai à quiconque voudrait donner le change à l'opinion, qu'à deux
heures après-midi M. Réal n'était pas sorti et qu'il n'a-
vait pu avoir d'entretien avec M. de Rovigo sur la route
de Vincennes, où il n'avait pas besoin d'aller pour savoir
ce qui se passait et où il n'y avait plus d'interrogatoire
à faire. »

Méhée, sans doute, n'est point de ceux dont le témoignage s'impose ; mais il faut bien croire que son démenti
n'était point ici sans valeur, puisque le duc de Rovigo,
en 1828, reproduisant, au tome II de ses *Mémoires* (1),
sa brochure de 1823, a eu bien soin de supprimer tout ce
ce qui avait trait à sa rencontre avec Réal sur la route
de Vincennes. De la fameuse *anecdote*, il n'est plus dit
un traître mot !

Dans ses *Témoignages historiques, ou Quinze ans de
haute police sous Napoléon* (1833), Desmarest, le confident et le bras droit de Réal, a tout un chapitre sur
l'*Enlèvement et la mort du duc d'Enghien*. Il n'y est point
parlé de la mission que le Premier Consul aurait confiée
à Réal, ni de la visite de Maret, ni de la rencontre sur la
route de Vincennes. De tout cela non plus, il n'est rien
dit dans les *Souvenirs* mêmes de Réal, publiés en 1835,
sous ce titre : *Indiscrétions* (1798-1830) ; *Souvenirs anec-*

(1) *Mémoires pour servir à l'histoire de Napoléon ;* 8 volumes
in-8°, 1828.

*dotiques et politiques tirés du portefeuille d'un fonction-
naire de l'Empire,* mis en ordre par M. Desclozeaux.

Sur bien d'autres points, il serait aisé de montrer que
Bourrienne à été plus exact que Méneval, moins aveuglé
par son ressentiment contre Napoléon que ne l'a été
Méneval par le *sentiment exalté* sous l'empire duquel il reconnaît lui-même avoir écrit. Rempli d'anecdotes, de
ces petits détails et de ces menus faits qui sont la vie
même des Mémoires, l'ouvrage de Bourrienne est un des
meilleurs que nous ayons, sinon sur l'Empire, du moins
sur les débuts du général Bonaparte et sur le Consulat.

XX

LA MARQUISE DE CONDORCET [1]

I

M. Antoine Guillois s'est passionné pour Mme de Condorcet. Je ne lui en fais pas un reproche ; il est naturel qu'un biographe aime son héros, surtout quand ce héros est une héroïne. Notre auteur ne s'en est point tenu là. D'habitude, dans les biographies de femmes célèbres le mari joue le rôle de personnage sacrifié. Ici, au contraire, rien de pareil. M. Guillois a fait deux parts de son enthousiasme, deux parts absolument égales : l'une pour la femme, l'autre pour le mari. Nous verrons, au cours de ce chapitre, s'il n'y a pas considérablement à rabattre des louanges ainsi prodiguées au mari et à la femme.

Marie-Louise-Sophie de Grouchy est née en 1764, au château de Villette, près de Meulan, sur les confins de la Normandie et de l'Ile-de-France. Son père, François-Jacques, seigneur de Robertot, marquis de Grouchy, avait été page de Louis XV ; sa mère, Marie-Gilberte-

---

(1) *La Marquise de Condorcet, sa famille, son salon, ses amis,* 1764-1822, par M. Antoine GUILLOIS Un volume in-8°, avec portrait. Paul Ollendorff, éditeur, 28 *bis*, rue de Richelieu, 1897.

Henriette Fréteau, était sœur du conseiller au Parlement de Paris.

Son éducation fut aussi forte que brillante. A dix-huit ans, elle servait de répétiteur, et souvent de professeur, à ses deux frères, dont l'un, Emmanuel, deviendra maréchal de France. Elle suivait avec eux un cours de Droit naturel, ce qui ne l'empêchait pas de traduire le Tasse et « le sublime Young », en même temps qu'elle cultivait avec succès le dessin et la musique. L'excès du travail compromit un moment sa vue. Sa tante, la femme du président Dupaty, écrivait, le 4 août 1785 : « Sophie exerce toujours tous ses talents, en dépit du mal aux yeux... On n'y voit d'autre remède que le repos, et comment obtenir l'oisiveté d·s âmes ardentes et actives comme ma nièce? » Et une autre fois : « On a des nouvelles de Sophie qui me peinent. Ses yeux gonflent tous les soirs d'une manière à faire craindre que ce ne soient des symptômes de goutte sereine. Il est affreux de n'acquérir presque jamais à ce degré qu'aux dépens du physique. Elle s'est forcée, cette jeune personne, et on se ressent tôt ou tard de ces excès de travail. »

Très pieuse dans ses premières années, Sophie perdit la foi à vingt ans, à la suite d'une lecture assidue des œuvres de Voltaire et de Rousseau. Elle avait vingt-deux ans, lorsqu'elle rencontra dans le salon de son oncle Dupaty le marquis de Condorcet, membre de l'Académie française et secrétaire perpétuel de l'Académie des sciences. Ils se marièrent le 28 décembre 1786. Le célèbre géomètre avait-il bien fait tous ses calculs? Son âge et celui de Mlle de Grouchy n'étaient pas précisément deux quantités égales, il avait l'âge de sa femme, *plus* vingt et un ans.

C'est ici le moment de reproduire, tel que l'a tracé
M. Guillois, le portrait de Madame de Condorcet :

« Aux admirables perfections d'un corps superbe, elle
joignait une figure malicieuse et spirituelle qui restera
curieuse et fine, alors même que les grands chagrins l'auront voilée d'une douceur mélancolique ; des sourcils
accentués, indice d'une volonté puissante ; des yeux
grands et noirs ; un menton gracieux ; un nez légèrement retroussé, aux ailes frémissantes ; une bouche un
peu grande, mais habituée au sourire, le visage ovale,
cher aux grands artistes, qu'encadrait une chevelure
abondante et fine ; au repos, l'air rêveur des femmes qui
ont cueilli la pervenche avec Jean-Jacques; dans la
conversation, l'étincelle qui jaillit et qui traduit dans
un regard tout l'esprit de Voltaire, résumant ainsi dans
une même physionomie ce double caractère si rarement
réuni, qui caractérise le xviiie siècle : telle était Sophie
qui, calme et victorieuse, a pris place dans le cortège des
beautés éternelles, chers et doux fantômes, ombres
légères et insaisissables qui ont gardé le privilège d'être
aimées d'amour à travers les âges. »

Ce portrait est charmant ; mais faut-il l'avouer ?
m'effraye un peu..., pour M. de Condorcet. Pour peindre
ce dernier, M. Guillois n'a qu'une ligne : « Il était timide,
ombrageux, sauvage. » Voilà donc la plus belle femme
de Paris mariée avec un « sauvage » qui a le double de
son âge. Elle n'est pas seulement la plus jolie et la plus
spirituelle du monde, elle a l'air « rêveur des femmes qui
ont cueilli la pervenche avec Jean-Jacques ». Elle a le
goût du monde et de ses fêtes ; elle préside un salon où se
donnent rendez-vous Chamfort, Beaumarchais, Rou-

cher, Cabanis, André Chénier, Garat, Morellet, La
Fayette, Volney, Suard, Charles de Constant, Grimm
les philosophes, les savants, les littérateurs, les illustra-
tions de tout genre ; et la reine de ce salon est imbue
jusqu'aux moelles des idées de la philosophie régnante,
des principes et des maximes de l'école sensualiste. Elle
est fanatique d'irréligion, et lorsque sa mère sera au lit
de mort, elle s'opposera à ce qu'on lui procure des consolations spirituelles... Après cela, qu'elle ait été une épouse
fidèle, que les méchants bruits qui couraient sur elle
aient été pure calomnie, je le veux bien croire, puisque
M. Guillois nous l'affirme ; mais alors c'est donc qu'il
faut tenir pour sans valeur aucune le calcul des probabilités, si cher pourtant à Condorcet.

II

Jusqu'en 1789, le salon de Mme de Condorcet avait
été le rendez-vous des philosophes, de ceux-là surtout
qui appartenaient à l'École sensualiste. A partir de 89,
il devint un salon politique, et le plus ardent, le plus
avancé de tous, si bien que M. Guillois a pu l'appeler « le
foyer de la République ». Dans une publication d'alors
(les *Tableaux historiques de la Révolution*), remarquant
que peu d'hommes parmi ceux qui avaient commencé,
avaient été en état de suivre jusqu'au bout le mouvement, Chamfort, un des habitués du salon de Mme de
Condorcet, ajoutait : « C'est un plaisir qui n'est pas indigne d'un philosophe d'observer à quelle période de la
Révolution chacun d'eux l'a délaissée ou a pris parti
contre elle. » Et il note le moment où s'arrêta La Fayette

celui où s'arrêta Barnave. « Que dire, s'écrie-t-il en voyant La Fayette, après la nuit du 6 octobre, se vouer à Marie-Antoinette, et cette même Marie-Antoinette, arrêtée à Varennes avec son époux ramenée dans la capitale et faisant aux Tuileries la partie de whist du jeune Barnave? » Condorcet, lui, ne s'arrêta qu'à la dernière extrémité, et il fut l'un des plus ardents parmi les Jacobins.

M. Guillois n'a que des éloges pour sa conduite pendant la Révolution ; il est vrai qu'il passe sous silence la plupart de ses actes. Sainte-Beuve, dans une de ses *Causeries du lundi*, le 3 février 1851, a dressé contre Condorcet un réquisitoire terrible et où il est loin cependant d'avoir tout dit ; comme chacune de ses accusations est accompagnée d'un texte, il n'est pas permis de les tenir pour non avenues. C'est pourtant ce qu'a fait M. Guillois ; le réquisitoire subsiste donc dans son entier (1). Tant qu'il n'aura pas été réfuté, on sera en droit de dire que le rôle de Condorcet a été misérable, atroce même. Le mot, je crois, n'est pas trop fort, et quelques faits vont le justifier.

Bien avant le 10 août, il pousse à l'insurrection. Lorsque le 20 janvier 1792, les hommes des faubourgs entrent aux Tuileries et mettent le bonnet rouge sur la tête de Louis XVI, il applaudit à l'émeute, il plaisante agréablement sur ce *bonnet rouge*, dans lequel il ne veut voir qu'une *couronne* à la *Marc-Aurèle ;* il trace de l'invasion du château cette peinture dérisoire :

« L'espérance de ces sages magistrats (le maire Petion et les municipaux, ses complices) n'a point été trompée. Cette jour-

_____

(1) Voir *Causeries du lundi*, tome III, p. 280-277.

née, que les intrigants avaient espéré parvenir à être sanglante, a été *paisible*. A dix heures du soir, *rien ne la distinguait plus d'un jour ordinaire*. Il ne s'est commis aucun désordre dans le châtea·· ·ar une ou deux portes forcées, *quelques vitres cassées* n . en être comptées, lorsque vingt ou trente mille hommes pénè· ·nt · la fois dans une habitation dont ils ne connaissent pas les issues. (1) »

Le courageux, l'éloquent André Chénier, qui avait eu le malheur autrefois de paraître dans le salon de Condorcet, lui répondit avec indignation dans un admirable article du *Journal de Paris*, du 24 juin 1792 :

« Elevons enfin tous ensemble une clameur d'indignation et de vérité. Apprenons à la postérité et aux nations étrangères que la nation française n'est point complice de ces honteuses débauches de licence que l'on ose appeler liberté... Apprenons-leur que, si des législateurs libellistes (2) affectent de parler des actions de cette journée comme de choses de peu d'importance, et de ne voir dans tout cela *qu'une visite faite au roi* (3) et *quelques vitres cassées* (4) ; si, sans aucune pudeur, ils assurent qu'on a traité le Roi *comme un autre homme* (5), lorsqu'il

(1) *Chronique de Paris*, du 22 juin 1792.

(2) Brissot et Condorcet, tous les deux journalistes et membres de l'Assemblée Législative.

(3) *Le Patriote français*, de Brissot, du 21 juin, avait ainsi rendu compte de la journée du 20 juin : « En sortant de l'Assemblée nationale, les habitants des faubourgs Saint-Antoine et Saint-Marceau ont été *rendre visite au roi*, et lui présenter une pétition. »

(4) Article de Condorcet.

(5) Voici comment s'exprimait Condorcet dans son article déjà cité, du 22 juin : « On a pu voir avec douleur combien peu de gens... ont pu se persuader qu'un roi n'est qu'un homme. »

s'est vu en butte à un traitement dont tout le monde aurait été révolté, quand même il se serait adressé à eux ; s'ils ajoutent à de si belles réflexions, des railleries qui ne les déparent point, ce n'est pas que la nation presque entière n'abhorre et ne déteste un pareil langage ; c'est uniquement que ces messieurs *usent avec intrépidité du privilège que le mépris public leur a donné de tout dire, et de l'impossibilité où ils se sont mis depuis longtemps de s'avilir davantage* (1). »

André Chénier se trompait. Condorcet trouvera moyen de s'avilir encore davantage. Dans l'intervalle du 20 juin au 10 août, il ne cessera, par ses articles, de chauffer ou du moins de caresser l'opinion exaltée, et de témoigner hautement son désir de la voir se porter au dernier éclat (2). A la veille du 10 août, il donnera une fête, dans ses salons de la rue de Lille, aux bandits venus de Marseille, pour prêter main forte aux émeutiers de la capitale. Chénier, du reste ne le lâche plus. Dans son article du 6 juillet 1792, il rappelle le temps où « M. Condorcet n'avait point encore cherché le profit et *trouvé la honte à devenir l'ami, le compagnon, l'émule de Brissot et de Marat ;* où il ne s'était pas encore condamné à rougir devant ses anciens écrits, et à souhaiter pour réussir, que tous les hommes oublient ces anciens titre s à leur estime comme il les a oubliés lui-même (3) » — Et ailleurs il écrit : « Et tenez, voyez l'ami Condorcet ; lors de l'assas-

***

(1) *Œuvres de prose d'André de Chénier*, p. 238, édition de L. BECQ DE FOUQUIÈRES, 1872.

(2) SAINTE-BEUVE, *Causeries du lundi*, tome III, p. 274.

(3) *Œuvres en prose d'André de Chénier*, p. 153.

sinat du maire d'Etampes (1), ignorant si ce meurtre
ne resterait pas obscur, comme une foule d'autres,
il en a parlé assez légèrement. « Plusieurs citoyens
ont péri dans le tumulte », dit-il ; et de là il continue sa route, distribuant seulement à droite et à gauche, *ses petits coups de stylet empoisonné*, qui en font un
homme si précieux au bon parti (2). » Une dernière citation : « Condorcet, homme né pour la gloire et le bien
de son pays, s'il avait su respecter ses anciens écrits et
su rougir devant sa propre conscience ; homme dont il
serait absurde d'écrire le nom parmi cet amas de noms
infâmes, si les vices et les bassesses de l'âme ne l'avaient
redescendu au niveau ou même au-dessous de ces misérables, puisque ses talents et ses vastes études le rendaient capable de courir une meilleure carrière ; qu'il
n'avait pas eu besoin comme eux de chercher la célébrité d'Erostrate, et qu'il pouvait, lui, parvenir aux honneurs et à la fortune, dans tous les temps où il n'aurait
fallu pour cela renoncer ni à la justice, ni à l'humanité,
ni à la pudeur (3). »

De telles paroles, tombées de si haut, sont ineffaça-
bles. Elles seront à Condorcet une flétrissure immor-
telle. Dira-t-on qu'elles sont exagérées? Les faits encore
vont répondre.

Le 4 septembre 1792, les massacres des prisons durent
depuis deux jours ; ils continuent et dureront jusqu'au

---

(1) Jacques-Guillaume Simoneau, maire d'Etampes, avait été
assassiné, le 3 mars 1792, sur le marché d'Etampes, pour avoir
refusé de violer la loi en taxant le blé.

(2) *André Chénier*, p. 299.

(3) *Id.*, p. 309.

6 septembre. Le 2, on a égorgé à l'Abbaye, aux Carmes, dans la rue Sainte-Marguerite, dans la cour de Saint-Germain-des-Prés, à la Force, au Châtelet, à la Conciergerie. Le 3, les massacres recommencent à l'Abbaye, à la Force, au Châtelet, à la Conciergerie ; on égorge en même temps aux Bernardins, à Saint-Firmin, à Bicêtre. Le 4, nouveaux massacres à l'Abbaye, à la Force, à Bicêtre, à la Salpêtrière. Or, ce jour-là, 4 septembre, voici ce qu'écrit Condorcet, dans la *Chronique de Paris* et ce qu'il signe de son nom :

« Nous *tirons le rideau* sur les événements dont il serait trop difficile en ce moment, d'apprécier le nombre et de calculer les suites. Malheureuse et terrible situation que celle où le caractère d'un peuple naturellement *bon et généreux*, est *CONTRAINT* de se livrer à de pareilles vengeances ! »

Dès avant le 10 août, déserteur de l'aristocratie, et animé contre l'ancienne société d'une haine de transfuge, Condorcet aspirait à voir mettre Louis XVI en accusation. Son journal insérait, dans son numéro de juillet 1792, sous ce titre : *Encore un conseil à Louis XVI* les lignes suivantes :

« Quel que soit le sort qui les attend, les amis de la vérité sont toujours préparés ; mais toi, demande à tes flatteurs comment *Néron*, dont le nom seul est une injure, a terminé sa vie ! *Demande à l'histoire qui ose tout dire, COMMENT CHARLES Ier A FINI !* Et il avait aussi des vertus domestiques ! »

Condorcet ne vota pas la mort du roi. « La mémoire de Condorcet, dit M. Antoine Guillois, est pure de cette

tache ; car il se prononça pour la peine la plus grave qui
ne serait pas la mort. » M. Guillois s'est-il demandé ce
que c'était que cette *peine la plus grave ?* Les députés
qui ne voulaient pas voter la mort s'étaient prononcés
pour la détention jusqu'à la paix et le bannissement
ensuite. Condorcet ne l'entendait pas ainsi. « Toute différence de peine pour le même crime, dit-il, est un attentat contre la loi ; elle prononce la mort contre les conspirateurs, mais mes principes me défendent de la prononcer contre qui que ce soit. Comme juge, je me réserve de
prononcer la peine la plus grave, qui ne sera pas celle
de la mort... » La surprise fut générale ; de tous les côtés
de la salle on lui cria : Mais *quelle peine? — La peine de
la loi*, répéta-t-il, *la peine la plus sévère après la mort* (1).
Cette peine, ce n'était pas la détention, ce n'était pas le
bannissement ; c'était les *galères à perpétuité*. Le ci-devant marquis réclamait tout simplement pour Louis XVI
la peine des galères !

Et maintenant, on comprend sans les excuser les paroles d'exécration proférées par Malesherbes : « Si je
tenais en mon pouvoir M. de Condorcet, je ne me ferais
aucun scrupule de l'assassiner ». On s'associe à la réflexion
de Sainte-Beuve : « Noble vieillard, ces paroles n'étaient
pas dignes d'une bouche telle que la vôtre, mais le vrai
coupable est celui qui a pu vous les arracher » (2).

Un mois après la condamnation de Louis XVI, dans
les séances des 15 et 16 février 1793, Condorcet présentait à la Convention Nationale un plan de constitution

(1) *Journal des Débats et des Décrets*, janvier 1793, p. 268.
(2) SAINTE-BEUVE, tome III, p. 274.

rédigé par lui et ses amis de la Gironde. Jamais hommes d'Etat n'ont soumis à une assemblée en aucun temps, en aucun pays, une constitution qui soit plus démagogique, où l'autorité soit plus avilie, où le bon sens soit plus outragé (1).

Cette Constitution ridicule n'a jamais été mise en pratique ; il n'en a pas été de même malheureusement des lois, au nombre d'une trentaine, votées par la Gironde, d'octobre 1792 à mai 1793, et qui prononcent la peine de mort, — la peine de mort contre les écrivains qui attaqueraient la République ; la peine de mort contre les jeunes filles émigrées *âgées de quatorze ans*, qui après être rentrées en France une première fois et avoir été déportées, y rentreraient une deuxième fois ; la peine de mort contre ceux qui contreviendraient à la loi défendant les cocardes autres que celles aux trois couleurs nationales ! Toutes ces lois de sang, toutes celles qui ont mis la liberté de la vie des honnêtes gens à la merci des plus lâches dénonciations, toutes celles qui, *avant le 31 mai*, ont organisé un gouvernement révolutionnaire complet, avec tous ses organes, depuis le comité de Salut public, en haut, jusqu'aux comités de surveillance, en bas, Condorcet les a votées.

Et pendant ce temps, que faisait la belle Sophie, la délicieuse Madame de Condorcet? Sans doute elle déplorait tant de lâchetés et de fureurs ! Elle s'efforçait sans doute de modérer son mari et de l'arrêter sur la pente fatale ! Hélas ! c'est elle qui l'excite, qui le pousse dans la voie où il s'est engagé.

(1) Voir dans ma *Légende des Girondins*, le chapitre VII sur la *Constitution girondine.*

Le conventionnel Pierre Choudieu, cité par M. Antoine Guillois, écrivait en 1833 : « La marquise de Condorcet, beaucoup plus modeste que Mme Roland, avait le bon esprit de ne pas chercher à amoindrir le mérite de son mari. Sans paraître avoir aucune prétention, elle a eu peut-être plus d'influence qu'aucune autre femme sur tous les Girondins qui, seuls, formaient sa société, car Sieyès n'y a paru, à ma connaissance, qu'une seule fois pour déterminer les Girondins à voter la mort du Roi. » Morellet, confrère de Condorcet à l'Académie française et qui avait longtemps fréquenté son salon, a dit dans ses *Mémoires :* « La femme de Condorcet, une des plus belles, des plus spirituelles et des plus instruites qui aient jamais brillé parmi son sexe, retirée à Auteuil, est réduite à faire de petits portraits pour vivre, et à peine peut-on la plaindre quand on sait que, *non seulement elle a partagé les fautes de son mari, mais qu'elle l'a poussé aux plus grandes de celles qu'il a faites, s'il est permis d'employer un terme aussi faible que celui de FAUTE pour qualifier tout ce qu'on peut reprocher à Condorcet* (1). »

III

La révolution du 31 mai avait renversé la Gironde. Décrété d'arrestation le 8 juillet 1793, sur la motion de Chabot, compris, le 3 octobre, dans l'acte d'accusation dressé par Amar et renvoyé devant le Tribunal révolutionnaire, Condorcet fut atteint par la disposition générale du décret du 23 ventôse an II (13 mars 1794),

(1) *Mémoires de l'abbé Morellet*, tome II, p. 106.

qui déclarait *hors la loi* tous les conspirateurs poursuivis comme tels qui se seraient soustraits à la justice. Il avait trouvé un asile, rue Servandoni, dans la maison qui porte actuellement le n° 21, chez une courageuse femme, la veuve de Louis-François Vernet, proche parent des grands peintres. Le 25 mars, il apprit qu'une visite domiciliaire serait faite le lendemain dans la maison. Pour ne pas compromettre son hôtesse, qui, avec un dévouement sublime, ne voulait pas le laisser sortir, il trompa sa surveillance et s'éloigna, vêtu d'une veste d'ouvrier et d'un gros bonnet de laine. Deux jours après, il était arrêté dans une auberge de Clamart et conduit dans la prison de Bourg-la-Reine devenu Bourg-Egalité. Le lendemain (et non le surlendemain, comme le dit par erreur M. Guillois), le geôlier le trouva mort. Il avait pris du stramonium combiné avec de l'opium, poison qu'il avait toujours sur lui, et qu'il devait à la prévoyante sollicitude de son ami Cabanis.

Pendant plusieurs mois, on ignora sa mort. Sa famille le croyait passé en Suisse, tandis que ses biens étaient vendus comme propriété d'émigré.

Du peu d'argent qui lui restait, Mme de Condorcet acheta, au n° 352 de la rue Saint-Honoré, tout près de la maison de Robespierre (1), une petite boutique de lingerie où elle établit Auguste Codot, le frère du secrétaire de son mari. A l'entresol, au-dessus de la porte cochère, elle avait un petit atelier où elle peignait, pour gagner sa vie, des tableaux, des miniatures et des camées. Elle put ainsi atteindre le 9 thermidor. Au mois de jan-

______

(1) La maison Duplay, où était logé Robespierre, portait alors le n° 366.

vier 1795, une partie de ses biens lui fut rendue. Ses affaires réglées, tout en conservant à Auteuil son principal
établissement, elle meubla à Paris, un petit appartement
rue de Matignon.

En l'an III (1795), elle publia une traduction de la
Théorie des sentiments moraux, d'Adam Smith, suivie
d'un ouvrage dont elle était l'auteur et qui avait pour
titre : *Lettres sur la sympathie*. Cependant, elle n'avait
pas tardé à reprendre goût à la vie mondaine. « La société française, dit M. Antoine Guillois, se reprenait à la
vie, et, au lendemain de la Terreur, il semblait que chacun éprouvât le besoin d'affirmer sa jeunesse et sa joie.
On respirait enfin ; et de suite, passant de l'extrême douleur à une joie excessive, on vit, dans tous les mondes,
comme un renouveau et une résurrection. » De ce renouveau, Mme de Condorcet eut vite fait de prendre sa
part. Veuve à trente ans, plus belle que jamais, il lui
parut qu'elle aurait mauvaise grâce à jouer le rôle d'Artémise, en longs habits de deuil. Elle n'oubliait pas son
mari ; elle publiait même avec soin sa dernière œuvre,
l'*Esquisse d'un tableau historique des progrès de l'esprit
humain* (1). Or, elle y trouvait, en grand nombre, des
pages telles que celle-ci : « Montrons les pontifes de
l'Eglise romaine subjuguant l'ignorante crédulité par
des actes grossièrement forgés ; ayant dans tous les Etats
une armée de moines toujours prêts à exalter par leurs
impostures les terreurs superstitieuses ; ordonnant au
nom de Dieu la trahison et le parjure, l'assassinat et le
parricide. La morale, enseignée par les prêtres seuls,
créait une foule de devoirs purement religieux, de péchés

____

(1) An III (1794).

imaginaires. On comprenait avec soin, parmi ces péchés, *depuis les faiblesses les plus innocentes de l'amour* jusqu'aux excès de la débauche la plus crapuleuse. C'était une des branches les plus productives du commerce sacerdotal, spéculant sur l'ignorance. On imagina jusqu'à un enfer d'une durée limitée, que les prêtres avaient le pouvoir d'abréger... Ils vendaient des arpents dans le ciel pour un nombre égal d'arpents terrestres... »

Nourrie de telles doctrines, elle-même, nous l'avons vu fanatique d'irréligion, que vouliez-vous que fit Mme Condorcet ? Ce qu'elle fit, M. Guillois nous le dit ici, en termes voilés : « Baudelaire et Mailla-Garat lui inspirèrent tous deux de tendres sentiments. » Baudelaire habitait Auteuil ; c'était un ancien prêtre devenu voltairien. Mailla-Garat, parent des deux Garat, célèbres alors, le philosophe et le chanteur, était un homme de lettres, que Bonaparte, après le 18 brumaire, allait nommer tribun.

En 1798, tout en gardant son pied-à-terre d'Auteuil, Mme de Condorcet devint propriétaire d'une maison sur le coteau qui domine Meulan et les bords de la Seine, et elle ne tarda pas à s'y fixer pendant la plus grande partie de l'année. La Maisonnette — c'est ainsi qu'elle baptisa son riant ermitage — était une habitation charmante. « C'était, dit M. Guillois, la demeure du Sage ». Dans cette « demeure du Sage », la veuve de Condorcet s'installa tranquillement avec son ami Mailla-Garat. Au printemps de 1800, pendant un voyage que le tribun fit à Villiers et à Paris, elle lui écrivait :

« Ce 10, soir (de Meulan).

« Tu auras un bien beau temps pour cette fête qui n'est pas la mienne, mon Mail. Puisses-tu, en jouissant, cette nuit, de la beauté de ce ciel prêt à se parer de mille feux... penser à ta Sophie qui, seule, loin de toi, sacrifie de bon cœur le bonheur de te voir (cependant si nécessaire) aux plaisirs de distraction et d'amitié que tu as été chercher... » Cette lettre est aussi longue que tendre. En voici les dernières lignes :

« Cher ami, reviens bien vite m'ôter cette vague anxiété que je ressens toujours loin de toi, que l'occupation ne saurait charmer et que l'espérance même ne suspend qu'à demi... Adieu, mon âme, je vais m'endormir en pensant à toi aussi tendrement que si tu pensais beaucoup à moi à Villiers. Tu devrais bien prononcer mon nom aux hôtes du lieu, afin que ta petite femme ne soit pas un être inconnu aux personnes pour lesquelles tu peux la quitter quelques moments. Adieu encore, toi que le cœur le moins passionné ne pouvait, ce me semble, aimer sans passion. Adieu, être attirant qui as su charmer une vie flétrie par tous les malheurs, et que j'espère n'avoir aimé d'abord avec trouble que pour sentir davantage le bonheur de t'aimer avec confiance et avec paix. »

Les lettres qui suivent ne sont pas moins tendres, même celles qu'elle écrit après que le tribun a fait la connaissance de Mme de Coigny — la Jeune Captive — et s'est affiché avec elle.

Faute d'un hôte, d'ailleurs, la maisonnette ne chômera pas. Mailla-Garat définitivement parti, Mme de Condorcet y installe Fauriel, qui remplissait alors des fonctions à la police, sous la direction de Fouché.

Elle l'avait rencontré au Jardin des Plantes, un matin de l'automne de 1801, et bientôt, dit M. Guillois, « s'était établie entre eux une de ces liaisons discrètes que le XVIII siècle admettait, sans penser à les critiquer. » Pas si *discrète* que cela, puisque Fauriel élut domicile à la Maisonnette et qu'il y demeura plus de vingt ans. Il ne devait plus quitter Mme de Condorcet, jusqu'à la mort de cette dernière, arrivée le 8 septembre 1822.

Quelques jours après, Mme Cinguené écrivait sur le cahier où elle notait ses pensées :

« La veuve de l'illustre Condorcet vient de mourir. Toutes les ressources de l'art le plus habile n'ont pu que prolonger de quelques moments cette existence précieuse à ceux qui l'ont connue. Mme de Condorcet fut peut-être la plus belle femme de son époque, elle fut certainement une des plus spirituelles et des meilleures de son temps. Elle eut toutes les vertus *sans aucun préjugé.*

« Mme de Condorcet est morte le dimanche 8 septembre. Elle demanda à être enterrée avec les pauvres et *sans cérémonie religieuse.* Huit ou dix parents et amis ont accompagné les restes de cette excellente femme au Père-Lachaise. Sa tombe est près de l'avenue où repose mon pauvre ami (1). »

Le livre de M. Antoine Guillois est bien fait et remarquablement écrit. Il témoigne d'un grand souci d'exactitude, et je ne vois guère à y relever qu'une toute petite erreur. « Un jour, dit l'auteur, dans le salon de Mme de Grouchy, l'abbé Sabatier, *membre de l'Académie fran-*

____

(1) Ginguené était mort le 16 novembre 1816.

çaise, fut condamné à faire, comme gage, une déscription de la femme et il s'en tira par ces vers siprituels :

> A moi, vous demandez ce que c'est que la femme,
> A moi dont le destin est d'ignorer l'amour !
> A l'aveugle éploré, vous arracherez l'âme
> Si vous lui demandez ce que c'est qu'un beau jour. »

L'abbé Sabatier n'a jamais fait partie de l'Académie française.

Malgré le talent de son biographe, malgré l'enthousiasme qu'il professe póur elle, je ne crois pas que Mme de Condorcet prenne jamais place parmi les femmes dont le nom mérite de vivre, parmi celles dont la postérité reconnaissante honore le souvenir. Elle fut belle, elle fut spirituelle : est-ce donc assez? Non, les âmes, les cœurs, n'iront pas à cette femme pour qui l'âme n'existait pas, ni la religion, ni Dieu. Ils ne tiendront pas pour un lieu sacré cette *Maisonnette*, dont on essaiera de faire un temple, ce foyer éteint où, beauté quinquagénaire, la veuve de Condorcet, l'*amie* du prêtre Baudelaire et du tritan Mailla-Garat, devenue la Beaucis de Fauriel, s'efforçait en vain de rallumer d'un souffle haletant

> Quelques restes de feu sous la cendre épandus.

(21 février 1897).

XXI

PIE VI ET LE GÉNÉRAL DE MERCK [1]

I

Le pape Pie VI est mort à Valence le 29 août 1799.
Au lendemain de cette date du 29 août, je voudrais dire
quelques mots des derniers jours de l'héroïque et vénérable pontife, je voudrais aussi signaler à mes lecteurs
une intéressante polémique qui s'est élevée récemment
et qui a fait du bruit, non pas dans Landerneau mais
dans les revues et journaux du Dauphiné. Elle a été
d'ailleurs excellemment résumée dans une brochure (1),
écrite par un de nos plus érudits bibliophiles, M. Victor
Colomb, et c'est cette brochure qui va me servir de guide.

1899 était l'année du centenaire de la mort de Pie VI.
Mgr Cotton, évêque de Valence, voulant célébrer cet anniversaire par de grandes fêtes religieuses, publia une
lettre pastorale, panégyrique éloquent et ému du Pontife exilé.

Les fêtes furent grandioses : deux archevêques et six

(1) *Pie VI à Valence et le général de Merck*, par Victor Co-
LOMB. Grenoble, librairie dauphinoise, H. Falque et Félix Per-
rier, 1901.

évêques y assistaient ; Mgr de Cabrières, évêque de Montpellier, prononça le panégyrique.

Un prêtre valentinois, M. l'abbé Hector Reynaud, docteur ès lettres, publia à cette occasion, sous le titre de *Pie VI à Valence,* une étude puisée aux meilleures sources. Les archives de la Drôme lui fournirent une copie d'un volume, composé par le général de Merck, commandant de la citadelle de Valence, au moment de la détention du saint Pontife. Mais quel ne fut pas son étonnement, quand il vit que ce général, qu'on avait toujours représenté comme un homme indigne, était au contraire, plein de déférence pour le Pape et ne parlait de lui qu'avec l'admiration et le respect le plus profonds.

C'était le renversement de toutes les idées reçues jusqu'alors sur le commandant de la citadelle de Valence. M. l'abbé Nadal, dans l'*Histoire hagiologique de Valence,* M. Charles Poncet, dans son livre sur *Pie VI à Valence* (1), s'accordaient à représenter de Merck comme « un soldat sans aveu, que la fortune éleva aux premiers grades, mais dont le nom est inconnu dans les fastes militaires de son époque ». D'après eux, le Directoire, le jugeant peu propre à combattre, en fit le geôlier de Pie VI. Le général n'avait vu dans le malheureux Pontife « qu'un prisonnier qui ne méritait pas les moindres égards ». Non content d'insulter à sa vieillesse et à ses douleurs, il avait osé écrire sur sa détention une brochure ou plutôt un volume entier « plein de mensonges infâmes ».

A la suite de la publication de l'écrit de M. l'abbé Reynaud, M. l'abbé Toupin, dans le *Messager de Valence,* réédita les accusations de MM. Nadal et Poncet, et qua-

---

(1) Un volume in-8, A. Bray, éditeur, Paris, 1868.

lifia le livre du général de Merck « d'infâme publication »
et de « factum abominable ».

M. Reynaud avait-il donc mal lu? Ses yeux l'avaient-
ils trompé? Il revit la *copie* des Archives de la Drôme, et
cette seconde lecture ne fit que confirmer sa première
impression. Un doute cependant subsistait encore : et si
la copie n'était pas conforme à l'original? Il était maté-
riellement impossible de vérifier, car le volume de Merck
était introuvable.

Les bibliophiles partagent souvent avec les audacieux
les faveurs de la fortune. On allait en avoir une preuve
nouvelle.

Un ami de M. Reynaud, un chercheur (ne serait-ce
point par hasard M. Colomb, un nom prédestiné pour
un chercheur, — et un découvreur?) trouva un beau matin chez un bouquiniste de Paris un volume intitulé :
*La capt.. 'té et la mort de Pie VI, par le général de Merck,
gouverneur de la citadelle de Valence, à l'époque de la détention du Souverain Pontife. — Londres, de l'imprime-
rie de J.-F. Dave, 1814, in-8° de 2, 8 et 218 pages; un
portrait h. t. Pius VI, Pont. Max., et un portrait h. t.
général de Merck. Queilly fc.*

On n'était plus cette fois en face d'une copie dont
l'exactitude pouvait être contestée, mais en face de l'édition originale du volume de de Merck, d'un texte absolument certain et sur lequel il était permis d'asseoir des
conclusions définitives. Ces conclusions, M. l'abbé Reynaud entreprit de les tirer, et ce lui fut une occasion
d'une nouvelle brochure qui porte ce titre : *L'adjudant
général de Merck.*

Merck, né Autrichien, était entré jeune encore au service de la France. M. Reynaud a pu se procurer au mi-

nistère de la Guerre ses états de service, ils établissent
que presque tous ses grades ont été gagnés sur le champ
de bataille.

C'est le 7 octobre 1797, *plus de vingt mois avant l'arrivée de Pie VI à Valence*, qu'il fut nommé au commandement du département de la Drôme ; il ne fut
donc pas envoyé en qualité de geôlier.

Reste enfin le livre lui-même, le livre « infâme », le
« factum abominable ». Je l'ai en ce moment sous les
yeux, et j'y constate, comme M. l'abbé Reynaud, que
le général de Merck, bien loin d'outrager le Pape captif,
exalte à chaque page sa patience, sa bonté, sa grandeur
d'âme, ses admirables vertus.

II

L'histoire de ce livre est du reste elle-même assez curieuse.

De Merck, je l'ai dit, était Autrichien. Après avoir
servi dans les rangs français, il passa, sous l'Empire, au
service de l'Angleterre. Il était en Espagne, et dans le
voisinage d'Astorga, lorsqu'il ébaucha à la hâte la *Captivité et la mort de Pie VI*. « Cet abrégé, dit-il, imprimé
en espagnol le 23 février 1811 à Ponferrada, fut accueilli, j'ose le dire, avec empressement, et opéra tout
l'effet que j'en avais espéré ; c'est-à-dire d'augmenter
encore par le tableau des outrages que le Pontife romain
avait reçus en France, la juste haine des habitants de
ce pays contre leurs indignes oppresseurs. »

Plus tard, fixé à Londres, il donna à son premier écrit
d'assez longs développements et rédigea cette fois son

livre en français. Le volume fut publié par sa veuve en
1814. On lit à la première page : *Publié par Mme de Merck,
veuve du général. Se vend chez Mme de Merck, Sablo-
nière Hotel, Leicester Square, et chez M. Booker, libraire,
New band street.*

Le principal objet du général de Merck, en écrivant
son livre, était évidemment de montrer qu'il avait eu
pour le Pape captif les plus grands égards et les soins les
plus attentifs. Il me paraît seulement que, pour mieux
atteindre son but, il lui est arrivé, en plus d'une recon-
tre, de *romancer* son récit. Voici, par exemple, comment
il raconte la première journée de la captivité du Souverain Pontife :

« Le jour était déjà sur son déclin ; je n'avais pas encore quitté Sa Sainteté. Son affabilité, sa douceur et
l'esprit supérieur qui régnait dans son discours, me re-
tinrent auprès de sa personne et remplirent mon âme
d'admiration et de respect pour le vieillard.

« Cependant l'heure de la retraite arrivée, je me présente pour baiser la main du saint homme et lui souhaiter la meilleure nuit ; mais le bon vieillard, levant sur
moi des regards qui annoncent l'inquiétude et la douleur, me retient par le bras, et me prie, avec instance, de
ne pas l'abandonner et de faire transporter mon lit dans
sa chambre. Je lui représente que ma présence le gêne-
rait ; que je le priverais de cette aisance que son âge et
ses infirmités requéraient, et que moi-même je serais
gêné par la dignité et la vénération de sa personne. —
« Vous avez tellement gagné ma confiance et mon estime,
« dès votre premier abord, me dit Sa Sainteté, que je
« ne saurais supporter votre absence pour un seul ins-
« tant. J'ai été assailli sur toute la route par une popu-

« lace aveugle et séduite, et mon cœur en est si affecté,
« que je crois, à chaque moment, que l'on vient m'as-
« sassiner... Restez auprès de moi... Je vous en prie...,
« mon ami..., ne m'abandonnez pas. »

« Ces dernières paroles du Saint-Père, prononcées avec toute la ferveur de l'âme, émeuvent mon cœur et l'ouvrent à tous les sentiments d'humanité et de pitié que l'homme sensible peut éprouver. Je vois sa triste situation, je n'en conçois que trop toute l'amertume. Ses regards tendres, ses yeux noyés de pleurs et ses soupirs, tout me saisit ; et, sans tenter même de résister plus long-temps à sa prière, je fais transporter mon lit dans son appartement... Je couchai donc dans la chambre du Pontife, pour le tranquilliser, pendant les trois mois qui ont précédé sa mort. Epoque la plus heureuse de ma vie, pourquoi es-tu passée si vite? Doux moments, instants précieux dont j'ai joui avec Pie VI, pourquoi vous êtes-vous évanouis comme un rêve, et écoulés avec tant de rapidité? »

Cela est-il bien exact? L'abbé Baldassari n'en dit pas un mot dans son histoire, si détaillée pourtant et toujours si exacte, de la captivité de Pie VI (1).

En un autre endroit, de Merck raconte comment il proposa un jour à Pie VI de le faire évader de la citadelle de Valence et de le conduire en Angleterre :

« Un soir, écrit-il, après une longue conversation avec le Saint-Père, voulant lui donner la plus grande preuve de mon attachement, je lui dis : « Je vois avec

(1) *Histoire de l'enlèvement et de la captivité de Pie VI*, par M. l'abbé BALDASSARI, traduite de l'italien par M. l'abbé DE LA COUTURE. Librairie catholique de Périsse frères, 1842.

« douleur que chaque jour on resserre les liens de votre
« captivité ; je ne m'aperçois que trop que bientôt on
« m'arrachera d'auprès de Votre Sainteté, et que cette
« cruelle séparation sera suivie des horreurs que le crime
« prépare à l'innocence. O mon père, daignez écouter la
« voix de l'amitié qui veut tout entreprendre et braver
« jusqu'à la mort pour sauver le Pontife romain. Un
« seul moyen se présente encore pour vous soustraire à
« la mort ; c'est l'unique espoir qui se présente de sauver
« votre personne. Ce fleuve, continuai-je en montrant
« du doigt le Rhône (1), se perd à cinquante lieues d'ici
« dans la mer ; à peu de distance de son embouchure,
« une frégate anglaise est à l'ancre pour observer les
« mouvements sur les côtes de France. A la faveur de
« la nuit nous pourrons aisément gagner ce bâtiment et
« mettre Votre Sainteté à l'abri des injures qu'elle souf-
« fre. Je ferai saisir un bateau par deux amis fidèles sur
« qui je puis compter ; et portant sur mes épaules le
« Souverain Pontife, je l'y déposerai. »

« Le Saint-Père m'avait écouté attentivement ; aucune syllabe ne lui était échappée ; immobile cependant
comme une personne tombée dans une rêverie profonde,
et qui médite ce qu'elle doit répondre, il garde pendant
quelques moments le silence, et son esprit semble abattu;
mais bientôt il sort de cette espèce de léthargie, son visage
se ranime, la majesté se replace sur son front, et toute
la dignité pontificale respire autour de lui ; puis, repo-
sant ses deux faibles mains dans les miennes, il me parla

---

(1) « Les Bouches du Rhône sont à 45 ou 50 lieues de Valence. J'avais tout préparé pour faire réussir notre évasion. »
(Note du général de Merck).

en ces termes, en fixant sur moi des yeux plus pétillants
que ceux où brille tout le feu du printemps de la jeunesse : — « Mon cher fils, je n'attendais pas moins de
« votre affection ; et loin d'être trompé dans la haute
« confiance que j'avais placée en vous, votre zèle sur-
« passe de beaucoup mes espérances... Mais Pie VI doit
« remplir les décrets célestes ; il doit se soumettre à la
« volonté suprême de l'Eternel. Ce Dieu, qui m'a con-
« duit dans cette demeure isolée, et qui veille encore
« sur mes jours presque éteints, s'opposerait lui-même
« à vos efforts généreux, et votre entreprise vous de-
« viendrait funeste. Un bon pilote n'abandonne pas le
« gouvernail de son vaisseau, au milieu de l'orage ; un
« pasteur zélé doit rester avec ses brebis dans les temps
« de désolation, et il faut que Pie VI demeure avec son
« troupeau pendant le danger, pour le faire paître, lui
« donner l'exemple de la patience et de la mort même si
« les statuts immuables de Dieu l'ont ainsi décrété. Non,
« mon cher enfant, je ne saurais fuir... Je ne me sens pas
« la force d'aller vivre hors du sein de mon Eglise ; non ;
« rester et souffrir est mon devoir... Le ciel le veut ainsi,
« respectons sa volonté suprême sans nous opposer à
« ses justes décrets. »

Peut-être, en effet, de Merck songea-t-il un instant
à quelque projet d'évasion ; cet épisode cependant paraît bien appartenir encore au domaine du roman.

Au milieu d'août 1799, alors que le Saint-Père n'avait
plus que quelques jours à vivre, de Merck reçut du Directoire l'ordre de partir sur-le-champ pour Venterol
à quinze lieues de Valence, afin de dissiper les attroupe-
ments qui s'y étaient formés. Il devait laisser le Pape

sous la surveillance d'un de ses officiers, le citoyen Mer-
milliod, commandant de la place de Valence.

A ce moment, la santé de Pie VI ne laissait plus aucun
espoir. Accablé sous le poids de ses quatre-vingts ans
qu'il avait si laborieusement accomplis, paralysé de la
moitié du corps, il ne pouvait pas même se soutenir sur
ses jambes, ni faire un pas. La paralysie gagnait les entrailles ; il ne pouvait prendre aucune nourriture, et la
faiblesse augmentait chaque jour. Il ne sortait même
plus sur sa chaise roulante, et passait toutes ses journées
dans un abattement extrême.

Le 15 août cependant, jour de la fête de l'Assomption,
porté de bonne heure à la chapelle, il entendit plusieurs
messes, communia à celle de Mgr Spina (1), et ensuite,
absorbé dans sa méditation, demeura longtemps immobile. Cet effort épuisa ses forces.

Le lendemain, Mgr Spina le trouva plongé dans un
assoupissement léthargique dont ses appels réitérés ne
purent le faire sortir.

Le 17 août s'écoula presque complètement au sein de
cette atonie.

Le 18, l'auguste malade se leva et demeura quelque
temps étendu sur son fauteuil ; mais le nuage qui enve-
loppait ses facultés intellectuelles ne se dissipa point ;
on s'en aperçut lorsqu'il voulut réciter les heures cano-
niales avec le P. Fantini : il ne pouvait suivre les leçons
et répétait sans ordre les psaumes.

C'est précisément dans ces jours-là (*vers le milieu
d'août*, dit-il), que de Merck, au moment de partir pour
Ventèrol, fit ses adieux au Saint-Père. « Il était déjà

____

(1) Archevêque de Corinthe *in partibus.*

minuit, écrit-il, et je n'avais plus que quatre heures pour rester avec lui : il fallait m'en séparer à la pointe du jour, lui dire un adieu éternel... Cette idée terrible fit naître dans mon cœur des sentiments d'indignation, que je ne pus cacher ; ces marques étaient trop visibles, pour que le Pontife, qui avait toujours les regards sur moi, ne s'en aperçût pas. — « Mon ami, me dit-il, avec bonté, « ne murmurez pas contre la Providence » ; et le malade, le mourant, adresse alors au général un discours qui ne remplit pas moins de *quinze* pages. Ici encore la part de l'imagination n'est-elle pas trop grande, et ne faut-il pas reconnaître que l'*Ami de la religion* disait vrai lorsque, peu de temps après l'apparition du livre de de Merck, il en portait ce jugement :

« Cette relation a un caractère romanesque et est écrite avec emphase et affectation. Les discours que le général fait tenir au Pape ne paraissent pas fidèlement rapportés... On soupçonne que l'auteur, écrivant loin du théâtre des souffrances du Pontife, a cherché à exciter l'attention et à piquer la curiosité, en disant plutôt des choses extraordinaires que des choses vraies et à se donner un certain relief en exagérant les services qu'il a rendus au Pape et les bontés du Souverain Pontife pour lui (1). »

Voilà la note vraie, et nous sommes loin, on le voit, du livre « infâme », du « factum abominable ». Non seulement le livre du général de Merck ne renferme pas une seule ligne, un seul mot d'outrage à l'adresse de Pie VI, mais il est plein, à chaque page, de témoignages

(1) L'*Ami de la religion*, tome III, page 289.

d'admiration et de sympathie. Le prétendu pamphlet n'est en réalité qu'un ardent panégyrique. Si le roman y tient un peu trop de place, le zèle du moins et l'enthousiasme y vont jusqu'à l'excès.

III

La citadelle de Valence avait été pour Pie VI la dernière station de son douloureux calvaire.

Le 20 février 1798, six jours après l'entrée à Rome de l'armée républicaine commandée par le général Berthier Pie VI avait été arraché du Vatican et transféré à Sienne, où il ne séjourna que jusqu'au 1er juin. Les envahisseurs craignaient que cette ville ne devînt un point de réunion pour les cardinaux dispersés.

Florence ouvrit au Pape sa magnifique Chartreuse ; il y fut gardé à vue, ainsi que l'avait été le premier des apôtres sous les ombres de la prison Mamertime. L'année suivante, le 27 mars, à l'approche des armées confédérées de la Russie et de l'Allemagne, il fut traîné mourant à Modène, et de là à Parme, à Plaisance, à Alexandrie, à Casal... Le 25 avril, il passait la nuit dans la citadelle de Turin ; le lendemain, il arrivait à Suse.

Une attaque de paralysie lui avait enlevé l'usage des jambes ; il avait 81 ans ; mais ni la vieillesse, ni les infirmités cruelles auxquelles il était condamné ne troublaient la sérénité de son esprit ; dans la captivité, il avait conservé toute la liberté de son âme, toute l'énergie de son cœur. Jamais on ne l'entendait se plaindre. Les maux de l'Eglise et aussi ceux de la France paraissaient seuls atteindre le vénérable Pontife. « Gallia !

Gallia ! disait-il alors, comme au lendemain de la mort de Louis XVI : « France ! France ! que nos prédécesseurs ont appelée le modèle de l'unité catholique, l'inébranlable soutien de la foi, toi qui surpassais les autres nations par ton zèle et ton dévouement à la chaire apostolique, ah ! combien tu es devenue différente de toi-même (1) ! »

De Suse, on le dirigea aussitôt sur Briançon. Le 28 avril, sans attendre que les passages des montagnes fussent devenus plus faciles, ni que la dernière neige eût été foulée par les traîneaux et les voyageurs, on le déposa, avec des peines inouïes, dans une grande chaise à porteurs, lourde et mal construite. Après avoir traversé des ruisseaux couverts de glace et des ponts si mal assurés contre la tempête et les eaux qu'ils tremblaient sous les pieds des mulets et des hommes, on arriva au Pas de Suse. Lorsqu'on l'eut franchi, d'autres périls lui succédèrent. Parfois la litière pontificale paraissait prête à rouler dans l'abîme, parfois ceux qui la portaient s'arrêtaient inquiets et troublés sur une pente glissante et raide qu'ils ne pouvaient monter. Enfin, l'on parvint à traverser à gué sur un lit de rochers et de glaçons les eaux de la Doire et du torrent de la Bardonèche et l'on aperçut l'église d'Oulx sur la hauteur.

C'était à Oulx que le Saint-Père devait passer la nuit.

Le 30 avril, on arriva à Briançon ; c'était un jour de

(1) « Ah Gallia ! Ah Gallia ! a prædecessoribus nostris appellata : totius Christianitatis speculum et immotum Fidei firmamentum utpote quæ in fervore Fidei Christianæ ac Doctrinæ apostolicæ Sedis, non sequeris alias, sed antecedis, quam hodie adversa a Nobis es !... Ah ! iterum Gallia !... » (*In consist. secr. de nece Lud. XVI.*)

marché ; mais la municipalité, afin d'empêcher les manifestations religieuses qu'elle redoutait, avait mis sur pied la police et la gendarmerie, et décrété qu'on ne sonnerait pas les cloches, ainsi qu'on en avait la coutume quand un évêque apparaissait dans la ville. Son arrêté était ainsi conçu :

« Arrête : que les clefs du clocher et du *temple décadain* seront déposées à la maison commune ; que le citoyen Vincent sera chargé de toutes les mesures de surveillance et de police relatives au passage du Pape, conjointement avec le citoyen Albert, commissaire de police, et qu'à cet effet la gendarmerie sera requise de les accompagner, soit pour faire écarter le peuple, soit pour prendre telle autre mesure commandée par les circonstances.

Les forts de la ville étant à demi démantelés, le logement du chef de l'Eglise avait été préparé dans une maison contiguë à l'hôpital. Il se composait de quatre pièces. La chambre à coucher était petite : à peine avait-on pu y introduire un lit, un fauteuil, une table et deux pliants pour que les serviteurs qui aidaient le saint Pontife à se mouvoir pendant la nuit pussent prendre quelque repos. Aucun volet n'en défendait l'étroite fenêtre. Elle était garnie d'un châssis tendu de grosse toile, que l'air froid traversait facilement tandis que la lumière du jour ne la pénétrait qu'à demi. La cheminée, mal construite, ne préservait pas toujours de la fumée : parfois le vent en renvoyait de grosses bouffées à l'intérieur de la petite chambre, où il était bien difficile d'entretenir quelque chaleur.

La porte de la maison était gardée jour et nuit par un factionnaire qui avait ordre de ne laisser entrer personne. Au-dessus de l'appartement du Pape logeait le commandant de place et à deux pas, le commissaire du Directoire.

Pie VI resta jusqu'au 27 juin, à Briançon. A la suite des avantages remportés en Italie par les troupes impériales le Directoire exécutif, pris d'inquiétude, avait décidé le transfert du Pape à Valence.

Le 27 juin au matin, le Souverain Pontife — « le citoyen Pape », comme l'appelaient les commissaires du Directoire — fut hissé sur une mauvaise voiture, que le *Moniteur universel*, dans son numéro du 30 thermidor an VII, appelle *UNE CHARRETTE*. Le Père Fantini s'assit à ses côtés pour le soutenir. L'abbé Marotti et un valet de chambre montèrent sur le siège. Il neigeait !

Voici quelles furent les étapes que Pie VI traversa successivement au milieu d'atroces souffrances, héroïquement supportées : Embrun, Savines (28, 29 juin) ; Gap (30 juin, 1er juillet) ; Corps (2 juillet) ; La Mure (3, 4 juillet) ; Vizille (5 juillet ; Grenoble (7, 8 et 9 juillet) ; Tullins (10 juillet) ; Saint-Marcellin (11, 12 juillet) ; Romans (13 juillet), Valence (14 juillet).

C'est là qu'il mourut dans la nuit du 29 août. Le 27, il avait reçu la sainte communion ; le 28, Mgr Spina lui administra le sacrement de l'Extrême-Onction. Le prélat commença la cérémonie avec une promptitude qui décelait son émotion. Le Saint-Père, de sa main affaiblie, lui fit signe d'aller lentement ; il voulait suivre chacune des prières, il tenait à y répondre, et quand le P. Fantini, son confesseur, récita le *Confiteor*, il le récita avec lui malgré ses souffrances. Sans cesse il portait son crucifix à ses lèvres et le baisait.

Vers le milieu de la nuit l'oppression redoubla. Son médecin, le docteur Duchadoz, avertit les prélats que le dernier moment approchait. Alors toutes les personnes de sa suite s'agenouillèrent à ses pieds ; il les vit, les regarda avec bonté, serra une dernière fois dans ses mains les mains des prêtres qu'il avait tant aimés, essaya de les remercier de leur dévouement, mais les mots expirèrent sur ses lèvres. Le P. Fantini lui demanda s'il pardonnait à ses ennemis. Le Saint-Père fit sur sa faiblesse un effort énergique et dit avec un sentiment d'inexprimable charité : *Domine, ignosce illis !* Ensuite, appelant d'un signe Mgr Spina, il ajouta: *Raccommandate al mio successore di perdonare ai Francesi in quella stessa maniera, ch'io col piu profondo del mio cuore loro perdono.* A une heure vingt minutes du matin, il s'endormit dans le Seigneur. Son pèlerinage sur la terre avait duré près de quatre-vingt-deux ans ; son douloureux martyre dix-huit mois.

XXII

NAPOLÉON A VALENCE

D'APRÈS UN DOCUMENT INÉDIT

1

Après un an de séjour à l'Ecole militaire de Paris, Bonaparte en sortit le 28 octobre 1785, avec le brevet de lieutenant en second à la compagnie d'Autume au régiment de La Fère, du corps royal d'artillerie. Il avait alors seize ans et deux mois.

Son régiment était en garnison à Valence. Parti de Paris le 30 octobre, le jeune sous-lieutenant arrivait à destination dans les premiers jours de novembre. Il était à Valence depuis dix mois lorsque, le 1er septembre 1786, il quitta cette ville pour se rendre à Ajaccio en congé de semestre. Ayant obtenu la prolongation de ce congé, il passa en Corse une année entière, du 15 septembre 1786 au 12 septembre 1787, séjourna trois mois à Paris (octobre-décembre), revint à Ajaccio le 1er janvier 1788 et y demeura jusqu'à la fin de mai.

Pendant ce temps, son régiment avait été envoyé de Valence à Auxonne, et il le rejoignit dans cette dernière ville au commencement de juin 1788. Il demande bientôt un nouveau congé (jamais sous-lieutenant n'en demanda davantage), et, au mois d'octobre 1789, nous le retrouvons en Corse, où il est encore au commencement de 1791. Au mois de février seulement, il regagne son régiment, qui est toujours à Auxonne. En avril, en vertu du décret des 2 et 15 décembre 1790, il est procédé à une nouvelle organisation du corps de l'artillerie, et cette organisation nécessite des mutations nombreuses entre officiers. Bonaparte se trouve compris dans le mouvement comme lieutenant en premier, et il est désigné pour le régiment de Grenoble, devenu quatrième de l'arme, en garnison à Valence. Il reprend donc le chemin de cette ville, qu'il a quittée depuis près de cinq ans, et il y arrive dans les premiers jours de juin 1791.

Ce second et dernier séjour à Valence devait durer quatre mois. En septembre 1791, il obtenait un nouveau congé, et il partait pour la Corse, où il restera cette fois jusqu'en mai 1792.

Sur les deux séjours de Napoléon à Valence, nous possédons peu de détails. M. Frédéric Masson, toujours si complet, si exact et si précis, ne nous donne guère que les suivants, empruntés à un historien local, le baron de Coston.

« Napoléon fut logé militairement dans la maison de Mlle Boû, qui formait l'angle de la grande rue et de la rue du Croissant. Mlle Boû, personne d'âge respectable, dont le père avait tenu en cette même maison un billard et un petit café, louait des chambres aux officiers, et, après avoir profité quelques jours du logement par billet, Bonaparte devint son locataire et son pensionnaire. Il conserva d'elle un bon souvenir : le 12 octobre 1799, traversant Valence à son retour d'Egypte, il la reconnut lorsqu'elle vint à la poste pour le voir et lui donna un cachemire de l'Inde et une boussole d'argent que l'on conserve aujourd'hui dans le musée de la ville. Déjà en 1794, à Nice, il avait accueilli son frère, employé de commerce à Lyon, puis administrateur du district de Valence, et lui avait donné la table et le logement ; il le fit nommer agent de change à Paris, et, plus tard, étant consul et empereur, il lui accorda diverses audiences et faveurs (1). »

Il existe de M. Boû, précisément celui dont parle ici M. Frédéric Masson, une longue note manuscrite sur le séjour de Napoléon à Valence. C'est le récit d'un témoin ; il a donc à ce titre une réelle valeur. On a bien voulu m'autoriser à le publier. Le voici en son entier.

II

SÉJOUR DE NAPOLÉON ET DE SON FRÈRE LOUIS A VALENCE — NOTES LAISSÉES A SA FILLE PAR M. BOU.

« En 1785, à son arrivée à Valence, la maison de M. Boû fut assignée pour logement d'un jour à Napoléon qui, accablé de fatigue et après un repos parfait, témoigna le lendemain le vif regret d'être obligé de chercher dans la ville une chambre moins chère. Mes parents, touchés de son extérieur réservé et intéressant, lui offrirent de rester, promettant de s'entendre pour le prix qu'ils baissèrent à trois livres par mois : de ce moment,

(1) Frédéric MASSON, *Napoléon inconnu*, tome I, p. 132.

le jeune officier parut satisfait, et fut bientôt considéré par mes parents comme l'enfant de la maison.

« Il trouva chez ses hôtes de tels soins de famille, qu'au retour d'un congé il amena avec lui son jeune frère Louis (1), dont il voulait, disait-il, faire l'éducation. Ce dernier resta, comme l'aîné deux ans sous la garde de mon père et de ma sœur. Sûr de l'affection de ma famille, Napoléon demanda et obtint que son frère, dont la santé était fort délicate, demeurerait pensionnaire chez nous, au prix que nous fixâmes nous-mêmes de dix livres par mois, nourri, logé, blanchi et raccommodé même de chaussures, en considération de la gêne survenue à la famille Bonaparte lors des troubles de la Corse. C'est de cette époque que date la liaison d'amitié si tendre qui unit le jeune Louis avec Mésangère (2), lequel devint

(1) Louis Bonaparte était né le 2 septembre 1778.

(2) François *Mésangère*, né à Valence le 20 décembre 1775, avait trois ans de plus que Louis. Après avoir été lieutenant d'artillerie, il était tout simplement surnuméraire de l'enregistrement, quand Louis Bonaparte lui fit avoir, en 1802, un emploi au Conseil d'Etat. Quelques mois après, Mésangère abandonnait cet emploi pour redevenir officier d'artillerie, et trois ans plus tard, Louis, devenu prince de l'Empire, le prenait pour aide de camp. Enfin, en 1806, le prince de l'Empire, appelé au trône de Hollande, emmena son ami avec lui et le créa coup sur coup chambellan, trésorier général de la couronne et chevalier de l'ordre de l'Union et du Mérite, ce qui lui permit de s'appeler désormais le *chevalier de la Mésangère*. Notre chevalier n'était pas fait, paraît-il, pour les intrigues de cour, et il ne tarda pas à perdre son titre de chambellan et sa charge de trésorier (1808). En échange, il recevait du roi de Hollande une pension de 4.000 francs, mais elle ne lui fut payée qu'une fois et sur la cassette de la reine de Hollande. Malgré cette brouille entre les deux amis, Mésangère ne perdit pas le souvenir de ses anciennes relations avec le prince, et il lui écrivait encore le 15 octobre 1839 :

plus tard trésorier et grand chambellan du roi de Hollande et resta favorisé de sa correspondance intime.

« Ma sœur, pleine de tendresse pour cet enfant fort triste alors, lui donna de ses mains, quoique ayant deux servantes, tous les soins maternels, peignant chaque jour ses cheveux assez longs et exigeant son changement de linge souvent malgré lui. Son caractère, tout opposé à celui de son frère, était porté à l'indolence et au repos.

« Napoléon réveillait Louis de grand matin, et celui-ci entrait bientôt pour travailler, tout chagrin et endormi, murmurant presque chaque fois. L'heure du déjeuner était celle de la délivrance ; il arrivait alors presque joyeux et nous embrassait tous. Mon père avait la prétention de corriger leur accent, quoique lui-même eût très fort celui du Midi. Ma sœur reprenait les uns et les autres et donnait grande gaieté à la leçon. Les mots familiers de mon père, *baliverne*, *badaud*, *niais* et *benêt*, étaient sans cesse critiqués par Napoléon qui, ne les ayant jamais entendus, assurait qu'ils n'étaient pas français, et les répétait deux ou trois fois de suite, discutant gravement sur chacun d'eux.

« Le jeune Louis se refusait même à goûter aux mets qui lui étaient inconnus ; mon père le menaçait du frère aîné, objet de terreur et assez rigoureux pour l'enfant ;

« Recevez l'assurance de mon vieil attachement et de mon constant souvenir, malgré des apparences douteuses. » Retiré alors dans le domaine des Marlhes, sur la commune d'Alixan, François Mésangère y vivait à peu près oublié depuis vingt-sept ans, lorsqu'il périt, le 10 décembre 1849, des suites d'un accident, selon les uns, par le fait d'un crime, selon d'autres (*Dictionnaire biographique de la Drôme*, par M. J. BRUN-DURAND, tome II, page 137).

mais ma bonne sœur le protégeait et lui donnait en secret de petites douceurs auxquelles il était fort sensible.
Un peu de vin fin avec biscuits était à cette époque une
faveur fort appréciée du jeune Louis. C'était, dans la
petite cabane entourée de figuiers, placée dans l'une de
nos vignes, ou glissé mystérieusement le soir dans sa
chambre, que le régal lui était donné. Un jour, le frère
en vit les débris, ce qui faillit troubler la paix de la maison par le mécontentement qu'il en montra. Cateau,
l'une de nos servantes, depuis vingt-huit ans à notre
service et qui avait son franc-parler, tança plus d'une
fois Napoléon de ses rigueurs envers son frère. Aussi
nous disait-il souvent : « Nous sommes en guerre, Cateau
« et moi. » C'est elle qui inventa d'affubler en hiver le
jeune Louis des manteaux de nuit ouatés de ma sœur,
pour lesquels il prit un goût enfantin. Le grand frère
découvrit l'aventure, mais elle était si plaisante que,
cette fois, il n'y eut pas de colère. Les gâteries cependant en devinrent plus mystérieuses et ma sœur encore
plus ch ... ie.

« Lorsque Napoléon était au polygone ou enfermé
dans sa chambre, Mésangère entraînait facilement le
jeune Louis dans notre vigne, dévastant les figues ou les
raisins, jouant tous deux des heures entières à l'abri
de toute surveillance. Longtemps on ignora leurs escapades, et ce fut Louis qui avoua à ma sœur les tours
d'adresse de Mésangère. Ce jeu rendit notre chaumière
plus chère à ma sœur; souvent elle y faisait porter les
repas, et ce petit coin fut vraiment le lieu de délices des
deux frères.

« Leur mère fit écrire plusieurs fois à ma sœur, le
français lui étant étranger, pour la remercier de ses bon-

tés envers ses fils. Ses lettres, rigides et tristes, étaient celles d'une mère affligée et inquiète. Elle nous fit passer un petit présent de mousse de Corse, utile en médecine, seul cadeau, disait-elle, qu'elle fût en état de nous offrir.

« Napoléon venait, dans de courts instants, s'asseoir près de nous, afin, nous disait-il, de secouer ses oreilles », et de goûter le tabac de mon père, qui lui était souvent refusé, mais qu'il saisissait, dès qu'il en trouvait l'occasion, avec une vivacité joyeuse. Il nous faisait lecture des ouvrages auxquels il travaillait avec ardeur dans la chambre où il se tenait toujours enfermé. Je les lui fis imprimer à Valence et à Lyon. L'objet de sa plus grande prédilection était une réponse sur la question de rendre les hommes heureux, qui obtint une médaille d'or (1).

(1) C'est, en effet, durant son second séjour à Valence que Napoléon composa, en vue d'un concours ouvert en 1791 par l'Académie de Lyon, un discours sur cette question : *Déterminer les vérités et les sentiments qu'il importe le plus d'inculquer aux hommes pour leur bonheur.* La commission de l'Académie eut seize manuscrits à examiner. Celui de Napoléon portait le n° 15. Il fut déclaré au-dessous du médiocre. « Le n° 15, disait l'un des juges, M. Vasselier, est un songe très prononcé. » Un autre, M. de Campignoules, jugeait : « Le n° 15 n'arrêtera pas longtemps les regards des commissaires. C'est peut-être l'ouvrage d'un homme sensible, mais il est trop mal ordonné, trop disparate, trop décousu et trop mal écrit pour fixer l'attention. » Par délibération en date du 29 novembre 1791, l'Académie adoptant le rapport de ses commissaires, renvoya le prix à deux ans et accorda simplement une mention honorable au manuscrit portant le n° 8. C'était l'œuvre de l'ex-oratorien Daunou. De Napoléon, il ne fut pas question, quoi qu'en aient dit Las Cases et O'Meara, et, à leur suite, l'honnête M. Boû. — Frédéric MASSON, *Napoléon inconnu*, tome II, p. 212.

« A voir mon père sur la promenade du Cognard ou de la petite place aux Clercs, appuyé sur le jeune officier, attentif et complaisant, on eût dit le père et le fils, malgré la propreté minutieuse de l'un et l'accoutrement assez négligé de l'autre.

« Ma sœur, d'un esprit éclairé et excellent guide, eut beaucoup de peine à faire aller Napoléon aux Assemblées, elle y parvenait la plupart du temps en cachant ses livres qu'elle lui promettait, en plaisantant, pour le retour. Il lui montra beaucoup de déférence et une tendre affection, surtout après deux indispositions qu'il eut chez nous, et où, en allant tout maternellement le soigner, elle découvrit son linge en très mauvais état et le fit constamment réparer sans jamais lui en parler. Il comprit cette délicatesse, et chaque fois qu'il la trouvait dans sa chambre occupée à ranger ses tiroirs, il lui disait avec reconnaissance : « Mademoiselle, combien je vous dois ! »

« Le jour où Napoléon nous quitta pour la première fois et suivit son régiment, il avait dix-huit ans et ma sœur cinquante : elle pleura en l'embrassant comme eût fait une mère, et notre père éprouva aussi un profond attendrissement. « Nous ne nous reverrons plus, disait-il. — Vous nous oublierez, reprit la fille. — Mademoi« selle, reprit Napoléon, en mettant la main sur son « cœur, vous êtes l'un et l'autre logés là, et dans cette « place les souvenirs ne changent pas de garnison. » Il disait vrai, et effectivement le séjour à Valence tint toujours une place dans les souvenirs et les affections des deux frères.

« Napoléon revint, comme chacun le sait, occuper la

même chambre, au même prix, sans qu'il fût jamais question d'en rétablir la valeur.

« Jamais conduite ne fut plus pure que celle des deux jeunes gens. L'aîné exigeait du plus jeune la prière matin et soir, ainsi que la messe du dimanche en compagnie de mes bons parents ; et l'intimité fut telle entre Napoléon et nous que je le conduisis gratuitement deux fois à Lyon pour visiter les ateliers et les fabriques, partageant avec lui dans ces voyages la même chambre à deux lits.

« Etant venu m'établir agent de change à Paris, Napoléon y faisait de fréquents voyages ; il m'honora de visites journalières et de rendez-vous nombreux. Son frère Louis y étant venu avec lui, ils logèrent vis-à-vis de moi, rue des Fossés-Montmartre, « pour être, disait-il, plus à même de se voir ». L'aîné, très occupé, me pria de surveiller son frère, qui m'accompagnait partout dans mes affaires et trouvait grand plaisir à courir avec moi en cabriolet. Ils venaient déjeuner et dîner. Une fois même, leur sœur Marianna (Elisa) (1), sortant de Saint-Cyr, vint aussi partager mon repas.

« Retourné momentanément à Valence, je fus nommé aux fonctions d'administrateur du district et député à

---

(1) L'aînée des sœurs de Napoléon, née en 1777. Mariée en 1797 à Félix Baciocchi, alors simple capitaine, elle devint plus tard princesse de Lucques et Piombino, puis grande-duchesse de Toscane. Elle avait été élevée dans la maison royale de Saint-Cyr ; cette maison ayant été supprimée par le décret du 16 août 1792, Marianna en fut retirée par son frère le 1er septembre suivant. Bonaparte était à Paris depuis le mois de mai 1792.

ce titre, vers les représentants Ritter (1) et Turreau (2),
à Nice, pour obtenir des subsistances. Napoléon, alors
général de l'armée d'Italie, avait son quartier général
à Nice. En arrivant dans cette ville, je me fis conduire
avec ma voiture chez le général, qui me retint à loger et à
prendre mes repas chez lui tout le temps de mon séjour.

« Loin de prévoir encore son brillant avenir, Napoléon revint bientôt à Paris, où j'étais aussi. Il paraissait
mécontent et chagrin, et me demanda comme service
que j'eus la satisfaction de lui rendre de le conduire chez
l'honorable M. Marbos (3), notre ancien curé de Valence
devenu évêque et député, qu'il avait vu chez mes parents.
Il voulait savoir de lui le motif de l'injuste destitution

(1) F.-J. Ritter, membre de la Convention, représentant du
Haut-Rhin.

(2) Turreau de Grabouville, membre de la Convention, député
de l'Yonne. La mission de Ritter et de Turreau près de l'armée-
d'Italie est de 1794.

(3) François Marbos (1739-1825), curé du Bourg-lès-Valence.
Elu, le 21 février 1791, évêque constitutionnel du département
de la Drôme, il avait renoncé à ces fonctions lo jour où il avait
été nommé membre de la Convention (7 septembre 1792). Il refusa de voter la mort du roi, signa la protestation contre les
journées du 31 mai et du 2 juin, et fut incarcéré le 5 octobre
1793. Relâché le 6 décembre 1794, il reprit sa place à la Convention et siégea ensuite au Conseil des Cinq-Cents jusqu'en mai
1797. Confiné dès lors dans la retraite, il demanda seulement à
faire partie du conseil de préfecture de la Drôme, lors de son
organisation en 1800, et sa demande ayant été accueillie, il fut
jusqu'à sa mort un auxiliaire des plus utiles pour les préfets de
département. Sa conduite privée était du reste irréprochable
et il eut le bonheur, à la suite d'une mission prêchée à Valence
en 1819, de rétracter explicitement ses erreurs et de rentrer dans
le giron de l'Eglise. (*Dictionnaire biographique de la Drôme*, par
M. J. BRUN-DURAND, tome II, page 116.)

dont il avait été victime. Il passa à cette époque, un certain temps inquiet, irrité et préoccupé.

« Au retour d'Egypte, contrairement à ses habitudes, qui furent toujours de loger chez mes parents, ainsi que son frère, à tous leurs passages à Valence. Napoléon, alors marié et fort pressé d'atteindre Paris, ne s'arrêta qu'à la poste aux chevaux, où toute la ville se rendit pour le voir (1). Ma sœur y accourut des premières, ayant au bras un petit panier de raisins qu'elle était en train de cueillir et qu'elle voulut lui laisser pour la route. Ce fut la dernière fois qu'elle eut le plaisir de le nommer « son cher enfant ». Il la fit monter avec lui dans sa voiture, d'où elle ne descendit qu'à l'Isère, comblé de paroles affectueuses et recevant de lui le cachemire égyptien que je donnai plus tard aux Dames du Saint-Sacrement, à Paris, couvent où mes filles terminèrent leur éducation, et la petite boussole de son voyage, que nous conservons toujours.

« La gloire et le haut rang du jeune héros nous séparèrent bientôt. Etant heureux et sans ambition, je demandai rarement des audiences qui me furent toujours accordées, et où Napoléon s'informait si j'étais satisfait. Je réponda's *oui*, et il me répétait chaque fois : « Adres-« sez-vous à moi pour tout ce qui peut vous être utile. »

« A la mort de ma sœur, j'allai lui demander ce que je devais faire des manuscrits et ouvrages imprimés qu'il lui avait confiés et que j'avais rapportés à Paris, en vendant ma maison de Valence. Il me chargea de tout brûler, et n'employa à propos d'elle que ses expressions d'au-

(1) Le 12 octobre 1799.

trefois, disant : « Votre excellente sœur », ou « cette bonne Mlle Boû ».

« Ma femme me pressant une fois d'aller solliciter pour un de ses parents, l'audience fut égayée par l'idée que j'eus de présenter ma plus jeune fille, Pauline, costumée en dragon. J'avais été raillé par Sa Majesté de n'avoir que des filles. Cette enfant lui débita un petit compliment où elle promettait de devenir brave comme le grand homme, et nous fûmes comblés de bontés.

« En 1815, miné par les événements et n'ayant de ma vie rien demandé à l'empereur, je fus reçu malgré la gravité des circonstances. C'était à l'Elysée. Je lui peignis ma douleur et la situation imprévue de ma famille. Il me dit avec une grande bonté: «Vous avez bien fait de « venir me trouver, je penserai à vous. » Paroles sincères, que les catastrophes du temps ont seules pu empêcher de se réaliser, MM. Bourrienne et Méneval m'ayant souvent reproché de ne pas profiter des dispositions bienveillantes de l'empereur à mon égard. »

TABLE DES MATIÈRES

Documents manquants (pages, cahiers...)

NF Z 43-120-13